青嵐会秘録

田中角栄に挑んだ保守政策集団

菅谷幸浩

Sugaya Yukihiro

並木書房

目次

序章　青嵐会はいかにして生まれたか

広がる政治的閉塞感

二〇二〇（令和二）年九月一六日、第二次安倍政権は憲政史上最長の七年八か月という政権担当期間に幕を閉じた。戦後史において、一度退陣しながら再登板を果たした政治家は吉田茂と安倍晋三のみである。しかしながら、第二次安倍政権の後半期は森友学園による国有地取得、加計学園による国家戦略特区での獣医学部設置申請の認可、「桜を見る会」をめぐる疑惑、検察庁法改正案などに批判が集まり、求心力は低下した。アベノミクス第三の矢である成長戦略が具体化されることはなく、地方創生、憲法改正、北方領土返還などの重要課題はいずれも未完に終わった。

二〇二三（令和五）年一一月、読売新聞社が実施した全国世論調査によれば、岸田内閣への支持率は二四％にまで落ち込んだ。二〇一二（平成二四）年に自由民主党が民主党から政権を奪還して以降、いかなる局面でも支持率が三〇%台を割ることはなかったが、今や高齢層も含め、あらゆる世代で内閣支持率は下落し続けている(1)。

ネット空間では増税に対する怨嗟の声が広まり、これまで自民党を支えてきた岩盤保守層の間からも「もう自民党支持はやめた」という声が聞かれるようになった。保守の立場から反自民を標榜する新党が次々に登場し、街頭では多くの人々が彼らの主張に耳を傾けるようになった。二〇二四(令和六)年春の衆議院補欠選挙では三つの選挙区すべてを野党である立憲民主党候補が勝利した。かつて第二次安倍政権が民主党政権との対比から国民各層の強い期待を集めたことを思い起こすと、隔世の感を禁じ得ない。このように政治的閉塞感が広がる中、単なる現状批判だけでは生産的な意味をなさない。戦後日本の政治史を格好のテキストにすることで、今、この国に何が求められているかを考えなくてはならない。

五五年体制とは何だったか

一九五五(昭和三〇)年から一九九三(平成五)年の宮沢内閣総辞職に至るまでの三八年間、わが国では一部の期間をのぞき、自民党が単独で政権を担い、野党第一党である日本社会党に対峙した。のちに政治学者・升味準之輔が命名した五五年体制である。

政治学では政党システムを説明する際、イタリアの政治学者ジョヴァンニ・サルトーリの見解に基づき、一党制、ヘゲモニー政党制、一党優位政党制、二党制、限定的多党制、極端な多党制、原子化政党制という七つの分類が用いられる。サルトーリは一九五五年以降の自民党単独政権下の日本を一党優位政党制の代表例に位置付けている(2)。

世界的に見れば、自由民主主義体制の下で特定の政党が長期間にわたって政権を独占するケースは極めて稀である。当初は自民党と社会党による二大政党制に向かうと期待されたが、実際は社会党単独での政権奪取は実現できなかった。その意味で、五五年体制は「疑似二大政党制(3)」と言い換えることも可能である。このように自民党単独政権時代が長く続いた背景には、米ソ冷戦や中選挙区制の影響に加え、野党の多党化が挙げられる。

もともと五五年体制の下では自民党と社会党以外の新党が結成される見込みは最初から低かった。一九六〇年代前半、民社党や公明党の誕生により野党の多党化が実現したものの、勢力拡大には結びつかなかった(4)。このように革新勢力の側が自民党から政権を奪取するほどにまで成長できなかったことも戦後日本政治史の特徴である。

しかしながら、歴代の自民党政権は結党時に掲げた理念や路線を忠実に堅持してきたわけではない。一九六〇年代以降に誕生する池田内閣と佐藤内閣は世論や野党への配慮から憲法改正に消極的な姿勢をとり、政府・与党内で憲法論議はタブーとなっていく(5)。政権維持そのものが目的化していく中、憲法という国家の根幹に関わる問題が政治的争点から除外されていったのである。

一九七〇（昭和四五）年一一月二五日、作家・三島由紀夫は陸上自衛隊東部方面総監部（東京都新宿区）バルコニーから八〇〇名以上の自衛隊員に対して憲法改正のための決起を呼びかけた後で自刃した。武器として日本刀と短刀のみ持参し、肉声による演説という形をとったのは一八七六（明治九）年の神風連の乱を意識したものであり、「現代社会のただなかで、可能な限り古神道に則り、『攘夷』を純粋に突き詰めるかたちをとった」と言われている。(6)

後年の三島が批判したのは「国民の防衛意志」を毒してきた「戦後の経済優先主義」と「国民に防衛意志を植えつけることに完全に失敗している」自民党であった。(7)

三島はバルコニーから撒いた檄文の中で、「戦後の日本が経済的繁栄にうつつを抜かし、国の大本を忘れ、国民精神を失ひ」、「政治は矛盾の糊塗、自己の保身、権力慾、偽善にのみ捧げられ、国家百年の大計は外国に委ね、敗戦の汚辱は払拭されずにただごまかされ」てきたことを強く批判した。「自衛隊は国軍たりえず、建軍の本義を与へられず、警察の物理的に巨大なものとしての地位しか与へられず、その忠誠の対象も明確にされなかつた」ことなどを問題視し、「生命尊重以上の価値の所在」を自由や民主主義ではなく、「われわれの愛する歴史と伝統の国、日本」に求めた。

この三島事件から二年八か月後、本書のテーマである青嵐会《せいらんかい》が誕生する。

青嵐会への評価

青嵐会は一九七三（昭和四八）年七月一七日、自民党の若手議員たちが派閥を越えて結成した保守政策集団である。時の首相・田中角栄による日中国交回復や金権政治体質に対して公然と異を唱え、結成時には同志的結合の強さを示すため、署名の下に血判がなされた。趣意書では国民道義の高揚、国防強化、自主憲法制定などを掲げた。戦後日本の経済至上主義や日本国憲法に見られる矛盾を批判し、国家としての主体性、道義や伝統の回復を主張した点で三島由紀夫と重なる。のちに本論で触れるように、青嵐会の中には三島の思想や行動に賛同するメンバーが少なくなかった。

青葉の頃に吹く爽やかな風を意味する初夏の季語「青嵐《あをあらし》」を会の名称に冠したのは作家出身で当時衆議院議員だった石原慎太郎の発案である。「夏に激しく夕立を降らせて、世の中を爽やかに変えて過ぎる嵐」こそ、会の使命であり、「教養のある人が見れば、字面からいってもいかにも美しいイメイジだと思う」というのが理由であった。(8) 石原は三島を存命中からライバル視していたが、彼もまた三島事件に衝撃を受けた一人であった。

当時、青嵐会に対しては、「昭和元禄にうかれ、憂国の言論・行動が少ない現代、国を憂えて、純心《(ママ)》な気持ちで組織された青嵐会が『無責任体制』から自民党を救う尖兵となり、日本のよい伝統を生かして前進して欲しい」（政治評論家・戸川猪佐武）との期待や、(9)「他の小集団にはみられない強固なまとまりをもった会」にして、「血判ということのアナウンスメント・エフェクトを十分に計算に入れた」点で「経営学のいう組織論を越えた何らかの基本理念における揺るぎない共有性が存在している」（東京工業大学教授・矢島鈞次）という評価が寄せられている。[10]

しかし、知識人やメディアからの評価は概して否定的なものばかりである。「その行動様式も発想も、かつての軍部ファシスト、青年将校に酷似している」[11]（一橋大学教授・藤原彰）、「歴史の振り子を昭和三十年の保守合同以前に戻し、旧鳩山民主党の再現を思わせるもの」[12]（中日新聞東京本社論説委員・岡本文夫）、「強い反共イデオロギーと〝自主憲法制定〟の理念のもとに結集した自民党の行動右派グループ」[13]（朝日新聞社論説委員・細島泉）、「時代錯誤の右翼はね上がり集団。血判に象徴される、血と暴力と、不透明な不気味さのみなぎる集団」[14]（ドキュメンタリー作家・田原総一朗）、といった言葉が並ぶ。結成時の鮮烈さとは対照的に、政局の大勢を転換することができないまま、一九七九（昭和五四）年に事実上消滅する。

これまで自民党については、政治学における日本政治外交史、政党組織論などの面から研究が重ねられており、ジャーナリズムや評論といった分野も加えると、関連する著作は膨大な量に及ぶ。ただし、青嵐会は一九七〇年代の記述で部分的に言及されることはあっても、その全体像を取り上げた研究は極めて少ない。

まず、同時代のものとして富森叡児（元朝日新聞社政治部長）著『戦後保守党史』を挙げておく。同書は占領期にまで遡り、「派閥連合政党」としての自民党がどのような経緯で誕生・発展してきたか、一九七〇年代までの保守陣営の諸政治潮流をたどっている。田中内閣期、国際環境の変化に伴って自民党の党内権力構造には変化の兆しが表れ始め、既成の派閥を横断する形で次々と若手政策グループが誕生する。その一つとして、福田派の支援を受けた「親台湾グループの中核」・「党内右派」として青嵐会を位置付けている。[15]

中野士朗（元読売新聞社政治部記者）著『田中政権・八八六日』は、青嵐会に参加する政治家の多くが一九七二年の自民党総裁選で田中を支持していたが、人事面への不満から反田中路線に転じ、「福田派別動隊」として福田内閣樹立と「大平つぶし」を主目的にしていたと指摘している。[16]

いずれも田中派と福田派による党内対立を時代背景として重視し、その中で青嵐会と福田派の関係を強調する点で共通している。

その後、主たる先行研究として、当時毎日新聞社政治部記者だった河内孝の著作『血の政治』、ポーランドの日本政治研究者カロル・ジャコフスキの論文「青嵐会の興亡史」が刊行された。[17] 青嵐会に対する河内とジャコフスキの立場は異なるが、改憲の志向など、「タカ派」としての結束性を強調している点で同時代の評価と重なる。

若宮啓文と池田慎太郎は反共という面から青嵐会が台湾・韓国との関係を重視していたことを指摘している。[18] 下村太一と吉田修は青嵐会内で中川一郎、渡辺美智雄、湊徹郎ら農林族が米の過剰生産状態を解消し、価格政策の是正などを目標とする「総合農政」を主張していた点に着目している。[19]

以上の研究成果により、主要メンバーの性格や利害関係は明らかになったものの、憲法、外交・安全保障認識の具体的中身や、青嵐会が解散に向かう要因など、十分に分析されていない面も残されている。

当事者の資料として、石原慎太郎による約六七〇頁の自叙伝『国家なる幻影』が青嵐会の成立から中心人物である中川一郎の自死に至るまで、多くの紙幅を割いている。しかし、石原は青嵐会後半期には活動から遠ざかっており、福田内閣期の日中平和友好条約批准当時も含め、意図的に言及を避けている部分もある。このため、石原の回想のみで青嵐会の全体像や主要メンバーの動きは説明できない。

青嵐会が血判によって強固な結束を示したかのように見えながら、なぜ六年間で瓦解せざるを得なかったのか。その理由を解明するためにも、歴代政権や派閥指導者との関係、諸外国との関係について、青嵐会内部でいかなる認識の相違があったかを再検討する必要性があるのである。

本書の視点と構成

近年、一九七〇年代に関しては佐藤栄作、田中角栄、福田赳夫、三木武夫、福田赳夫など、歴代政権担当者の評伝的研究[20]や、日中国交正常化前後の日本外交についての研究が進んでいる[21]。本書ではこうした研究成果に学びつつ、青嵐会の活動が限界を露呈していく過程を内外の情勢に関連付けて解明していく。同時期の国際関係や自民党の党内状況が青嵐会メンバーの動きにどう反映されていたのか、メンバーそれぞれの認識の違いに焦点を当てる。その際、筆者自身が取材した青嵐会参加議員やその秘書、報道関係者などの証言も活用することで、これまで知られてこなかった事実関係を再現していく。こうした証言内容は従来までの青嵐会のイメージを相対化するだけでなく、戦後日本で改憲潮流が有力なものにならなかった要因を考察する上でも役立つはずである。本書の構成は以下の通りである。

第一章では青嵐会前史として占領期から一九七〇年代初頭に至るまでの期間を概観する。若い読者に配慮し、冷戦の影響と日米関係の推移、池田・佐藤内閣期における自民党政治の完成など、戦後政治外交の諸条件がどのようにして形成されたかを解説する。一九六〇（昭和三五）年の岸内閣による安保改定以降、憲法問題は事実上棚上げされる一方、本来別個の背景から誕生したはずの日本国憲法、日米安保体制、自民党の三つが融合することで戦後日本の政治外交を規定していく過程を明らかにする。

第二章では一九七二（昭和四七）年の自民党総裁選と田中角栄の勝利を経て、翌々年の「青嵐会は主張する国民集会」開催までの期間を扱う。中ソ対立を背景とした米中接近、それを後追いする形で田中内閣が日中国交正常化を急ぎ、政府・与党間関係の調整を怠ったことが青嵐会結成につながっていく過程をたどる。次に青嵐会の人的構成や、外交・安全保障、憲法への認識がいかなるものだったか、各種資料や証言から検討する。

第三章では一九七四（昭和四九）年に政治的争点となる日中航空協定調印問題から一九七六（昭和五一）年の三木内閣総辞職までの期間を扱う。青嵐会は日中航空協定反対の中心勢力として活動するが、田中内閣後半期、後継総裁人事をめぐって足並みの乱れを露呈するようになる。続く三木内閣期、青嵐会は自民党の政綱改正をめぐって河野グループと対決する一方、一九七六（昭和五一）年の「政府主催憲法記念式典糾弾国民集会」をめぐって大きな混乱を党内にもたらすことになる。これまでの研究で言及されてこなかった同集会の模様を再現した上で、青嵐会の問題点を整理する。なお、『日本列島改造論』など、田中内閣期における経済分野の事項は主として補論で扱う。

第四章では一九七六（昭和五一）年の福田内閣成立から一九八〇年代の中曽根内閣期までを扱う。特に日中平和友好条約の国会批准、青嵐会の解散と自由革新同友会（中川派）に移行していく過程や、一九八二（昭和五七）年の自民党総裁選と翌年に中川一郎が自死するまでの動きに焦点を当てる。青嵐会には中曽根派からも多くの議員が参加していたが、のちの中曽根内閣は憲法問題や対アジア外交の面で後退姿勢を示すなど、必ずしも保守政治に徹したわけではなかったことを論じる。

補論では国土開発の思想という面から田中角栄著『日本列島改造論』と青嵐会メンバーの主張を比較検討する。青嵐会は反田中政治を旗印にして結成されたが、彼らの多くは「国土の均衡ある発展」を志向する点で田中と共通していたことを明らかにする。後半では事例研究として中川一郎、浜田幸

一、玉置和郎、渡辺美智雄を取り上げ、彼らが国と地方の関係をどう捉えていたかを分析する。関係者へのインタビューも含め、昭和の終わりから平成の初めに模索された国土開発や地域振興の視点を再現する。

すでに青嵐会メンバーのほとんどは逝去し、青嵐会を知る世代も老境に入っている。しかし、青嵐会とその時代をたどることは、憲法改正論議、アメリカ・中国・台湾・韓国・ロシアなど諸外国との関係、自民党における派閥の在り方、東京一極集中と地方の衰退など、眼前の問題を理解する上で重要な意味を持つはずである。

なお、本書では人名の表記を常用漢字に統一し、「あとがき」をのぞき、原則として敬称略とした。史料などの引用に際しては、読みやすさを考え、適宜句読点をほどこした。年号は西暦を主とし、各章で初出の場合のみ和暦を併記した。

（1）『読売新聞』二〇二三年一一月二〇日。
（2）ジョヴァンニ・サルトーリ（岡沢憲芙・川野秀之訳）『現代政党学―政党システム論の分析枠組み―［普及版］』（早稲田大学出版部、二〇〇〇年）i～ii頁、一六三頁、三三五～三三六頁。なお、国際比較も含めた一党優位政党制の概念については、佐藤誠三郎・松崎哲久『自民党政権』（中央公論社、一九八六年）六～一七頁を参照。同書は「自由な選挙を通じて政権とその政策の基本方向とを国民が選択できる政治体制（自由主義的民主主義）を持った高度産業社会の中では、自民党政権は稀にみる長期安定政権」（六頁）であり、「自民党は世界でも最も強力かつ安定した優越政党」（九頁）と位置付けている。

(3) 白井聡『戦後政治を終らせる―永続敗戦の、その先へ―』(NHK出版、二〇一六年)四五頁。
(4) 宮崎隆次「五五年体制の崩壊と連合政治―『歴史』が『現在』に教えるもの―」(『エコノミスト』一九九三年八月一〇日号)四〇頁。
(5) これについては、北岡伸一『自民党―政権党の三八年―』(読売新聞社、一九九五年)九六～一三九頁、武田知己「『五五年体制』の変貌と危機(一九五五―八六)」(季武嘉也・武田知己編『日本政党史』吉川弘文館、二〇一一年)二三五～二六〇頁、中北浩爾『自民党政治の変容』(NHK出版、二〇一四年)四〇～五三頁を参照。また、日本再建イニシアティブ『「戦後保守」は終わったのか―自民党政治の危機―』(KADOKAWA、二〇一五年)は戦後保守の本質を「中道保守」と規定し、五五年体制期の自民党政治の特徴は特定のイデオロギーではなく、コンセンサスの重視や多様な利益の包摂性を可能にした点に求めている。
(6) 松本徹『三島由紀夫の最期』(文藝春秋、二〇〇〇年)六三～六四頁。
(7) 三島由紀夫『若きサムライのために』(日本教文社、一九六九年)一二一頁。
(8) 石原慎太郎『国家なる幻影―わが政治への反回想―』(文藝春秋、一九九九年)二三六頁。
(9) 戸川猪佐武「中川一郎と保守の新風」(『民族と政治』一九七三年九月号)一〇五頁。
(10) 矢島鈞次「自民党研究―『政策集団』を裸にする4　青嵐会　夏の嵐のような常識派たち―」(『月刊自由民主』一九七八年四月号)一六二～一六三頁。
(11) 『赤旗』一九七三年八月一三日。
(12) 岡本文夫「保守新党論と青嵐会の周辺」(『時事解説』一九七三年八月一六日号)一二頁。
(13) 細島泉「『裸の日本』の政治本質―インフレと選挙と青嵐会と―」(『エコノミスト』一九七四年三月二五日号)一四五頁。
(14) 田原総一朗「青嵐会　幻の反乱」(『中央公論』一九七八年一二月号)一七四頁。
(15) 富森叡児『戦後保守党史』(日本評論社、一九七七年)一九六頁。
(16) 中野士朗『田中政権・八八六日』(行政問題研究所出版局、一九八二年)二八六～二八七頁。
(17) 河内孝『血の政治―青嵐会という物語―』(新潮社、二〇〇九年)、KAROL ZAKOWSKI「青嵐会の興亡史―政策集団から派閥まで―」(『SILVA JAPONICA RUM日林』第二三・二四・二五・二六合併号、二〇一〇年)。

（18）若宮啓文『戦後保守のアジア観』（朝日新聞社、一九九五年）、池田慎太郎「自民党と日韓・日朝関係―冷戦下の党内対立と議員外交―」（『現代韓国朝鮮研究』第一五号、二〇一五年）。

（19）下村太一『田中角栄と自民党政治―列島改造への道―』（有志舎、二〇一一年）、吉田修『自民党農政史（一九五五～二〇〇九）―農林族の群像―』（大成出版社、二〇一二年）。

（20）福永文夫『大平正芳―「戦後政治」とは何か―』（中央公論新社、二〇〇八年）、前掲『田中角栄と自民党政治』、早野透『田中角栄―戦後日本の悲しき自画像―』（中央公論新社、二〇一二年）、服部龍二『田中角栄―昭和の光と闇―』（講談社、二〇一六年）、同『佐藤栄作―最長不倒政権への道―』（朝日新聞出版、二〇一七年）、同『増補版　大平正芳―理念と外交―』（文藝春秋、二〇一九年）、新川敏光『田中角栄―同心円でいこう―』（ミネルヴァ書房、二〇一八年）、村井良太『佐藤栄作―戦後日本の政治指導者―』（中央公論新社、二〇一九年）、五百旗頭真監修『評伝福田赳夫―戦後日本の繁栄と安定を求めて―』（岩波書店、二〇二一年）、竹内桂『三木武夫と戦後政治』（吉田書店、二〇二三年）。

（21）井上正也『日中国交正常化の政治史』（名古屋大学出版会、二〇一〇年）、同「日中関係」（大矢根聡・大西裕編『FTA・TPPの政治学』有斐閣、二〇一六年）、服部龍二『日中国交正常化―田中角栄、大平正芳、官僚たちの挑戦―』（中央公論新社、二〇一一年）、福永文夫編『第二の「戦後」の形成過程―一九七〇年代日本の政治的・外交的再編―』（有斐閣、二〇一五年）、浅野和生「日本と台湾の『国交』を超えた絆の構築」（浅野和生編〈日台関係研究会叢書9〉『「国交」を超える絆の構築』展転社、二〇二二年）。

第一章　五五年体制の形成と展開

第一節　敗戦と占領

初期対日占領政策

一九四五（昭和二〇）年八月、日本はポツダム宣言受諾により敗戦を迎え、以後、アメリカ陸軍元帥ダグラス・マッカーサーを頂点とする連合国軍最高司令官総司令部（以下、ＧＨＱ）の間接統治下に置かれることになる。外国の占領下で国家主権を喪失するという未曾有の経験であったが、事実上、アメリカによる単独占領であったことが日本の再出発に大きな影響を与える。

第二次世界大戦中、米ソ両国は一九四五年二月のヤルタ会談までは協調関係にあったが、同年四月のルーズヴェルト大統領の死去とトルーマン政権成立をきっかけにして、アメリカ側に変化が生まれる。それまでアメリカ国務省内部では日本政府の解消や直接軍政が想定されていた。しかし、グルー国務次官、スティムソン陸軍長官ら知日派がトルーマン政権に起用されたことで、七月のポツダム宣言起草段階では条件付き降伏や間接統治、天皇制温存など、戦後の日米関係につながる方針が定まっていく(1)。

初期対日占領政策は日本の民主化と非軍事化を基本目標とし、GHQ民政局が主導権を握った。局長コートニー・ホイットニー陸軍少将、次長チャールズ・L・ケーディス大佐はアメリカでニューディーラー(社会民主主義派)と称され、幣原内閣に対する一九四五年一〇月の五大改革指令(婦人解放、労働組合の助長、教育の民主化、圧制的諸制度の廃止、経済の民主化)にその性格が表れている。

日本国憲法の制定過程については、一九四六(昭和二一)年二月の憲法改正要綱(松本烝治案)却下と翌月のマーカーサー三原則(天皇の象徴化、戦争放棄と軍備撤廃、封建的諸制度の廃止)手交など、GHQ側の大幅な関与があったことは厳然たる事実である。

では、当時の日本の政治指導層はこうした状況をどう認識していたのか。一九四六年六月六日、時の首相兼外務大臣・吉田茂は外務大臣官邸で元衆議院議員・安藤正純(旧立憲政友会出身)と対談している。

安藤から「新憲法は穴だらけだ、殊に前文と第一章は主権在民だが議会に於て修正が出来るや」と問われた吉田は、「実は前内閣で松本国務相が中心で作つた草案はマ司令部の取上げる処とならず、二月の下旬から対日理事会が開ける。而るにソ連は日本に対して最も悪く、豪州、新西蘭、加奈陀亦然り、従て英国もこれ等諸国に同ずるの傾向なり。故に対日理事会の開会前に、多少思ひ切つた憲法を作り上げるの必要がある、とマ司令部が示されたのが今度の草案である。爾来多少の修正は加へたが大体マ司令部の案である」と説明している。その上で、「不磨の大典と言つた憲法が根本的に改正せられるのだから、今度講和条約が出来て、日本の他日立ち上つた際に亦不磨の大典が改正せられる時があらう。敗戦国の日本としては現在はそれより致方なしと観念するより外なし」、「マ司令部では、プリンシプルは変更は許されない、即前文と第一章の天皇の條章並に第二章の戦力の抛棄は絶対に修正は出来ぬ」と述べている。[2]

すなわち、吉田はソ連、オーストラリア、ニュージーランド、カナダ、イギリスの厳しい対日姿勢を打開するため、GHQ作成の憲法草案を受け入れたほうが得策と判断していたのである。天皇制や戦争放棄などの基本条項はやむを得ず受け入れるが、占領解除後に「不磨の大典が改正せられる」可能性に希望を託していた。

この対談から二日後、新憲法草案は枢密院で可決され、帝国議会両院で修正可決されたのち、一一月三日に公布される。日本国憲法の制定は占領期の日本にとって、対米関係が最も大きな要因であったことを示していた。[3]

日本国憲法第九条

民政局高級幹部として日本国憲法制定に中心的役割を果たしたケーディスはのちのインタビュー（一九八四年一一月一三日）で、もともとマーカーサー・ノート第二原則にあった「自己の安全を保持するための手段としてさえも、戦争を放棄する」という文言を削除した理由として、「日本が攻撃されてもみずから守ることができないことになり、このようなことは現実的でないと思えたからです。私は、どの国家にも『自己保存の権利』があると思っていました」[4]、「これで日本は防衛力をもつことが可能になり、また国連の加盟国になることができると思いました」と述べている。[5]ケーディスは他のインタビューでも同趣旨のことを述べており、日本国憲法は自衛権まで否定していないという主張の論拠として、しばしば引用されている。

これに加え、当時衆議院憲法改正案委員会小委員長だった芦田均は、第九条第一項に「日本国民は正義と秩序を基調とする国際平和を誠実に希求し」と付加し、第二項の冒頭に「前項の目的を達するため」という文言を挿入した結果、第九条が放棄したのは侵略戦争のみに限定されたとし、「自衛のための戦争と武力行使はこの條項によつて放棄されたのではない」と自著で述べている。[6]所謂「芦田修正」であり、さきのケーディス証言と並んで自衛隊合憲論を補強する役割を果たしている。

しかしながら、慶野義雄の研究によれば、一九四六年二月のマッカーサー・ノートから一九四六年一一月の日本国憲法制定に至るまで、「国家（または国民）の一主権としての戦争」を意味する“War as a sovereign right of the nation"という英文表現はそのまま維持されており、自衛戦争を含む一切の戦争を放棄することが第九条本来の解釈であった。小委員会における芦田の発言は将来の自衛戦力保有を目指すものではなく、むしろ日本の完全非武装化を目指す民政局の意図に沿うものであった。このため、のちの芦田やケーディスの証言には重大な疑問点のあることが明らかになっている。[7]

また、占領期の日本で議員立法としての電源開発促進法案が阻まれ続け、一九五二（昭和二七）年七月の制定まで待たなければならなかったのは、重化学工業の発展が再軍備につながることを占領軍側が警戒していたためである。[8]ポツダム宣言第一一項で「日本国ヲシテ戦争ノ為再軍備ヲ為スコトヲ得シムルカ如キ産業」の維持を認めていなかった以上、当然の対応である。

現在でも一部の論者は、民政局がマッカーサー・ノートを修正した段階でマッカーサーも含めて「自衛権とその行使」を容認し、日本政府による原案作成過程でも同様の解釈が維持されたと主張している。しかし、以上の事実関係に鑑みるならば、日本国憲法制定時、自衛のための戦力保有が将来可能になることが想定されていたという見方が正しいとは言えない。厳格な改正手続きを規定した硬性憲法であるからこそ、その後の歴代政権は解釈改憲によって自衛隊の存在を肯定するという政治的解決を図ることになるのである。[9]

冷戦の波及と占領政策の転換

一九四七（昭和二二）年三月一二日、アメリカ大統領ハリー・S・トルーマンは連邦議会で全体主義体制の脅威からトルコとギリシャを救援するための軍事援助費四億ドルの承認を求める演説を行う。トルーマン・ドクトリンである。この日、大統領副報道官イーブン・A・エアーズが日記に、「ソ連宥和政策は終わりを告げた」[10]と記しているように、ここからソ連に対する封じ込め政策（containment policy）が展開されていくことになる。[11]

そして、こうした冷戦の進展は対日占領政策の在り方にも影響を及ぼすことになる。前述のように、GHQで初期対日占領政策を主導したのは民政局であったが、チャールズ・ウィロビー陸軍少将以下の参謀第二部（諜報・治安担当）は早くから過度の民主化政策が日本の内政に混乱をもたらすと考えていた。この民政局と参謀第二部の対立は片山内閣期の警察制度改革をめぐって表面化し、続く芦田内閣期にまで持ち越される。一九四八（昭和二三）年一〇月、芦田内閣は復興金融公庫の融資に絡む昭和電工疑獄事件の影響で総辞職するが、この事件は参謀第二部による謀略であったと言われている。ここからGHQの主導権は民政局から参謀第二部に移行し、彼らの意向に沿う形で第二次吉田茂内閣（民主自由党）が成立する。[12] 六年二か月に及ぶ吉田長期政権の始まりであり、日本の経済復興と再軍備が新しい占領政策の目標として意識されるようになる。

そして、この時期の日本に大きな影響を及ぼすのが一九五〇（昭和二五）年六月の朝鮮戦争勃発であり、レッド・パージの開始、警察予備隊の創設、特需景気、講和協議の促進につながる。

当時、日本国内ではアメリカを中心とする西側陣営のみを対象にした単独講和（多数講和）論、東西両陣営を対象にした全面講和論の二つが存在していた。前者を代表していたのが吉田茂であり、第二次世界大戦後の国際政治がアメリカ中心となることを外交官出身の立場から予見し、対米協調が戦後日本にとっての最善の選択肢と確信していた。一方、全面講和論は社会党や知識人の間に見られたものであり、日本国憲法の掲げる平和主義を実現する手段として非武装中立路線に立っていた。

サンフランシスコ平和条約と日米安保条約

一九五一（昭和二六）年九月八日、吉田茂は連合国四八か国との間にサンフランシスコ平和条約に調印するが、中華人民共和国は招聘されず、ソ連、ポーランド、チェコスロバキアは調印を拒否した。当時、日本の国民各層にはソ連への警戒感が根強く、世論の大勢は単独講和を支持していた。その背景には第二次世界大戦末期、ソ連が対日参戦して満洲の居留民に暴虐行為を働いたことや、シベリア抑留問題があったためである。[13]

のちに吉田は一九五四（昭和二九）年秋の欧米歴訪の際、イギリスのチャーチル首相とイーデン副首相に対して、「今日の世界状勢を観ずるに帝政ロシヤに代るにソビエトロシヤの共産侵略に対しては従前と全様な脅威下にあると思ふ、かつての同盟の生じた事情と相似して居る」、「今こそかつての日英提携の如く共同の敵を見直して協力すべきなり」と述べている。吉田は戦前の外交官時代に二度のイギリス勤務を経験しているが、明治期の日英同盟をモデルとすることで、戦後日本外交の在り方を捉えていたのである。米ソ冷戦によって世界の二極化が進む中、吉田には西側陣営に参画することが日本の安定につながるという確信が早くからあったと思われる。

このサンフランシスコ平和条約の内容で注目すべきは、沖縄・小笠原諸島を除く日本本土の回復、アメリカをはじめとして署名国のほとんどが対日賠償請求権を放棄した点にある。また、現物賠償や経済協力といった形での賠償支払いを採用したことは、のちに日本の対アジア市場向け輸出を助けることになる。

吉田はサンフランシスコ平和条約調印後、サンフランシスコ市内のアメリカ陸軍第六軍司令部に移動し、日米安全保障条約に調印する。そこには、①「極東における国際の平和と安全に寄与」するために米軍が日本に駐留すること（第一条）、②外国による教唆または干渉によって日本国内で内乱及び騒擾が発生した場合、日本側の要請により在日米軍が鎮圧出動すること（第一条）、③アメリカによる事前の同意なくして日本は第三国に軍事的協力をしないこと（第二条）が規定されていた。

ポツダム宣言第一二条とサンフランシスコ平和条約第六条では日本の主権回復後、連合国軍は速やかに日本から撤退することを定めていたが、アメリカとしては冷戦への対応を考えた場合、日本という戦略拠点を失うことは避けたかった。そして、吉田としても独立後の日本の安全保障にアメリカを関与させるため、米軍駐留を継続させる必要があった。したがって、日米安保条約は日米両国の意図から生まれたものであった。

しかし、第一条では米軍の日本駐留目的が日本防衛にあることは明記されておらず、あくまでも極東の平和維持にあると規定していたことから「極東条項」と称されていた。同じく第一条に盛り込まれた②の内容は「内乱条項」と称され、主権国家にとっては極めて特異なものである。③に挙げた内容と合わせて、当時のアメリカが日本の共産主義化を警戒していたことが分かる。

この日米安保条約の内容は一九五二年二月調印の日米行政協定で細目が規定され、ここに日本政府は駐留米軍に基地を提供し、その費用を負担することが定められる。同年四月、サンフランシスコ平和条約と日米安保条約の同時発効により、日本は七年間の占領を終えて主権を回復する。吉田が果たした単独講和とは日本が西側陣営の一角となることで、国際社会に復帰するというものであった。

なお、この時に吉田が憲法改正や再軍備に着手せず、日米安保体制を選択したことは、対米従属の起源として長く批判されている[15]。では、当時の吉田が再軍備を退けた理由は何だったのか。

第一は再軍備による経済的負担とアジア諸国への影響に配慮したためである。のちに吉田は、「当時の日本の経済自立のための耐乏生活を国民にしいなければならない困難な時期」にあり、「軍備という非生産的なものに巨額の金を使うことは日本経済の復興をきわめて遅らせたであろう」ことや、「日本が再軍備すればアジアの諸国を刺戟するかもしれない」ことを再軍備反対の理由に挙げている。[16]

第二は旧軍人が復活することへの警戒である。戦前、外交官時代の吉田は軍の有力者との関係構築に努めていた。その理由は「日本外交の癌ともいうべき軍とくに陸軍の介入を抑える最も有力な方法は、逆説的ながら、軍の有力者との密接な関係であった」ためである。[17]

吉田は一九三六（昭和一一）年の二・二六事件後、外務大臣として広田内閣に入閣するはずだったが、自由主義者であることを理由に陸軍から排撃された。大東亜戦争末期の一九四五年四月には終戦工作に関与したことで憲兵隊に逮捕されている。軍部が政治に介入した昭和前期の歴史を体験した吉田にとって、旧軍人の復活に道を開きかねない早急な再軍備に躊躇したのは当然であった。吉田は敗戦直後、「軍なる政治の癌切開除去、政界明朗国民道義昂揚、外交自ら一新可致、加之科学振興、米資招致により而財界立直り、遂に帝国の真髄一段と発揮するに至らば、此敗戦必らずしも悪からず」[18]と綴り、政治における軍の影響力排除を重要視していた。

これに加えて、もしも日本が再軍備すれば、アメリカから朝鮮戦争への参戦を求められることを恐れていたのではないか、という点も第三の理由として追加できるだろう。[19]

この時期に吉田が憲法改正による再軍備ではなく、アメリカに安全保障の大枠を依存する形で日本の国際社会復帰を実現したことは、戦後日本の経済復興を軌道に乗せる上で賢明な政策選択だったという評価が定着している。[20]しかし、最近の楠綾子の研究によれば、当時の吉田は日米安保条約に基づく米軍の日本駐留を恒久的なものと考えてはおらず、あくまでも日本の国力が回復するまでの暫定的なものと認識していた。そして、日本が十分な自衛力を確立できる段階になった時、安保改定や駐留米軍撤退を実現しようとしていたことが明らかにされている。(21)

吉田を批判する識者は、一九四六年の「自衛権の発動としての戦争も、又交戦権も放棄した」という吉田の国会答弁と、一九五二年に第四次吉田内閣が発表した「『戦力』に至らざる程度の実力を保持し、これを直接侵略防衛の用に供することは違憲ではない」という「統一見解」の矛盾を指摘する。しかし、一九五一年の段階で吉田が日米安保条約の内容を恒久的なものではなく、将来における日本の自衛力確立を考えていたとすれば、前述の「統一見解」は必ずしも唐突なものだったとは言えない。その意味で、朝鮮戦争勃発から講和独立に至るまでの吉田の役割は冷静に評価されるべきであろう。

第二節　主権回復と政界再編

反吉田勢力の台頭

中央政界では一九五二（昭和二七）年四月のサンフランシスコ平和条約発効前後から政界再編の動

きが生まれる。まず、革新勢力の側では一九五一年一〇月、社会党が単独講和を支持する右派と、全面講和を求める左派に分裂する。一方、与党である自由党内部では公職追放解除により政界に復帰し始めた鳩山一郎ら反主流派が台頭し、吉田以下の主流派と対決する。一九五二年二月には元東條内閣外相・重光葵(A級戦犯として禁錮七年の判決を受け、一九五〇年に仮釈放)を総裁とする改進党が結成され、自由党鳩山派(のちに「分党派自由党」を結成)と共に反吉田新党運動を展開していく。

一九五三(昭和二八)年二月、衆議院予算委員会における吉田の失言問題から懲罰動議が起きると、翌月、衆議院本会議では野党勢力の動きに自由党鳩山派が合流する形で内閣不信任案が可決される。これを受けて吉田は衆議院を解散し(「バカヤロー解散」)、四月に第二六回衆議院議員総選挙が施行される。しかし、国内の吉田人気には陰りが見え始めており、自由党は単独過半数を確保できなかった。

しかも一九五三年七月の朝鮮戦争休戦協定によって特需景気が終わり、アメリカのアイゼンハワー政権が対アジア戦略の後退を表明すると、吉田を支える政治基盤は動揺を迎えることになる。(22)

分党派自由党と改進党を母体とする新党運動も拡大の様相を見せ、一一月二四日、鳩山を総裁とする日本民主党(衆議院議員一二一名、参議院議員一八名)が第二党として誕生する。綱領には「占領以来の諸制度を革正し、独立自衛の完成を期する」ことを謳い、まさに保守勢力内部における反吉田路線を結集した形になっていた。(23)

一九五〇年代の日本政治は吉田茂と鳩山一郎という対立軸によって形作られたのであり、戦後日本のビジョンとして、〈対米協調・通商国家・軽武装〉と〈自主外交・自主憲法・自主軍備〉の二つが示された時期であった。占領期に公職追放され、首相就任を阻まれた経験を持つ鳩山にとって、吉田が政権の座にあることは占領期の延長を意味し、「独立の完成」を阻害するものと映っていたのである。

保守合同

一九五四年一二月、第五次吉田内閣が造船疑獄事件の影響から総辞職すると、新たに第一次鳩山内閣（日本民主党）が成立する。一九五五（昭和三〇）年二月、第二七回総選挙の結果は日本民主党（総裁・鳩山一郎）一八五議席、自由党（総裁・緒方竹虎）一一二議席、左派社会党（委員長・鈴木茂三郎）八九議席、右派社会党（委員長・河上丈太郎）六七議席であった。同年一〇月、それまで左右二派に分裂していた日本社会党は再統一を果たす。これは日本国憲法第九六条が改正発案条件として両議院の総議員三分の二以上の賛成を規定しているため、憲法改正を阻止するための三分の一の議席を衆議院で確保するのが狙いであった。

すでに朝鮮戦争が休戦状態に入っていた中、日本国内では婦人・青年層の間に反戦傾向が強まり、社会主義ではなく、平和主義へのシンパシーが浸透することで、婦人・青年・組織労働者を中心とす

る社会党の大衆的基盤となっていく。(24)

一方、財界では経済同友会、経済団体連合会、日本経営者団体連合会、日本商工会議所など四団体が日本民主党と自由党の合同を要望する。こうして両党は日本民主党総務会長・三木武吉の仲介を経て、同年一一月の自由民主党結成に至る。当時、財界が保守合同を望んだのは労働運動の激化や社会党の進出を抑えて経済復興を継続し、日米関係を安定化させるためにも安定的な保守政権が必要だったためである。(25)

講和独立から五五年体制の成立に至るまでの期間は、保守勢力と革新勢力における対立軸が単独講和の是非から憲法改正・自主軍備をめぐる問題に移っていく時期であった。

第三節　自民党単独政権時代の始まりから「政治の季節」へ

「独立の完成」を目指した鳩山一郎

一九五五年、自民党が結党時に掲げた「党の政綱」には、「平和主義、民主主義及び基本的人権尊重の原則を堅持しつつ、現行憲法の自主的改正をはかり、また占領諸法制を再検討し、国情に即してこれが改廃を行う」ことや、「集団安全保障体制の下、国力と国情に相応した自衛軍備を整え、駐留外国軍隊の撤退に備える」ことが明記されている。[26] 保守政党として誕生した自民党が目指したのは自主憲法制定、そして、在日米軍の撤退を通じた自主独立の達成であり、言い換えるならば、吉田がサンフランシスコ平和条約調印の段階でやり残した課題を実現することにあった。

一九五六（昭和三一）年一〇月、鳩山内閣は日ソ共同宣言に調印する。これは北方領土問題の解決を先送りする形での国交回復であったが、当時の日本とソ連の国力の違いを考えた場合、やむを得ないものであった。それまで国際連合の安全保障理事会常任理事国であるソ連は拒否権を発動することで、日本の加盟を阻んできたが、同年一二月の国際連合総会では日本の加盟が全会一致で承認される。当時、鳩山は脳梗塞を患っており、吉田の果たせなかった日ソ国交回復と国連加盟を実現したのち、副総理であった石橋湛山に政権を譲ることになる。しかし、石橋も健康問題を抱えていたことから、約二か月の短命政権に終わることになる。

岸信介と「日米新時代」

一九五七（昭和三二）年二月に首相となる岸信介は戦時中に東條内閣で閣僚を務め、戦後、A級戦犯容疑で逮捕・拘留されていた。不起訴処分で釈放されたのち、自民党初代政調会長を務めている。岸内閣成立時のスローガンである「日米新時代」には、鳩山の対米自主外交によって増幅したアメリカ側の対日認識を改善し、かつ、吉田が調印した日米安保条約の歪みを修正することが意識されていた。

のちに岸自身は安保改定の動機として、「独立国家としては、自分の国の独立を守るための防衛と安全保障ということが、とにかく非常に重大な意味をもつんだということ」を国民に理解させたかったことや、「占領時代の継続のような行政協定などがあって、占領時代と米軍の立居振舞があまり違わない」ことに対する国民の反感を挙げている(27)。

この一九五七年当時、ソ連によるICBM(大陸間弾道ミサイル)発射実験と世界初の人工衛星打ち上げ成功、アメリカによるICBM発射実験の成功が重なり、米ソ両国の軍事緊張が新しい段階に入っていた。アメリカがソ連や中国の脅威に対処する上でも、日本列島の戦略的重要性が高まる時期であった。一方、日本国内では一九五五年以来の砂川闘争や、一九五七年のジラード事件を受けて在日米軍に対する国民感情は悪化の一途をたどっていた。このため、日本のみならず、アメリカにとっても日米安保条約の見直しが不可避となっていた(28)。

当時、アメリカ政府は新首相となった岸の政治的手腕や反共姿勢に早くから期待を寄せており、ダレス国務長官はアイゼンハワー大統領に対して、岸を「戦後日本で出現した最も強力な首班」と評価している(29)。アメリカ側も岸内閣を早くから親米保守政権として認識し、日米関係の強化を図ろうとしていたのである。

安保改定

一九五七年六月、訪米中の岸はアイゼンハワーとともに安保改定方針を表明する。一九六〇（昭和三五）年一月、ワシントンでは新日米安保条約が調印され、これに伴い日米行政協定が日米地位協定に改定される。

新安保条約のポイントは、①「日本国の施政の下にある領域における、いずれか一方に対する武力攻撃が、自国の平和及び安全を危うくするもの」とした上での日米共同防衛義務（第五条）、②在日米軍の駐留目的は「日本国の安全に寄与し、並びに極東における国際の平和及び安全の維持に寄与するため」であること（第六条）、③在日米軍出動についての日米両政府による事前協議制の導入（第六条の実施に関する交換公文）、④旧安保条約にあった内乱条項が削除されたことの四点である。

なお、この新安保条約については以下の二点を補足しておきたい。

第一は新日米安保条約の性質が軍事同盟にとどまらず、日米関係の広汎な部分を規定していることである。そのことは第二条で「締約国は、その自由な諸制度を強化することにより、これらの法制度の基礎をなす原則の理解を促進することにより、並びに安定及び福祉の条件を助長する」ことや、「両国の間の経済的協力を促進する」と規定されていることからも明らかである。

中西寛の研究によれば、吉田は一九五一年の日米安保条約調印時、国務省顧問ダレスに対して、日本の工業力の積極提供を申し出ることで日本側の貢献努力を示し、日米の同盟関係が相互性を保つようにこだわっていた。この提案が実現されることはなかったものの、吉田は必ずしも安全保障をアメリカに全面的に依存していたわけではなかった。[30] 新日米安保条約は第二条で日米両国間の経済協力の促進を規定し、かつ、第六条でアメリカに対する日本の基地貸与を盛り込んでいる。この点で吉田が志向した形での同盟関係の相互性が含まれていたと評価することもできるだろう。

第二は安保改定によって生まれた日米両国の役割分担である。一般に安保改定により、日米の同盟関係は片務性が是正されたと言われている。しかし、日本だけが集団的自衛権を行使できない以上、「非対称的な双務関係」になっていた。[31]

この点について、佐瀬昌盛は新安保条約がＮＡＴＯ（北大西洋条約機構）のような共同防衛形式でのアメリカ防衛を約束していないことに代わり、日本はアジアで最も重要な基地提供機能を担う「非対称双務性」の同盟関係が成立しているため、アメリカも安定した同盟国として日本を受け入れるようになったと指摘している。[32]

しかし、当時の日本国内では革新勢力を中心にして、日本が新安保条約の下でアメリカの戦争に巻き込まれるのではないか、という危機感から六〇年安保闘争につながる。一九六〇年五月二〇日、衆議院本会議では新日米安保条約が自民党によって強行採決され、参議院での審議に移る。社会党や共産党の激しい抵抗によって審議が難航する中、六月一五日、国会議事堂前のデモに参加していた東京大学文学部学生・樺美智子が死亡する事件が起きる。

当初、岸はアイゼンハワー大統領を東京に招き、新安保条約発効を迎えるつもりだったが、アイゼンハワーを来日させられるような状況にはなかった。新安保条約は参議院本会議での承認が得られないまま、憲法第六一条の規定する「衆議院の優越」を適用する形で自然承認される。岸は六月二三日日の新安保条約・日米地位協定発効を見届けたのち、翌二四日、内閣総辞職を実行する。自らの政権では安保改定までが限界であり、憲法改正や核保有まで進むことは不可能と考えた上での退陣であった。(33)

第四節　経済大国への道と自民党政治の完成

池田内閣と開放経済体制への移行

岸信介の退陣後に政権を担当するのが官僚出身政治家である池田勇人と佐藤栄作である。両者は吉田茂の率いる自由党主流派で政治経験を積んだことから、「吉田学校」卒業生と称され、池田内閣は四年四か月、佐藤内閣は七年八か月の長期政権となる。吉田と同様に日米関係を重視する傍ら、高度経済成長の具体化に取り組む。このように池田・佐藤内閣は激しい国内対立を避けながら政権運営に努めるが、それはアメリカにとっても望ましいものであった。

一九六〇年六月に承認される国家安全保障会議作成の対日政策文書では穏健な親米保守政権の下、

日本が米ソ冷戦に対応した戦略的重要性を果たしつつ、有力な輸出市場としてアメリカ経済に貢献することが理想として打ち出されていた。(34)

池田内閣の主要業績は経済政策に関わるものであり、国内的には国民所得倍増計画の推進に加え、この時期に日本は資本と物資の自由な対外取引が認められた開放経済体制への移行が加速していく。池田は国益追求の上では経済的手段を重視し、政権後半期には輸出拡大に向けた積極的な経済外交として、一九六三（昭和三八）年のＧＡＴＴ（関税と貿易に関する一般協定）一一条国への移行、一九六四（昭和三九）年のＩＭＦ（国際通貨基金）八条国への移行、ＧＡＴＴ三五条の対日貿易差別撤廃、ＯＥＣＤ（経済協力開発機構）加盟を実現する。こうして自由主義陣営における日本の存在感と信用を高めるだけでなく、中国やソ連に対抗するため、東南アジア諸国への影響力を拡大していく。(35) 安保改定後、日本国民の関心は一九六四年に予定された東京オリンピックに移っており、憲法や安全保障上の問題は政治的争点から遠ざかっていくことになる。

戦後史の上で憲法改正論議が最も高まったのは昭和三〇年代であり、一九五六年に鳩山内閣が憲法調査会を設置している。同調査会は翌年から七年間にわたって調査活動を開始するが、社会党は参加していなかった。一九六四年に提出される報告書では憲法改正についての結論を出さず、両論併記の形で終わっていた。(36)

当時、朝日新聞社政治部記者だった石川真澄の言葉を借りるならば、池田内閣が果たした役割は

「戦後の日本国憲法に表現された諸価値をここで本格的に定着させた」ことにあった。[37]ここから自民党政治は日本を経済大国に導くための安定政治を実現することで、国民各層に受け入れられていくのである。

佐藤内閣と日韓・日米関係

舌頭癌を患っていた池田の退陣表明後、一九六四年一一月に成立する佐藤内閣の主要業績は外交に関わるものであり、一九六五（昭和四〇）年六月、日韓基本条約が調印される。さきの池田内閣の場合は日本の国内政治に韓国と北朝鮮の対立関係が持ち込まれるのを避けるため、日韓問題には慎重姿勢をとっていた。しかし、アジアにおける共産主義の台頭を封じ込めたいというアメリカの意向が強く働いた結果、佐藤内閣の下で日韓国交正常化が実現されることになったのである。[38]

一方、日米関係については一九六八（昭和四三）年六月の小笠原諸島返還を経て、翌年一一月、佐藤・ニクソン共同声明として、一九七〇（昭和四五）年に期限切れを迎える日米安保条約の自動延長や、一九七二（昭和四七）年に沖縄を返還することで合意した旨が発表される。

なお、佐藤がこのニクソン大統領との会談で有事における沖縄への核兵器持ち込みを容認する密約を交わしていたことがのちに二〇〇九（平成二一）年、佐藤の遺族が公開した秘密合意議事録により明らかになっている。[39]佐藤は一九七二年一月のニクソン大統領との会談で、「日本は安保条約の範囲内で米の核の傘の抑止力の利益を受けることを希望している」(40)と述べており、核戦力を含む広汎な軍事力をアメリカに依存する路線がこの時期に確定していくことになる。

言い換えると、佐藤内閣期に確立される非核三原則は「米の核の傘の抑止力の利益」を前提としたものであった。本来、戦後日本にとって日本国憲法と日米安保条約は別個の時代背景をもって誕生したものであった。しかし、一九六〇年の安保改定以降、戦後日本の安全保障政策は日本国憲法と日米安保条約の二つが融合することで、その大枠が規定されていくことになる。(41)自民党政権下における戦後政治外交の一つの帰結に相当するのが池田・佐藤内閣期であった。

「ニクソン・ショック」と「保守の危機」

佐藤内閣末期、日本は経済大国としての地位を確固とする一方、国際環境と国内環境の両面で大きな岐路に立たされていた。それが「ニクソン・ショック」と「保守の危機」である。前者はニクソン政権による金とドル交換停止発表（一九七一年八月）に伴うブレトン・ウッズ体制の崩壊、米中共同声明（一九七二年二月）のことであり、いずれも日本への事前通告なしに行われた。次章で詳しく述べるように、当時のアメリカが対中接近を急いだ背景には中ソ対立の進展など、冷戦構造の変容が影響していた。

また、一九六〇年代以降、日本国内では農村から大都市への人口移動に伴う地価高騰や住宅問題、各種公害が表面化し始めていた。市民運動や革新自治体の出現が全国的に拡大する一方、自民党得票数の減少が進むようになる。こうした動きは「保守の危機」と称され、自民党の内外でも盛んに議論の的になっていた。(42) 日本の公害対策は佐藤内閣期、公害対策基本法制定(一九六七年)と環境庁設置(一九七一年)という形で具体化されるが、保守長期政権と公害問題の拡大が時期的に重なっていることの意味を軽視してはならない。

政治学者の蒲島郁夫は、「自民党システムは、経済成長を進めながらその成長の果実を経済発展から取り残される社会集団に政治的に配分しようとする、いわば平等なる経済成長を達成しようとする社会民主主義的な色彩を帯びたシステムである」と定義し、「自民党は支持的な参加を寄せて政治的安定をもたらしてくれる農村部住民に対し、農業保護、公共事業など、巨額の予算配分を与えてきた」ことで「都市と地方の所得の不平等が解消されてきた」と指摘している。(43) しかし、「経済が一層発展し都市化が進むと、高い教育を受け新しく都市に移り住んだ有権者を、伝統的なシステムによって政治的に動員することは不可能になっていく。従来の利益配分による支持調達システムのみに頼った政権の維持は困難となった。逆説的だが、自民党が経済発展を成功させるほど、自民党の首を絞めるような政治的な帰結がもたらされた」と述べている。(44)

佐藤栄作が退陣を表明し、自民党総裁選挙が実施される一九七二年はそれまで続いてきた「自民党システム」の在り方が曲がり角にさしかかっていた時期であった。

（1）五百旗頭真『日米戦争と戦後日本』（講談社、二〇〇五年）一〇九～一六八頁。
（2）『昭和二十一年日誌』（国立国会図書館憲政資料室所蔵「安藤正純関係文書」R3-10-12）六月六日条。なお、安藤正純については、拙稿「政党政治家・安藤正純の戦前と戦後」（『法政論叢』第五四巻第二号、二〇一八年）を参照。
（3）井上寿一によれば、この時期の吉田茂は一九二〇年代に政党政治や協調外交が成立していた実績から明治憲法の改正に消極的であり、新憲法制定問題をアメリカとの外交問題として認識していたという（井上寿一『吉田茂と昭和史』講談社、二〇〇九年、一四八～一五二頁）。
（4）西修『証言でつづる日本国憲法の成立経緯』（海竜社、二〇一九年）三二二～三二三頁。
（5）同前三二六頁。
（6）芦田均『新憲法解釈』（ダイヤモンド社、一九四六年）三五～三六頁。
（7）慶野義雄「『国権の発動たる戦争』の本歌」（『憲法研究』第四八号、二〇一六年）。同論文は憲法第九条の成立過程についての最も優れた研究である。
（8）米田雅子『田中角栄と国土建設―「列島改造論」を越えて―』（中央公論新社、二〇〇三年）四〇頁。
（9）これについては、拙稿「高等学校公民科教育における平和主義と安全保障―政治学から『公共』への問いかけ―」（『高崎商科大学紀要』第三八号、二〇二三年）を参照。
（10）イーブン・A・エアーズ（宇佐美滋ほか訳）『ホワイトハウス日記一九四五‐一九五〇―トルーマン大統領とともに―』（平凡社、一九九三年）二八九頁。
（11）「封じ込め政策」の立案者である国務省政策企画室長ジョージ・ケナンを軸として、対日占領政策の転換過程を検討した研究として、五十嵐武士『戦後日米関係の形成』（講談社、一九九五年）を参照。
（12）富森叡児『戦後保守党史』（日本評論社、一九七七年）二二～二七頁。
（13）前掲『吉田茂と昭和史』二一七～二一八頁。
（14）伊藤隆監修『佐藤栄作日記』第一巻（朝日新聞社、一九九八年）一九七頁。
（15）代表的なものとして、片岡鉄哉『さらば吉田茂―虚構なき戦後政治史―』（文藝春秋、一九九二年）、孫崎享『戦後史の正体―一九四五～二〇一二―』（創元社、二〇一二年）など。
（16）吉田茂『激動の百年史』（白川書院、一九七八年）一五〇～一五一頁。

（17）北岡伸一「吉田茂における戦前と戦後」（近代日本研究会編〈年報・近代日本研究16〉『戦後外交の形成』山川出版社、一九九四年）一一四～一一五頁。なお、楠綾子『吉田茂と安全保障政策の形成―日米の構想とその相互作用、一九四三～一九五二年―』（ミネルヴァ書房、二〇〇九年）も占領期の吉田が再軍備に否定的だった理由の一つとして、「急激な再軍備が旧軍の影響力の復活を促進する可能性の高いこと」（一八一頁）を認識していたと指摘している。

（18）一九四五年八月二七日付・来栖三郎宛吉田茂葉書（国立国会図書館憲政資料室所蔵「原田熊雄関係文書」54-14）。

（19）北岡伸一「海洋国家日本の戦略―福沢諭吉から吉田茂まで―」（石津智之、ウィリアムソン・マーレー編『日米戦略思想史―日米関係の新しい視点―』彩流社、二〇〇五年）三〇頁。

（20）代表的なものとして、高坂正堯『宰相吉田茂』（中央公論社、一九六八年）、永井陽之助『現代と戦略』（文藝春秋、一九八五年）、前掲『日米戦争と戦後日本』など。

（21）楠綾子「基地、再軍備、二国間安全保障関係の態様：一九五一年日米安全保障条約の法的意味とその理解」（日本政治学会編『年報政治学二〇一七・Ⅱ　政治分析方法のフロンティア』木鐸社、二〇一七年）二四〇～二四一頁。

（22）前掲『吉田茂と昭和史』二五八～二五九頁。

（23）前掲『戦後保守党史』六〇～六一頁。

（24）宮崎隆次「五五年体制の崩壊と連合政治―『歴史』が『現在』に教えるもの―」（『週刊エコノミスト』一九九九年八月一〇日号）三八頁。

（25）升味準之輔『戦後政治』下巻（東京大学出版会、一九八三年）三三七頁。

（26）自由民主党編『自由民主党党史　資料編』（自由民主党、一九八七年）一〇頁。

（27）「証言・一九六〇年安保改定」（『中央公論』一九七七年一〇月号）一八九～一九二頁。

（28）河内孝『誰も語らなかった“日米核密約”の正体―安倍晋三・岸信介をつなぐ日本外交の底流―』（KADOKAWA、二〇一四年）八三～八七頁。

（29）佐々木卓也・中西寛「パクス・アメリカーナの中の戦後日本―一九五〇年代―」（五百旗頭真編『日米関係史』有斐閣、二〇〇八年）一九八頁。

（30）中西寛「敗戦国の外交戦略―吉田茂の外交とその継承者―」（前掲『日米戦略思想史』）一六六頁。

（31）石破茂「個別的自衛権では無理がある」（『中央公論』二〇一四年六月号）九三頁。

（32）佐瀬昌盛『新版集団的自衛権―新たな論争のために―』（一藝社、二〇一二年）一三八頁。なお、小川和久は新安保条約が第五条と第六条をセットにして機能しており、アメリカに対する日本の基地提供能力は他の同盟国が担保できるものではなく、日本列島がアメリカ本土と同等の「戦略的根拠地」（パワー・プロジェクション・プラットホーム）になっている現状を踏まえれば、日米同盟は最も双務的関係な同盟であると評価している（小川和久『日米同盟のリアリズム』文藝春秋、二〇一七年、一八～二五頁）。

（33）岸信介の「日米新時代」は安保改定・憲法改正までが目標であったというのが通説である。これに対して、河内孝は岸が首相就任後に自衛用核兵器を合憲とする立場をとっていたことや、マッカーサー駐日アメリカ大使が岸による核武装の意思を認識していたことを踏まえた上で、当時の岸が原子力潜水艦の導入を考えていたのではないかと推定している（前掲『誰も語らなかった“日米核密約”の正体』一九〇～一九二頁）。

（34）前掲「パクス・アメリカーナの中の戦後日本」二〇五頁。

（35）これについては、中島琢磨〈現代日本政治史3〉『高度成長と沖縄返還』（吉川弘文館、二〇一二年）七三～八一頁、吉次公介「池田勇人―『自由主義陣営の有力な一員』を目指して―」（増田弘編『戦後日本首相の外交思想―吉田茂から小泉純一郎まで―』ミネルヴァ書房、二〇一六年）一五九～一七三頁を参照。

（36）畠基晃『憲法九条―研究と議論の最前線―』（青林書院、二〇〇六年）一五八頁。

（37）石川真澄『人物戦後政治―私の出会った政治家たち―』（岩波書店、一九九七年）一四頁。

（38）前掲『戦後保守政党史』一二一～一二二頁。

（39）服部龍二『佐藤栄作―最長不倒政権への道―』（朝日新聞出版、二〇一七年）二八〇～二八四頁、村井良太『佐藤栄作―戦後日本の政治指導者―』（中央公論新社、二〇一九年）二七七～二七九頁。

（40）和田純・五百旗頭真編『楠田實日記』（中央公論新社、二〇〇一年）八一三頁。

（41）下條芳明「日米同盟と集団的自衛権―政府解釈の変遷―」（『憲法研究』第四八号、二〇一六年）一一五～一一六頁。

（42）下村太一『田中角栄と自民党政治―列島改造への道―』（有志舎、二〇一一年）一三～二〇頁。

（43）蒲島郁夫『戦後政治の軌跡―自民党システムの形成と変容―』（岩波書店、二〇〇〇四年）二〇～二一頁。

（44）同前八九頁。

第二章　田中内閣の成立から青嵐会の結成へ

第一節　時代背景と人的構成

党内状況への危機感

一九七二（昭和四七）年六月一七日午後一時過ぎ、七年八か月にわたる長期政権を維持してきた佐藤栄作は首相官邸の会見室で一人、神妙な面持ちでテレビカメラに向かい語り続けていた。事前に記者団を退席させるという異色の退陣表明であった。佐藤にとって、沖縄返還は「民族の悲願」(1)であると同時に、自らの花道にあたるものであった。

佐藤は首相在任中、さきの池田内閣期から顕著となっていた高度経済成長の弊害とそれに伴う自民党支持基盤の動揺、すなわち、「保守の危機」に対処するため、住宅対策などの「社会開発」を重視していた。その一方、政権成立時から核保有や憲法改正、自主防衛論に消極的だったことが近年の研究で明らかになっている[2]。

のちに中川一郎は青嵐会結成時、「最近の自民党は、どうみても一つのイデオロギー集団とは言えなくなってしまった」とし、「佐藤内閣の末期頃、当時の福田外務大臣に対する野党の不信任案に、自民党のハト派グループが同調したり、国会対策においても、自民党の田川誠一社労委員長が野党の味方になって自民党に泥をかけたりするなど」の造反行動を理由に挙げている[3]。

このうち、福田赳夫外務大臣不信任案は一九七一（昭和四六）年一〇月、当時の佐藤内閣が中国の国連加盟に反対していたため、野党が共同提案したものであった。この時、衆議院本会議を欠席した自民党は議員一二名であり、このうち、河野洋平ら若手グループがのちに新自由クラブを結成することになる[4]。青嵐会結成の背景にあったのは佐藤内閣期以来の党内状況に対する危機感であった。

のちに詳しく述べるように、青嵐会は派閥横断的な政策集団として誕生することになるが、もともとは新興派閥としての中川派結成を目指す動きを出発点にしていた。

青嵐会メンバーの一人となる中山正暉は一九三二（昭和七）年、大阪市西区で弁護士・中山福蔵の五男として生まれている。

この年、福蔵は第一八回衆議院議員総選挙に立憲民政党公認で出馬し、初当選している。一九四〇（昭和一五）年の民政党代議士・斎藤隆夫による所謂「反軍演説」問題当時、衆議院議事進行係を務

1978年頃に撮影された中山正暉夫妻と母マサ（左から２番目）、父福蔵（右端）の写真（中山正暉氏提供）

め、斎藤の除名処分回避に向けて奔走したことから軍部に睨まれる。民政党を脱党した永井柳太郎から大政翼賛会参加を幾度も勧誘されるが、頑なに拒否している。翼賛選挙と称された東條内閣期の第二〇回総選挙を非推薦候補として戦うが、激しい選挙干渉により落選している。戦後の一九五一（昭和二六）年、参議院議員（緑風会所属）として国政に復帰し、のちに自民党結成に合流している。[5]

母マサはアメリカ人の父と日本人の母の間に生まれ、オハイオ・ウェスリアン大学を卒業した英語教師であった。一九四七（昭和二二）年の第二三回衆議院議員総選挙で初当選し、一九六〇（昭和三五）年、池田内閣に厚生大臣として入閣した戦後初の女性閣僚である。

中山は一九五五（昭和三〇）年に中央大学法学部政治学科を卒業後、マサのそばで厚生大臣秘書官を務めている。その後、大阪市議会議員二期を経て、一九六九（昭和四四）年、マサの地盤を引き継ぐ形で第三二回衆議院議員総選挙に大阪府第二区から自民党公認で立候補し、初当選している。連続で一一回当選を果たし、竹下内閣郵政大臣、村山内閣総務庁長官、小渕内閣と森内閣で建設大臣・国土庁長官を歴任後、二〇〇三（平成一五）年に政界を引退している。

中山によれば、一九七二年頃から中川一郎、石原慎太郎、中村弘海、浜田幸一と共に、中川を領袖とする新たな派閥結成を目指す動きがあり、俳優・長谷川一夫の妻が永田町の日枝神社近くで経営していた料理店を会合の場にしていた。これが青嵐会の起源であり、中山は自らが弥勒菩薩を信仰していたことから、「みろく会」という名称を考えていた。

中川は一九二五（大正一四年）、北海道広尾郡広尾村の開拓農家に生まれ、十勝農業学校、宇都宮高等農林学校を経て、一九四七（昭和二二）年に九州帝国大学農学部を卒業している。北海道庁開拓部を経て、一九五一年に北海道開発庁開発専門官となり、根釧平野の開発や苫小牧港の石炭輸出計画の策定などに手腕を発揮している。酒豪として有名だった当時の北海道開発庁長官・大野伴睦から酒の飲み方を気に入られたことで、一九五五年に秘書官に抜擢される。その後、自民党副総裁に転じていた大野の求めで秘書となり、一九六三（昭和三八）年に国政進出を果たした経歴が魅力に映っていたという。(6)

田中内閣の下で日中国交正常化と日台断交が進む中、中川を一つの軸として諸派閥の有志が結集し、青嵐会を旗揚げすることになる。

一九七二年の自民党総裁選挙

佐藤栄作は一九七二年六月に退陣を表明した時、その胸中では後継首班として自らと同じ官僚出身政治家の福田赳夫を望んでいた。しかし、形勢は佐藤の意に反して、党内最大派閥・木曜クラブを率いる前幹事長・田中角栄に傾いていく。七月五日、日比谷公会堂では総裁選のための第二七回自民党臨時大会が開催される。第一回投票の結果は田中角栄一五六票、福田赳夫一五〇票、大平正芳一〇一票、三木武夫六九票であった。その後の決選投票で田中は二八二票を集め、福田の一九〇票に大差をつける。

この時期、党内第五派閥である中曽根派三四名の去就に関心が集まっていたが、総裁選の二週間前、中曽根康弘は不出馬を表明する。中曽根が日中国交回復の実現を条件にして田中支持を表明したことで、無所属や中間派の議員が一挙に田中支持に傾くことになったのである(7)。

七月六日、田中は第六九回臨時国会での指名に基づき、翌日、第六四代内閣総理大臣に就任する。戦後最年少の五四歳。高等小学校卒業後、土建業から身を起こして政界入りした「今太閤」の誕生である。前首相の佐藤が東京帝国大学法学部卒業後、鉄道省を経て政界入りした官僚出身政治家であったことに比べると、田中の出自はまさに庶民的である。当時、日本全体が「角さんブーム」に覆われた理由も頷けるところである。

そして、ここで注目すべきは、のちに青嵐会に連なる政治家たちの多くは一九七二年の時点で田中内閣誕生を支持する側にいたことである。

もともと中川一郎は大野伴睦（一九六四年逝去）の遺言「佐藤が天下をとれば、世の中は必ず暗くなる」に従い、池田内閣期から反佐藤の意識を抱いていた。佐藤内閣期になると、「官僚的素質、それに、造船疑獄というような汚職的臭い」や、「庶民性もまったくない」佐藤栄作が「自民党の評判を落としている」と考え、大蔵政務次官在任中は渡辺美智雄や湊徹郎《みなとてつろう》とともに、佐藤四選を反対する「造反劇」を繰り広げていた。そして、一九七二年の総裁選では、「ポスト佐藤は、庶民性を持ち、官僚政治家ではなくて、大衆政治家として大野伴睦的なものを持っている田中角栄さんに、私どもは非常な期待をかけて、田中総裁実現に、協力をした」のである(8)。

のちに田原総一朗は、「七二年の角福戦争の時は、福田派以外の青嵐会のメンバーたちは、いずれも田中角栄を支持していることを知っていた」と述べている。その一人である渡辺美智雄は田原に対し、「田中角栄は、オレたち、庶民派の代表だとばかり思っていた。ところが、彼は権力の座につくと、オレたちではなく、官僚上りばかりちやほやして、重用しやがった。だから、くそっ、と頭にきたのだ」と語っていたという(9)。

実際、渡辺が田中に好意的だったという証言はこれ以外にも存在する。稲葉卓夫（一九五〇年生まれ）は渡辺の遠戚にあたり、慶應義塾大学法学部政治学科在学中の一九七四（昭和四九）年から議員会館内の渡辺事務所で秘書をするようになる。翌年の大学卒業後から一九九三（平成五）年までの約二〇年間、渡辺の公設秘書を務めている。

稲葉によれば、「田中角栄も渡辺に注目していた。渡辺も田中角栄のことが好きでした。ロッキード事件の公判中、渡辺がＮＨＫの政見放送の録画撮りで、『角さん』と親しげな表現を使ってしまいました。私は、田中さんと親しいと思われると選挙で不利になると思い、テイク２では『田中角栄さん』と言い直してもらいました。それくらい、二人はお互いを意識していたと思います。渡辺は政治の師として、田中角栄から学んだことも多い」という(10)。中川や渡辺にすれば、七年八か月に及ぶ佐藤長期政権の下で鬱積した不満があったからこそ、大衆政治家の匂いがする田中への期待感を高める背景になったのである。

中ソ対立から日中国交正常化へ

日本国内では池田・佐藤内閣期、高度経済成長に反比例する形で「保守の危機」が進行していた。加えて、国際政治の上では中ソ対立を背景にした米中接近という新しい局面を迎えていた。ここでは中ソ対立について詳しく説明しておく。

元来、中国とソ連は同じ社会主義国だったが、一九五〇年代後半から対立が表面化していた。中ソ対立が決定的になるのは一九五九年にソ連が中ソ国防新技術協定を破棄してからであり、この頃、ソ連は中国の核開発を恐れるようになっていた。一九六〇年以降、中ソ間ではイデオロギー論争が表面化し、一九六八（昭和四三）年から翌年にかけて複数の武力衝突が生じる中、中国側はソ連からの武力攻撃の可能性を本気で警戒するようになっていた。(11)

このような状況下において、米中接近の流れを作ることになるのが一九六九年成立のニクソン政権（共和党）であった。リチャード・ニクソンは前年の大統領選挙の段階から、ベトナム戦争の膠着化を打開し、対ソ包囲網を形成する上で、米中関係改善が必要であると訴えていた。そして、一九七一年七月には国家安全保障問題担当大統領補佐官ヘンリー・キッシンジャーが極秘訪中し、翌年二月のニクソン訪中、米中共同宣言につながっていくのである。(12)

一方、この時期の中国も経済成長を図る上で対米関係を重視していた。一九五九（昭和三四）年、初代国家主席・毛沢東は自らの肝いりで始めた大躍進政策が多くの餓死者を出した責任により辞任していたが、一九六六（昭和四一）年から始まる文化大革命により復権を果たしていた。そして、一九七〇年代になると、経済成長のためにもアメリカや日本との国交正常化を急ぐようになっていた。(13)

のちにニクソンは一九七二年の訪中について、米中両国が「互いの利益に基づいたリンクを形成することは有益であった」とし、「双方の思想的な違いは重大であるけれども、だからといっても両国が敵になる必要性が何拠もないし、友好的になるには強い理由があった。双方がソ連の脅威を制止することだった」と述べている。[14] このように米中接近は米中双方の利害関係が一致することで実現したものであった。

では、こうした国際情勢の変化は同時期の日本政治にどのような影響を及ぼしたのか。以下、井上正也の研究に頼りながら、整理することにしたい。もともと自民党内では岸内閣末期から日華協力委員会（一九五七年設立）を軸にして親台湾派が形成され、[15] 池田内閣期でも親台湾派が党内で優位に立っていた。[16]

佐藤内閣期になると、賀屋興宣、灘尾弘吉、毛利松平ら親台湾・親韓国派は一九六四（昭和三六）年一二月に自民党アジア問題研究会を結成し、反共・親台湾路線を表明する。一方、宇都宮徳馬、川崎秀二、久野忠治ら親中派は翌年一月にアジア・アフリカ問題研究会（「A・A研」）を結成し、中国の国連加盟などを主張するなど、主流派と非主流派の間で対アジア外交をめぐる路線が大きく分かれる形になっていた。[17]

一九七〇（昭和四五）年に入り、中国の国連加盟が確実視されるようになると、日本社会党や公明党が日中国交正常化に積極的な動きを示し始め、同年一二月、総勢三二〇名を擁する超党派の「日中国交回復促進議員連盟」が誕生する。[18] この頃から三木武夫、大平正芳は世論を意識して日中国交正常化に前向きな姿勢を示し始め、[19] 中曽根康弘も一九七二年の自民党総裁選を目前にして日中国交正常化論に転換するなど、親台湾派である福田との違いが際立つようになる。[20]

すでに日本の財界では米中接近の後を追う形で、中国への関心が高まっていた。そして、自民党有力派閥である木曜クラブ（田中の首相就任後、七日会に改称）と宏池会を率いる田中と大平正芳がそれぞれ首相と外務大臣に就任したことで、親中派が党内主流派としての地位を占め、日中接近の環境が整っていく。(21)

同年九月二九日、北京において田中と大平は国務院総理・周恩来、外交部長・姫鵬飛とともに日中共同声明に署名する。この共同声明により、「日本国政府は、中華人民共和国政府が中国の唯一の合法政府であることを承認する」（第二項）ことや、「中華人民共和国政府は、台湾が中華人民共和国の領土の不可分の一部であることを重ねて表明する。日本国政府は、この中華人民共和国政府の立場を十分理解し、尊重し、ポツダム宣言第八項［日本の主権は本州、北海道、九州及び四国、ならびに連合国の決定する諸小島に局限される］に基づく立場を堅持する」（第三項）ことを確認する。(22)これに伴い、日華平和条約は根拠を失うことになり、同日、台湾（中華民国政府）は対日国交の断絶を通知する。

もともと日本の外務省アジア局中国課は米中接近以前から日中国交正常化の上で日台断交は避けられないと見ていた。こうした認識は、一九七一年一〇月に国連総会で台湾の国連追放を認めるアルバニア決議が採択されたのを契機として、外務省内部では支配的になっていた。(23)

一九七二年七月二四日、田中は自民党内に総裁直属機関として、元池田内閣外務大臣・小坂善太郎を会長とする日中国交正常化協議会を設置する。同協議会は衆議院議員二一二名、参議院議員九九名、元職五名の全三一六名から構成されていたが、日中国交正常化に向けた姿勢は内部で一本化されていなかった。[24]

この時期の自民党では賀屋興宣ら長老政治家に加え、藤尾正行、渡辺美智雄、中川一郎、石原慎太郎、中山正暉、浜田幸一ら若手議員の中にも親台派が多かった。そして、この日中国交正常化協議会で親中派と衝突した一部がのちの青嵐会に参画することになる。[25]

このうち、中山は佐藤内閣末期、次期内閣の重要課題が中国・台湾問題になることを予見していた。[26] その上で、「ソビエトが択捉島に空軍基地と核を持っており、今度台湾が共産主義陣営になった」場合や、台湾海峡が中国の影響下に置かれた場合、日本の安全保障や海上輸送が大きく脅かされる危険性を指摘していた。[27] 党人派であった大野派の流れをくむ水田派の中山は、一九七二年の総裁選では田中に投票した一人だった。[28] しかし、急速に日中国交正常化に傾く田中内閣に対しては強い疑念を抱いていた。

当時、様々なメディアが日中国交正常化をめぐる自民党内の動きを報道しており、中山、浜田幸一、中川一郎が国際勝共連合の週刊『国際勝共新聞』の取材に応じている。三者の発言から政府・与党間関係に触れた部分を見てみよう。

中山は、「輸銀〔日本輸出入銀行〕の資金を使って、十年すえおき二十年延べ払いの貿易などやると、ライオンの子供にえさをやるようなものだ。日本人の血と汗で大きくして、日本が頭からかじられることになる。基本方針を決めるのが正常化協議会であるのに未だ決まらない先から、そんな貿易話が出るなど、大変な議論があった」と不満を漏らしている。

浜田は、「〝台湾きりすて論〟という問題は、自民党内の合意をつくすべきであり、自由主義諸国の一員として、これまで共に歩んできた台湾をきりすてることは、日本のプラスにならない。かかる原則をもって交渉し、中共側に、武力で台湾進攻をしないというぐらいは、やってしかるべきだ」と注文を付けている。

中川は、「日本の防衛は、後方に日米安保、前線に台湾と韓国三十八度線である。この防衛の一角台湾を崩されることを知らねばならない」、「共産中国のやり方は、相手を二つに分断して、自分の好都合の方向に引張っていく。自民党を分断し、国会を分断し、今日本と中華民国を分断させようとしている」、「自民党議員の大半は、台湾擁護であるし、正常化協議会でもその声が圧倒的に強い。しかしマスコミは、その事実を素直に報道できないようだ。北京からしめだされるのがこわいのだ」と述べている。(29)

いずれも田中内閣による拙速な対中接近を痛烈に批判するものであり、日本の安全保障に及ぼす影響を強く危惧していたことが分かる。青嵐会の前提となる考え方はこの時期に形作られていったと言っていいだろう。

九月五日、日中国交正常化協議会には複数の国交正常化案が提出され、小坂案が選定される。その際、渡辺、中川、中山が小坂に詰め寄り、「日中国交正常化基本方針案」の付帯記録として、日本と台湾の「従来の関係」に外交、条約関係を含むという注釈の挿入を要求する。そして、八日の同協議会第三回総会では、中川の提言に基づき、基本方針の前文にある「交渉されたい」を「交渉すべきである」に修正した上で最終承認され、同日の自民党総務会で党議決定されることになる。(30)

以上の過程について、中野士朗と井上正也は中川ら若手議員が前回総裁選で田中を支持した経緯から、その態度は賀屋に比して妥協的だったと指摘している。(31) これに対し、徐年生は「前文につき解釈が分かれたままで党議が採決された結果、親台湾派議員は、公の政策決定機構内においてあくまでも自己の主張を貫き通した形をとることが可能となった」と指摘している。(32) 筆者は翌年の青嵐会結成につながる重要な伏線がこの日中国交正常化協議会での折衝にあったという立場から、徐の解釈のほうが妥当であると考える。

その証左として、九月三〇日の自民党両院議員総会では日中共同声明についての経過報告が行われるが、中川を筆頭にして日台断交に反発する議員が多く、大荒れとなっている。中川は当時の取材に対し、政府は日中国交正常化後も台湾との外交関係を維持することを前提にして自民党内を抑えてきたため、「田中首相が中国へ行って屈服するような内容にはならないと思って期待していた」。にもかかわらず、その党議が無視されたことは党への「侮辱」であり、「日中国交正常化協議会の小坂、江崎［真澄・副会長］両氏は、このサギ、ペテン師の手先だった」と批判している。

しかも、前出の「日中国交正常化基本方針案」は「タカ派もハト派も入って起草委員会をつくってできたもの」だったが、発表される段階で「従来との関係とは外交関係も含むという意見もあった、含まないという意見もあった」という玉虫色の内容になったことは、「サギ、ペテン師の最たるもの」だった。「外交問題はもっと慎重に行うべきだ。私は決して自民党としてこれがよいとは思わぬ。自由主義国との連携関係の基盤が、まさに一夜にして転換したことに対しての良心が感じられないし、『よくも、ぬけぬけと』という感じだ」と語っている(33)。

このように九月三〇日の両院議員総会が波乱含みの様相を呈した原因は、田中内閣が日中国交正常化を急ぎ、党内で十分な根回しを怠ったことに他ならない。党内での意見調整を図るための場であった日中国交正常化協議会がその機能を果たしていなかったことで、中堅・若手議員の一部は青嵐会結成に向けて動き出すことになるのである。

青嵐会結成に向けた動き

中川一郎によれば、青嵐会結成に向けた会合は一九七三(昭和四八)年六月三日頃から始まり、マスコミに伏せた形で、ホテルの会議室を利用して行われる。そして、「六月十日の火曜日の夜八時に、たしかヒルトンホテルであったと思いますが、二十四人が集まった」という(34)。ただし、これは中川の記憶違いであり、青嵐会結成方針が最終確認されたのは七月一〇日夜、東京都千代田区のホテル

ニューオータニ本館の一室である。(35)

なお、この前日に開催された準備会で石原慎太郎は、「我々がこうして結集したきっかけはなんといっても現在の田中総理の政治に強い危惧を感じるからで、であったからには、ことと場合によっては同じ党内にあっても正面からあの絶対権力とぶつからなくてはならないかも知れない」ので、「一つ男としての盟約の証しに明日は血判をしてもらいたい」と提案していた。「昔の武士が誓いの証しとしてしたように、僅かだが自分自身の血を流して誓い合って欲しい」、「私は幹事長としてそれを世間に公表させていただく」という石原の言葉に藤尾や中川が賛成し、一〇日、剃刀で指を切る血判が行われる。(36)

参加者の署名と血判がある『青嵐会誓詞』は中川一郎の死後、長男である中川昭一（二〇〇九年逝去）が保管していた。生前、渡辺美智雄の長男である渡辺喜美との間では、血判した人全員が逝去した後、この『青嵐会誓詞』を憲政記念館へ寄贈する取り決めを交わしていたが、現在では所在不明になっている。(37)

ただし、中川昭一の手元にあった時にジャーナリストの河内孝が撮影した写真が残されている。表紙を開けると、「本日、青嵐会の発足に当り、意見一致を見た同志はこの約束を証するため左に署名する　昭和四八年七月十日」という中尾栄一《なかおえいいち》の筆に続き、計三〇名が署名している。

当選前の主な履歴	青嵐会での役職	1977年
上智大学卒。読売新聞社記者。	衆議院代表世話人	在籍
九州帝国大学卒。北海道開発庁長官秘書官。	衆議院代表世話人	在籍
東京商科大学附属商学専門部卒。栃木県議会議員。	衆議院代表世話人	在籍
東京大学卒。福島県副知事。	衆議院代表世話人	在籍
東京医学専門学校卒。群馬県医師会長。		
一橋大学卒。大蔵省大臣官房企画課長補佐。		
日本大学中退。千葉県議会議員。	事務局長	在籍
北京中央鉄路学院本科卒。自由民主党本部職員。	参議院代表世話人	在籍
中央大学卒。大阪市議会議員。		在籍
早稲田大学大学院修了。芦田均首相秘書。	座長	在籍
早稲田大学卒。産経新聞社記者。		在籍
一橋大学卒。作家。	幹事長	在籍
早稲田大学卒。国会議員秘書		
海軍航海学校卒。国場組副社長。		在籍
早稲田大学卒。検察官、弁護士。		
東京大学卒。大蔵省国有財産総括課長補佐。		
早稲田大学卒。宮城県議会議員。		在籍
宮崎農林専門学校卒。鹿児島県議会議員。		在籍
東京農工大学卒。海部町議会議員。		在籍
東京農業大学卒。農林漁業金融公庫調査役。	代表幹事	在籍
九州大学卒。農林省九州農政局長。		在籍
大阪吉沢法律研修学館卒。鳥取県議会議員。		
鹿児島高等商業学校卒。世界経済懇話会常務理事。		
姫路高等学校卒。国会議員秘書。	代表幹事	在籍
慶應義塾大学卒。富山県議会議員。		
早稲田大学卒。福岡県議会議員		
久留米医科大学中退。西肥自動車代表取締役社長。		
日本農士学校金鶏学院卒。笹川町議会議員。		在籍
日本大学卒。新宗教政治連盟事務局長。		
中央大学卒。埼玉県議会議員。		
中央大学卒。国会議員秘書。		

備考：河内孝によれば、1973年7月10日に署名・血判したのは加藤六月までの24名であり、その他は同月17日までに署名。内海英男の署名・血判は『青嵐会誓詞』にない。内海自身は入会を承諾していたが、「血判もせず会合にも来てはいなかったと思います」とのことである（2021年10月4日、メールでの回答）。

	氏名	生没年	選挙区	当選	関係派閥
1	藤尾正行(ふじおまさゆき)	1917-2006	衆議院・栃木県第2区	4回	福田派
2	中川一郎(なかがわいちろう)	1925-1983	衆議院・北海道第5区	4回	水田派
3	渡辺美智雄(わたなべみちお)	1923-1995	衆議院・栃木県第2区	4回	中曽根派
4	湊徹郎(みなとてつろう)	1919-1977	衆議院・福島県第2区	4回	中曽根派
5	丸茂重貞(まるもしげさだ)	1916-1982	参議院・群馬県選挙区	2回	福田派
6	近藤鉄雄(こんどうてつお)	1929-2010	衆議院・山形県第1区	2回	三木派
7	浜田幸一(はまだこういち)	1928-2012	衆議院・千葉県第3区	2回	椎名派
8	玉置和郎(たまきかずお)	1923-1987	参議院・全国区	2回	
9	中山正暉(なかやままさあき)	1932-	衆議院・大阪府第2区	2回	水田派
10	中尾栄一(なかおえいいち)	1930-2018	衆議院・山梨県全県区	3回	中曽根派
11	森喜朗(もりよしろう)	1937-	衆議院・石川県第1区	2回	福田派
12	石原慎太郎(いしはらしんたろう)	1932-2022	衆議院・東京都第2区	1回	
13	阿部喜元(あべきげん)	1923-1998	衆議院・愛媛県第3区	2回	中曽根派
14	国場幸昌(こくばこうしょう)	1912-1989	衆議院・沖縄県全県区	1回	福田派
15	松永光(まつながひかる)	1928-2022	衆議院・埼玉県第1区	2回	中曽根派
16	野田毅(のだたけし)	1941-	衆議院・熊本県第1区	1回	中曽根派
17	三塚博(みつづかひろし)	1927-2004	衆議院・宮城県第1区	1回	福田派
18	江藤隆美(えとうたかみ)	1925-2007	衆議院・宮崎県第1区	2回	中曽根派
19	森下元晴(もりしたもとはる)	1922-2014	衆議院・徳島県全県区	3回	中曽根派
20	佐藤隆(さとうたかし)	1927-1991	参議院・新潟県選挙区	2回	福田派
21	山崎平八郎(やまざきへいはちろう)	1911-1989	衆議院・福岡県第3区	2回	福田派
22	島田安夫(しまだやすお)	1920-1984	衆議院・鳥取県全県区	1回	
23	中尾宏(なかおひろし)	1924-1992	衆議院・鹿児島県第2区	1回	椎名派
24	加藤六月(かとうむつき)	1926-2006	衆議院・岡山県第2区	3回	福田派
25	綿貫民輔(わたぬきたみすけ)	1927-	衆議院・富山県第2区	2回	椎名派
26	山崎拓(やまさきたく)	1936-	衆議院・福岡県第1区	1回	中曽根派
27	中村弘海(なかむらこうかい)	1925-2008	衆議院・長崎県第2区	2回	椎名派
28	林大幹(はやしたいかん)	1922-2004	衆議院・千葉県第2区	1回	福田派
29	楠正俊(くすのきまさとし)	1921-2007	参議院・全国区	2回	
30	土屋義彦(つちやよしひこ)	1926-2008	参議院・埼玉県選挙区	2回	福田派
31	内海英男(うつみひでお)	1922-2005	衆議院・宮城県第2区	3回	水田派

青嵐会メンバー

出典：氏名は『青嵐会誓詞』（河内孝氏より画像提供）の署名順による。それ以外の情報については「青嵐会名鑑」、中川一郎ほか『青嵐会』（浪曼、1973年）、「青嵐会々員名簿」（湊徹郎ほか『青嵐会からの直言』浪曼、1974年）、河内孝『血の政治―青嵐会という物語―』（新潮社、2009年）37~39頁をもとに作成。選挙区・当選回数・関係派閥は青嵐会結成時のもの。1977年当時の在籍状況は、麻生良方「〝看板〟石原慎太郎も浮き上がった『青嵐会』4年目の正体」（『週刊サンケイ』1977年2月17日号）38~39頁の一覧表による。

役職者に見る派閥分布

前ページの表に示したように、青嵐会は最終的に公称三一名を擁し、派閥では福田派一〇名が最も多く、次に中曽根派九名が続く。当選二回未満、地方選出、四〇代が目立つ。中央省庁勤務の履歴を持つのは大蔵省出身の近藤鉄雄と野田毅、農林省出身の山崎平八郎だけであり、むしろ地方議員を経て国政に進出した政治家が多い。世襲政治家は中山正暉（実父は参議院議員・中山福蔵［一八八七～一九七八］、実母は元衆議院議員・中山マサ［一八九一～一九七六］）、佐藤隆（実父は元参議院議員・佐藤芳男［一八九六～一九六七］）、山崎平八郎（育ての親は叔父の元衆議院議員・山崎達之輔［一八八〇～一九四八］）、内海英男（実父は元衆議院議員・内海安吉［一八九〇～一九七六］）のみである。

役職としては、衆議院代表世話人に中川一郎、湊徹郎、渡辺美智雄、藤尾正行、参議院代表世話人に玉置和郎、座長に中尾栄一、幹事長に石原慎太郎、代表幹事に佐藤隆、加藤六月、事務局長に浜田幸一が就任する。

このうち、政治家としては異色の経歴を持つのは浜田である。一九二八（昭和三）年、千葉県君津郡に生まれ、旧制木更津中学校四年次、学徒動員先の木更津航空廠で玉音放送を聞いている。終戦に伴う社会の変化に反発し、軍国少年から不良少年になった浜田は母親の勧めで進学した日本大学農獣医学部拓殖科を中退後、二四歳の時、傷害事件を起こして服役している。神奈川の侠客・稲川角二（のち稲川会初代会長・稲川聖城）と石井進（のち稲川会二代目会長・石井隆匡）を兄貴分と慕い、彼らから

「お前は意気地がないから、ヤクザはつとまらない。カタギになれ。政治家を目指したらどうか」と諭されたことが人生の転機となる。こうして二七歳の時、富津町議会議員選挙でトップ当選することになる。[38]その後、千葉県議会議員二期を経て、一九六九年の第三二回衆議院議員総選挙で初当選している。[39]「政界の暴れん坊」と言われる代議士生活の始まりである。

中川昭一が保管していた当時に撮影された『青嵐会誓詞』。土屋義彦は血判を拒否したため、署名のみ。河内孝氏提供。

のちに浜田は、「この青嵐会を強い志を持って創設したのは中山正暉くんだった。彼は最後まで共に行動してくれた。真の指導者は彼だった」[40]とし、石原慎太郎の幹事長就任は、「知名度もあり頭脳明晰だし、人を集めるのに非常に有望である」という中山の意見に基づき、浜田が指名したと述べている。[41]

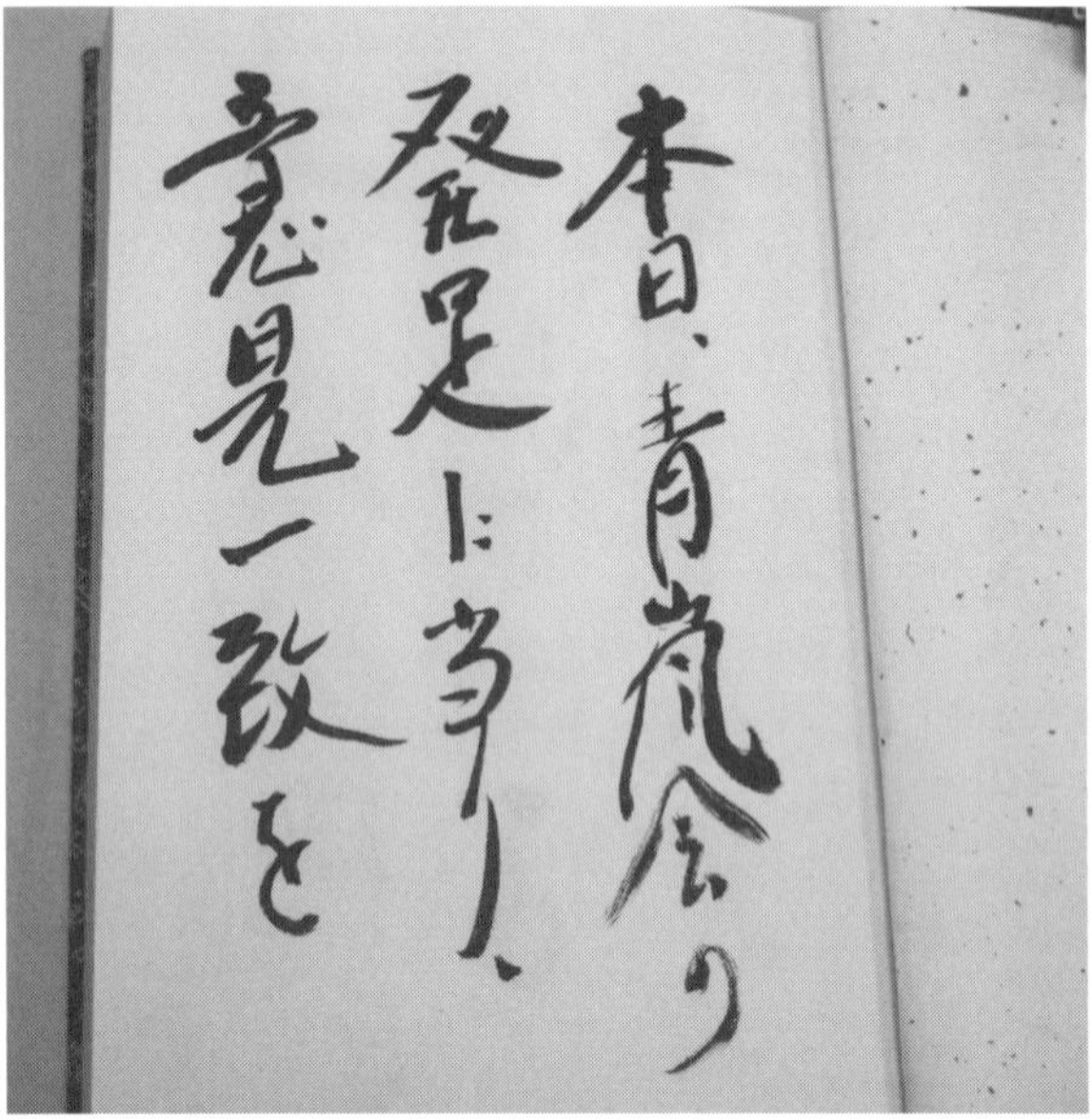

本日、青嵐会の
発足に当り、
意見一致を

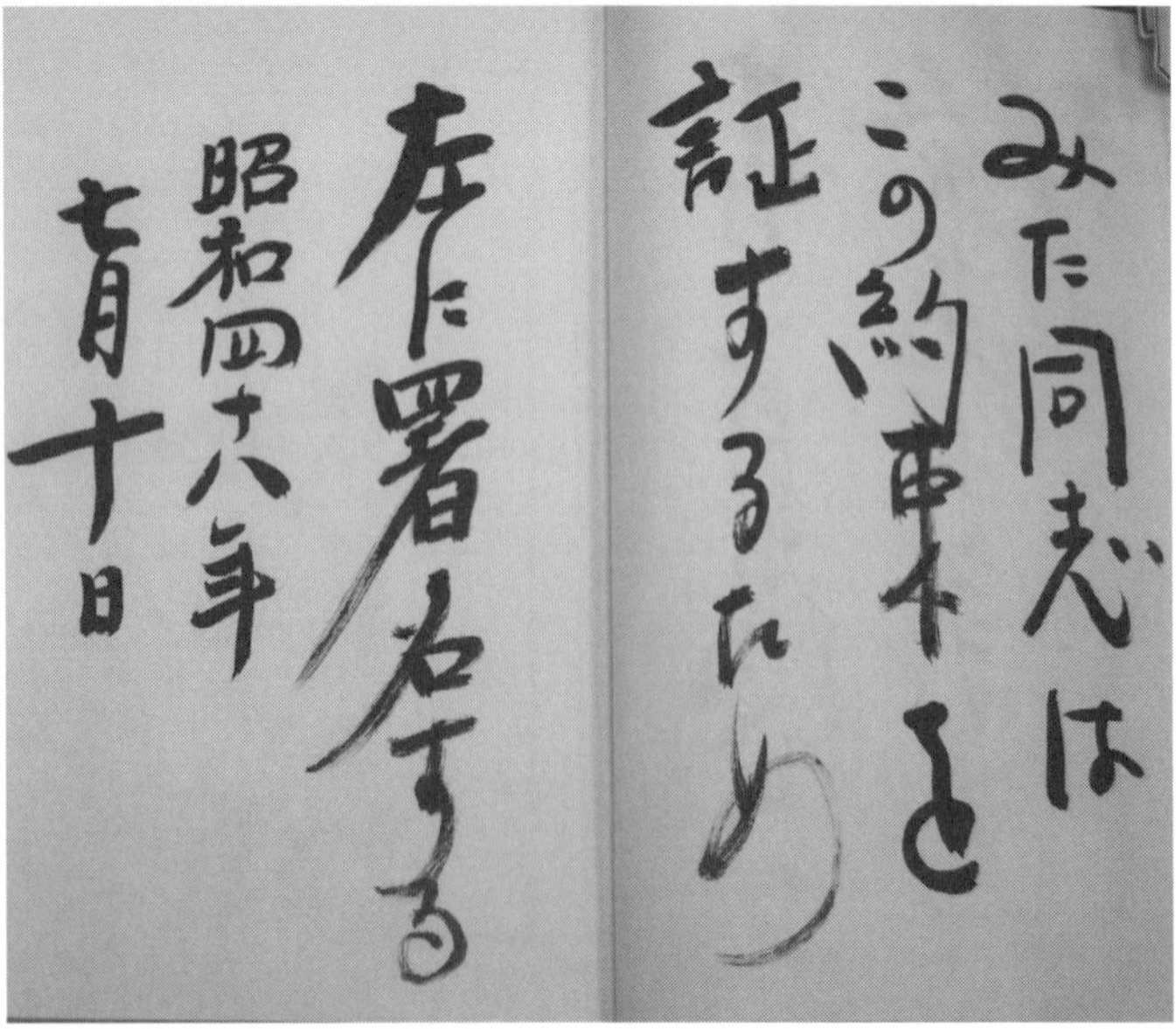

みた同志は
この約束を
証するため
左に署名する
昭和四十八年

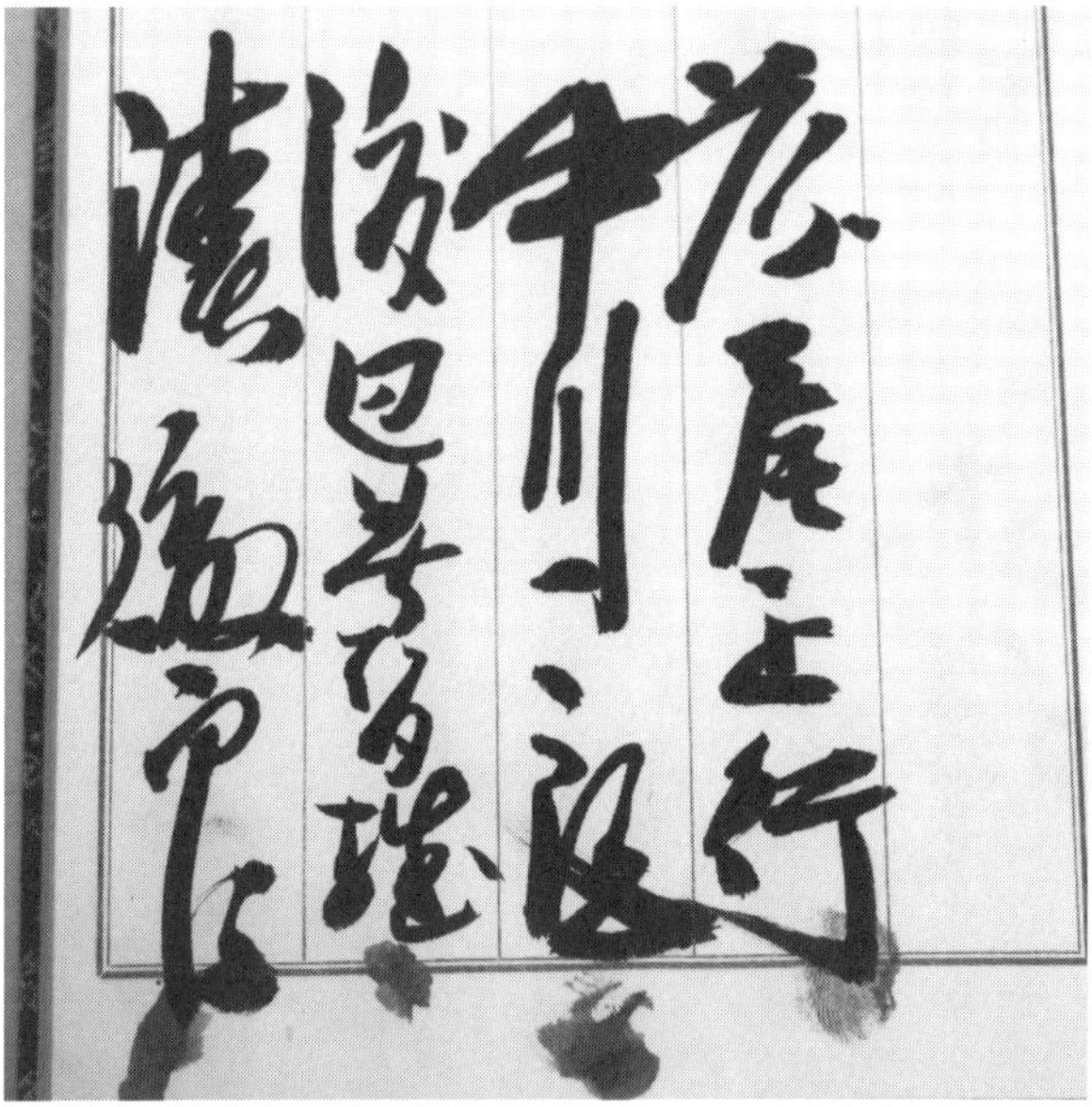

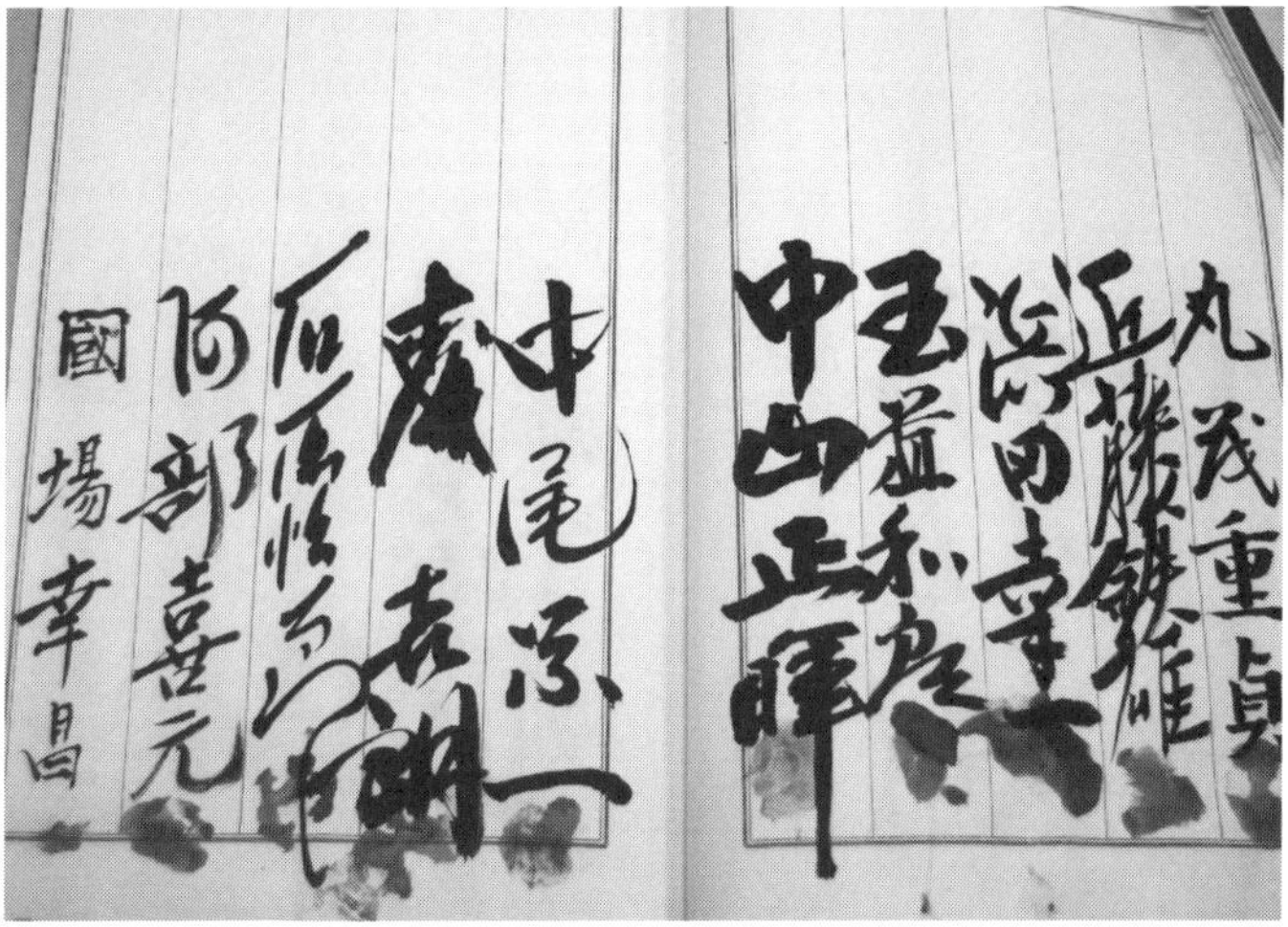

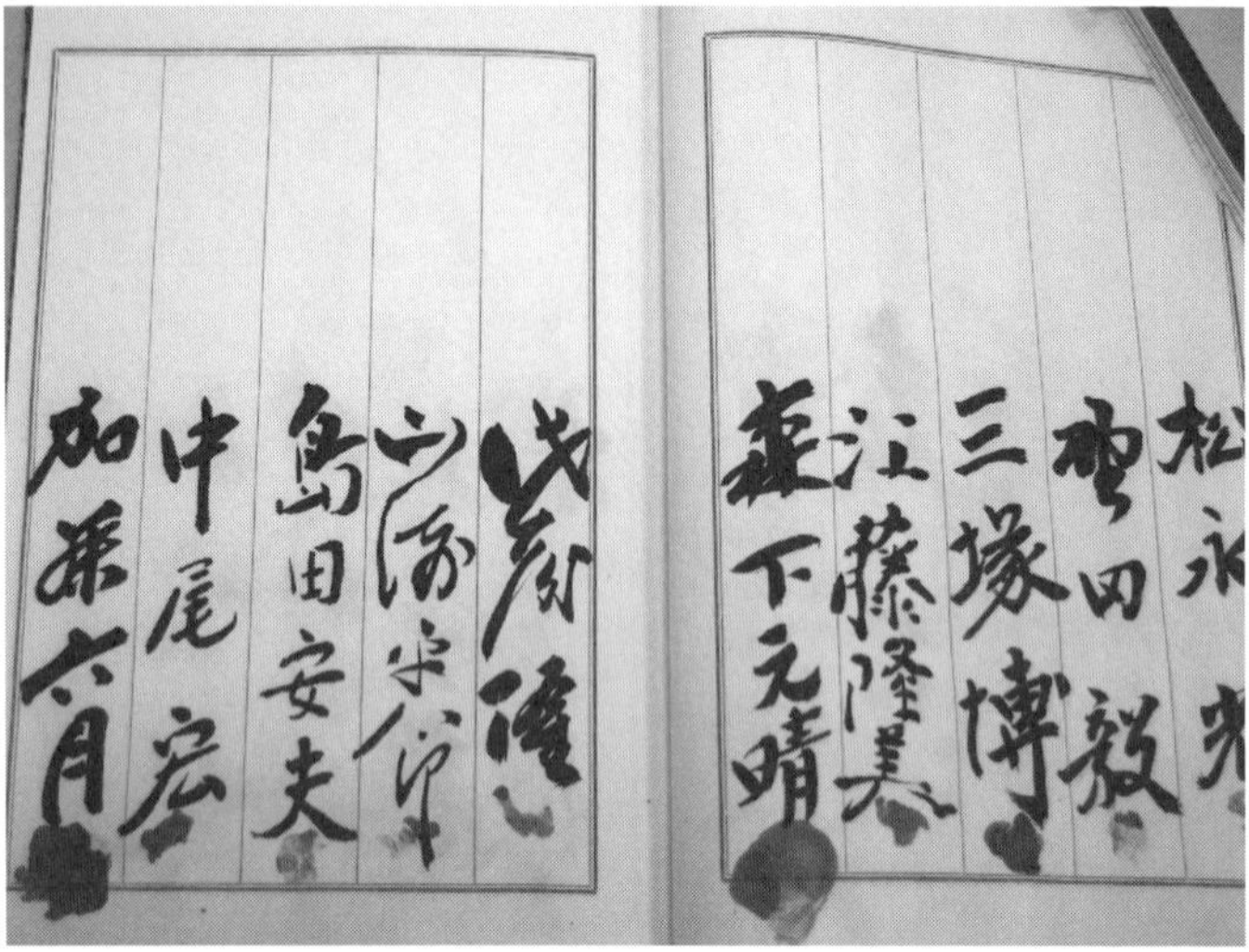

三塚博
江藤隆美
森下元晴
島田安夫
中尾宏
加藤六月

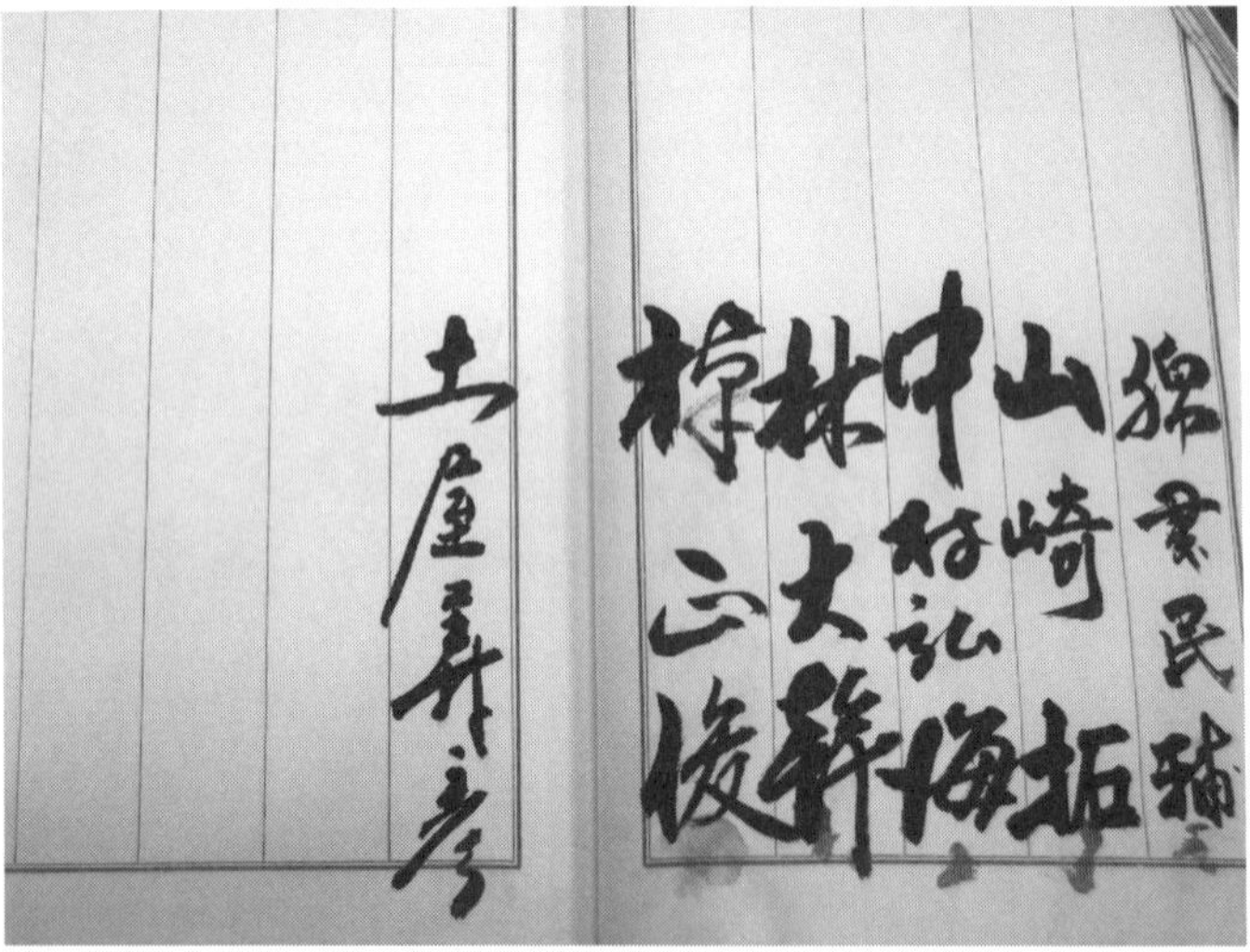

綿貫民輔
山崎拓
中村弘海
林大幹
土屋義彦

石原は一九三二年、兵庫県神戸市生まれ。山下汽船社員だった父親の転勤に伴い、北海道小樽市と神奈川県逗子市で青少年期を過ごしている。一橋大学法学部在学中、短編小説「太陽の季節」（『文學界』一九五五年七月号）で文壇にデビューし、翌年、第三四回芥川賞を最年少で受賞している。一九六六年、『週刊読売』特派員としてベトナムに渡り、共産主義化の危機に瀕した南ベトナムを目にする。「下手をするとこの日本も同じ運命をたどるのではないか」との思いにかられたことで、政治へのコミットメントを決断する。[42] 二年後、第八回参議院議員選挙に全国区から出馬し、史上最高の三〇〇万票を集めて当選している。一九七二年、衆議院に鞍替えするため、無所属で東京都第二区から出馬して当選している。世論への浸透を考えた時、石原の幹事長起用はうってつけの人事であった。

ちなみにマスコミ対策の責任者である座長には中尾栄一が起用されている。中尾は一九三〇年、山梨県甲府市出身。旧制甲府第一中学校在学中から英語学習に励み、青山学院大学文学部英米文学科在学中、一等通訳試験に合格している。早稲田大学大学院修士課程では社会政策を専攻しながら、全日本学生自治会総連合（全学連）委員長として学生運動に身を投じている。大学在学中、日比谷公会堂で芦田均の演説会に参加し、「日本は戦争に敗れたからといって、民族が亡んだわけではない。もし外敵が攻めてきたらわれわれはたとえ一木一草にすがっても自らを守る」という言葉に触発されたことで、ほぼ押しかける形で芦田の秘書になる。青年アジア協会事務局長、日本経済団体連合会委員兼幹事を経て、一九六七（昭和四二）年、自民党公認が得られないまま無所属で当選する。[43] この初当選

前は全国遊説中だった中曽根の地元に入り、代理で弁士を務めるなど、自民党内屈指の雄弁家として知られていた。(44)

中尾は英語力を生かして日米議員外交に力を入れる一方、天皇、民族、国家への思いに熱く、対ソ脅威論を持論とする民族主義者であった。のちの著書では、「正しいと思ったら黙っていられないのが私の性分」とし、「青嵐会を結成しその座長を務めたのも、このような情熱が為せる業であったと思われてならない」と回顧している。(45)

なお、序章で述べたように、青嵐会は同時代において福田派の別動隊と評価されることが多かった。しかし、役職者の内訳を見ると、福田派からの参加者(藤尾、加藤、佐藤)と中曽根派からの参加者(湊、渡辺、中尾)は同数である。したがって、中曽根派との関係も軽視すべきではない。このうち、代表世話人として名を連ねた五名の略歴を見ていくことにしたい。

第二節　五人の代表世話人

中川一郎

前述のように、中川一郎は九州帝国大学卒業後、北海道庁及び北海道開発庁に勤務している。中川によれば、九州帝国大学での学業成績は良く、農林省への推薦を得ていたが、「腹が減る時代だからね、何でもいいから郷里に近い所ということで北海道庁へ行った」という。「役人として出世するのは、農林省、本省へいけばよかった。しまったなあと思うんだが、今から考えれば、それが大野伴睦先生という政治家の秘書官になる動機だったしね」と回想している。[46] 北海道開発庁では大野伴睦、緒方竹虎という二人の長官に仕えた後、自民党副総裁だった大野の求めで秘書となる。そして、一九六三年の第三〇回衆議院議員総選挙に北海道第五区から自民党公認で立候補し、初当選している。

没後刊行された写真集『真実一路』を見ると、幼少時代の暮らしぶりは貧農と言ってよく、幼少期から家の手伝いに励んでいた。「北海道のヒグマ」という渾名は佐藤内閣で大蔵政務次官在任中、大蔵大臣・福田赳夫からつけられたものである。[47]

中川は一九六六年の論文「憲法の基盤と国際環境の変質」で、国際政治の本質はパワー・ポリティックスにあることを繰り返し指摘した上で、[48]「日本国憲法の取る非武装の考え方」は「現下の国際情勢に対する認識の欠如も実に甚だしきものがあることを深く憂うる」と喝破している。[49]「共産主義思想国家は日本国民一人一人にとって仮想敵国である」以上、「自由と民主主義をわが憲法の基調とした日本は、基本的に国是を同じくするアメリカと同盟し、そこにこそわが日本の国民的利益を見出さなければならない」ことや、「政治的には我が国家目的、自由主義と全く相容れぬ世界支配を窮極において意図している全体主義中国共産党国家」は「我国にとって重大な潜在的脅威を形成している」と訴えている。[50]その上で、現行憲法制定過程を顧みれば、「日本国民みずからの手によって、しかも全く自由な環境において充分なる議を尽して制定されていない、という重大な事実は否定し得ない」と述べている。[51]

こうした権力政治論的な国際政治観と親米反共意識は冷戦の所産であり、特に中国への根強い警戒感は青嵐会の趣旨に合致する。

なお、この論文が発表された一九六六年は日本の総人口が一億人を突破した年であり、ビートルズ来日、札幌オリンピック開催決定などが主要ニュースになっている。かたや憲法論議は国内全体でタブー視されていた時期であったが、中川が安全保障政策や憲法問題について極めて高い関心を抱く保守政治家であったことがよく分かる。こうしたことを踏まえると、中川が事実上の青嵐会指導者として擁立されたのは自然の流れだったと言えよう。

なお、中川の影響を受けた北海道出身の政治家として、第一次小泉内閣農林水産大臣、自民党幹事長を務めた武部勤（一九四一年生まれ）がいる。一九六四年に早稲田大学第一法学部卒業後、一九七〇年まで三木武夫のシンクタンクである社団法人・中央政策研究所に勤務し、翌年、北海道議会議員に初当選している。高橋辰夫を会長とする中川派の道議会議員集団「新道政研究会」（通称・高辰軍団）の幹事長を務め、一九八三（昭和五八）年の第三七回衆議院議員総選挙に無所属で出馬して落選後、渡辺美智雄の秘書となっている。その後、一九八六（昭和六一）年の第三八回衆議院議員総選挙に自民党公認で立候補して初当選を果たし、二〇一二（平成二四）年に政界を引退している。

もともと武部の父である武部益太は北海道斜里郡斜里町で中華料理店「珍満」を営んでいた。一九六三年の総選挙期間中、中川がたまたま来店してラーメンを食べたことから、益太は中川の支援者になっていた。武部自身は中央政策研究所に入って間もない頃、中川から電話で連絡があり、「先日、斜里でお姉さんに会ったよ」と言われたという。「私に姉はいません」と答えると、「そうか、お母さんか。お若いね」と述べるなど、「中川先生は人の心を掴むのが上手い人だった」と振り返る。「中川先生の魅力は十勝の開拓農民の倅《せがれ》であり、北海道の開拓の歴史と重なるところがあります。戦前と戦後を苦労して過ごされ、十勝を肥沃な大地にして、みんなが農業でしっかりと生計を立てられるような故郷にしたいという夢があった」というのが武部による中川評である。[52]

2023年８月７日、東亜総研事務所（東京都千代田区）で筆者の取材に応じた武部勤。

中央政策研究所の研究員時代、武部は自ら執筆した論文や各種資料を中川に提供するようになり、中川も物心両面で武部を支える。一九七一年、武部が北海道議会議員選挙に出馬した際、斜里町議会議長・赤木寅一が連合後援会長を引き受けたのは中川の依頼によるものであった(53)。こうして武部は中川派の道議会議員の一人として行動することになる。

湊徹郎

湊徹郎は一九一九(大正八)年、福島県田村郡三春町に生まれ、一九四三(昭和一七)年、東京帝国大学経済学部を卒業し、野砲兵第二連隊(宮城県仙台市)に入営している(最終階級・陸軍中尉)。復員後の一九四六(昭和二二)年に福島県庁に入庁し、一九六一(昭和三六)年に副知事に就任している。一九六三年に衆議院議員となり、第三次佐藤内閣総理府総務副長官、自民党国会対策委員会副委員長、党政務調査会常任審議委員などを歴任している。

もともと湊の国政進出は一九六三年制定の新産業都市建設促進法に基づき、福島県磐城・郡山地域の新産業都市指定が具体化する中、当時の池田内閣建設大臣・河野一郎が同じく道路族議員出身の木村守江知事に対して候補者選考を依頼したことで実現されたものであった。同年、第三〇回衆議院議員総選挙で当選し、河野派入りした湊は「若手農林族のホープ」となり、中川一郎、渡辺美智雄と共に「イッちゃん、ミッちゃん、テッちゃん」の「三ちゃん艦隊」と称され、農政部門で活躍する。一九六九（昭和四四）年、自民党総合農政調査会主査として党の方針「総合農政の展開」を取りまとめている。その後、葉たばこを日本専売公社から農林省に移管させるための「葉たばこ共済」導入に取り組むが、総合農政調査会長在任中の一九七七（昭和五二）年、五六歳で逝去している。[54]

湊は「長すぎた佐藤政権に、批判と非難の声が集中し、世論調査を行なう毎に、その支持率が、低下の一途を辿ったことは、明らかな一つの事実」と受け止めていた。かつ、「昭和元禄」の裏には「たえざる不安の影」や「人間喪失と欲求不満のやるせない思い」があることを察知し、「今までの惰性、因習、弊風をたち切り、大衆に根ざした生きた政治」を実現するため、政治環境の作り替えが必要であると考えていた。[55] その根底には、「国家の目標や民族の世界的使命は、第二次世界大戦とともに全く失われ、それを示すはずの新憲法も宙づりになったままである」という認識があった。[56]

川柳と狂歌を趣味としていた湊は佐藤内閣末期、当時の世相を表現するため、次の三句を詠じている。

「元禄」と「戦国」時代が併存し
元禄にしてはイラ立ち目にあまり
「戦国」にしてはサムライ少なすぎ

最後の川柳には「『疾風怒濤』の時代、『変化激動』の世の中にしては、ハナバナしさと夢がなさすぎる。往年のサムライもいつしか影をひそめ、全体が小利口、小器用になり、小粒になって来たような気がする。直輸入した外国産民主主義のせいか」という思いが込められていた。[57]逆に言えば、湊にとっての青嵐会参加は「サムライ」の気概を自ら背負ってのものだったと言える。

日中国交正常化直前の一九七二年九月中旬、政府特使として自民党副総裁・椎名悦三郎が台湾を訪問した際、その随行団の中に湊もいた。台湾側に対し、外交関係を従来通り維持すると約束したにもかかわらず、「完全に台湾に嘘を吐いた」結果になったことは湊に強い悔恨の念を抱かせた。青嵐会への参加は尊敬する玉置和郎からの誘いがあったからであり、国家の道義を立て直すことが自らの信条であると述べている。[58]

渡辺美智雄

渡辺美智雄は一九二三（大正一二）年、千葉県習志野市で陸軍主計准尉の次男として生まれている。[59]生後三週間で母親は早逝し、栃木県那須村にある父方の実家で伯父夫婦に育てられている。中学時代、陸軍幼年学校と陸軍士官学校を各二回受験するが、配属将校を茶化し、軍事教練の内申評価が低かったため、いずれも不合格に終わっている。[60]学徒出陣により東京商科大学専門部を繰り上げ卒業し、陸軍主計科軍曹として宇都宮の連隊で終戦を迎えている。

1987年夏、在フィリピン日本大使公邸での夕食会に出席した稲葉卓夫（左）、大使夫人（中央）、渡辺美智雄（右）（稲葉卓夫氏提供）

戦後は那須で行商を営み、巧みな処世術や時局解説から「インテリ行商人」と呼ばれ、県北一帯で話題になる。(61) 一九五〇（昭和二五）年、計理士（のち税理士）の資格を生かして渡辺事務所を開設し、五年後、「インテリ行商人」、「庶民の味方の計理士」という評判を武器にして栃木県議会議員に当選する。(62) その後、一九六三年、二度目の挑戦で衆議院議員に初当選している。

一九六七年、金丸信（田中派）が派閥を超えた会として「ヤングパワーの会」結成を提唱すると、渡辺は竹下登、安倍晋太郎、山村新治郎、中川一郎らと共に参加している。(63) 同年の生産者米価問題をめぐって、「三ちゃん艦隊」こと渡辺、中川、湊は自民党米価調査会小委員会メンバーとして答申案作成に奔走している。自民党が政府方針に妥協したと知るや、渡辺は中川と一緒に総務会に押しかけ、「我々

をなめるのか」と叫んでコーラ瓶を叩き割り、机をひっくり返す騒ぎを起こしている。(64)

元秘書・稲葉卓夫によれば、渡辺は「農は国の元」という色紙をよく書いたほか、「庶民性に富んだ政治家であり、議員宿舎で毎日自炊。サンマ一本、キャベツ一個がいくらかも知っていました。自分でも全国で五本の指に入る税理士事務所であると言っており、顧問先の会社は数百社に上っており、顧問先の経営状態から日本経済の実態を熟知していました。時間があれば、誰とでも会って熱心に有権者の声を聞く政治家でした。青色申告会の会長からいろいろ指摘を受け、実態に合った法改正をしていました」と述べている。(65) 渡辺の庶民性と緻密な性格、計算高い行動を思う時、この上ない証言と言えるだろう。

藤尾正行

藤尾正行は一九一七（大正六）年、東京市生まれ。神戸で少年時代を過ごし、教員に対する暴力事件で神戸第一中学校を放校処分となった後、明治大学予科でも教員に暴力を働いて退学している。幹部候補生試験を受けないまま応召し、ソ満国境付近の第一五国境守備隊で約二年間を過ごす。「泣く子も黙る札つき部隊。入隊してくる者の大半は、ボクサーくずれの不良とか背中一面クリカラ紋様のやくざなど、ひとくせもふたクセもある連中ばかり」(66) いう、まさに勝新太郎主演の映画『兵隊やくざ』のような世界である。

病気除隊を経て、一九四〇年に上智大学専門部新聞学科卒業後、一九五六（昭和三一）年まで読売新聞社に在職している。戦時中は欧米部記者として戦時下の南方各地を取材している。河野一郎の知遇を得たことで政治家を志すようになり、一九六三年の第三〇回衆議院議員総選挙で初当選している。佐藤内閣で通産政務次官や建設政務次官を歴任し、頭角を現すことになる。

同じく福田派に属した亀井静香によれば、藤尾は「福田赳夫元首相を師と仰ぎ、雨の日も風の日も毎朝必ず福田邸に通い、忠実な家臣として尽くしていた」。一九七二年の総裁選で、「福田さんは、同じ上州の中曽根さんは必ず応援してくれると思っていた。ところが、角さんからのカネになびいた中曽根さんは直前で田中支持にまわり、福田さんは敗れてしまった。恩師が裏切られるのを間近で見ていた藤尾さんは、実に無念だったに違いない」と述べている。(67)

福地義行（一九四八年生まれ）は一九七二年に近畿大学商経学部卒業後、一九八七年まで藤尾の私設秘書を務めている。ホテルニューオータニでの血判にも同行しており、今回、筆者の取材に応じてくれた。藤尾は年齢順では山崎平八郎、国場幸昌《こくばこうしょう》に次ぐ三番目にあたり、代表世話人の中では最年長であった。福地によれば、藤尾は「できるだけ自分は表面に出ないようにして、中川さんや石原さんを中心に立てるようにしたい」と述べていたが、実際は青嵐会の中心で行動し、他のメンバーも藤尾を頼りにしていたという。

当時の藤尾は、「台湾が本妻で中国が後家であり、いつも世話になっている本妻を捨てることができるのか。台湾から受けた恩を忘れるな」とよく述べていた。また、田中内閣総辞職後は青嵐会の活動から離れるものの、「今の憲法は第九条だけでなく、占領政策を主にした憲法で、自主憲法を作る事が急務だ」、「日米安保条約について、自由主義国家と信頼関係を時間をかけてでも築いていく、仲良くしていく、とくにアジアにおける共産主義国家、ソ連、中国、北朝鮮については腹を据えた外交を行う必要がある」ことを持論にしていたという。(68)

玉置和郎

玉置和郎は一九二三年、実父が事業を手がけていた神戸市に生まれ、間もなく和歌山県御坊市の実家に戻っている。御坊商業学校卒業後、給費学生の扱いで北京鉄路学院に進学するため、一七歳で中国大陸に渡っている。南満洲鉄道株式会社（満鉄）在職中に応召し、関東軍見習士官として北支戦線で終戦を迎えている。辛うじて日本に引き揚げ、自民党本部の職員だった時に宗教法人「生長の家」と接点を持つことになる。そして、一九六五（昭和四〇）年には生長の家政治連合の全面的な支援を受ける形で第七回参議院議員選挙に全国区から出馬し、初当選を果たしている。以後、党内で参議院副幹事長、国会対策委員会副委員長、佐藤内閣で農林政務次官や初代沖縄開発政務次官を務めている。

党内派閥としては三木派に属していたが、一九七二年の総裁選に三木が勝算もないまま立候補し、さらに田中と提携したことには強く反発していた。このため、決選投票では福田に投票し、総裁選終了後、三木派を離脱していた。[69]

大江康弘（一九五三年生まれ）は実父である和歌山県議会議員・大江敏一が玉置と交友関係にあったことから、一九七七（昭和五二）年に芦屋大学教育学部卒業後、二年間、東京で玉置の私設秘書を務めている。のちに和歌山県議会議員六期、参議院議員二期を歴任している。著書『ボクは紀州のトムソーヤ』では秘書時代の若き大江が玉置と二人三脚で過ごした日々が描かれており、「玉置先生は自民党タカ派の実力者で、無派閥だったが、慕ってくる国会議員は多かった」、「私にとっては、玉置和郎先生の秘書時代が政治家としての原点であり、原体験といえる」と述べている。[70]

大江によれば、玉置は戦争中のことを語ることはなかったが、皇室関連行事への出席を大事にし、主知主義ではなく、至情主義的な性格の持ち主であった。その姿からは巷間で語られているようなフィクサーや政界の寝業師といったイメージは微塵も感じられなかったという。

生長の家の路線を反映し、自主憲法制定と自衛隊国軍化を一貫した信念として持っていたが、同時に、「日米安保条約の脆さ」も意識していた。これはアメリカ大統領の国軍統帥権は戦争権限法により連邦議会の承認が必要とされていることを踏まえたものであり、「同盟を結んでいても安心できない」というのが持論であった。このため、「日韓台のトライアングルの中で北東アジアの安全保障を進め、中国やソ連を牽制しなければならない」と考えていたという。

「政策ではなく、人としての在り方、仕え方を教えてもらった。今の永田町に議員をおやじと呼ぶような文化はないが、玉置は秘書である自分がおやじと呼べるほどの政治家だった」と述べている。[71]

なお、玉置の国家観を知る上で貴重な文章があるので紹介する。一九七〇年、生長の家関連団体である世界聖典普及協会の会誌に寄稿したコラム「二つの国民をつくらない運動」である。玉置は韓国、ベルリン、ベトナム歴訪を通じて、同一民族が二つのイデオロギーに引き裂かれている現実を目の当たりにし、この日本で「何としても二つの国民をつくってはならない」という思いを強くする。「日本人の心の真底にあるものは、長い歴史のそれが明らかに物語っているごとく、天皇の存在である。日本の歴史が天皇を除いてなりたたないということであり、それは、〇〇家を語るさい家長をぬきにして語れないのと全く同様であろう」。「二つの国民をつくらない運動」は日本が韓国、ベルリン、ベトナムのような道をたどることを防ぐものであり、まさに「日本人の心を帰一さす天皇の理念的存在とその御徳（光）を遍く知らしめることに結着すると確信するものである」[72]。

筆者は玉置が残した文章の中で、このコラムが最も玉置自身の信条を表現していると思う。

『朝日新聞』による報道

さきに述べたように、青嵐会の歴史は一九七三年七月一〇日のホテルニューオータニでの血判に始まるが、大手メディアが取り上げるまでには若干のタイムラグがある。

『朝日新聞』紙上に青嵐会が初めて登場するのは同月一四日、土曜日の朝刊である。二面左上に、「自民、新タカ派集団が旗揚げ」、「強硬路線へ転換迫る」という見出しのもと、「自民党の渡辺美智雄、中川一郎氏らを中心とする若手議員たちはこのほど、田中内閣が外交、内政面でより強い政治路線に転換することを求めて、新しい議員集団『青嵐会』(仮称)を結成した」と書き出している。

この記事では一三日までに当選四回以下の衆参両議員二五名が参加を表明し、「田中首相や党執行部の路線転換を求め、これが受け入れられない場合には、党内で現体制への批判勢力となることを申し合わせている」ことや、イデオロギー集団としての性格の強さを報じている。(73) この時点では主要な参加者や、のちに紹介する青嵐会趣意書の概要を紹介する程度の扱いであり、血判が行われた事実まででは触れていない。

では、朝日新聞の報道はなぜ最初の血判から四日後にずれ込んだのか。同時代の政治記者として青嵐会に接した河内孝は、その背景に渡辺美智雄の存在を指摘している。すなわち、渡辺は親から貰った体を傷つけるのはよくない、という理由から血判には反対していた。当時、朝日新聞社政治部記者・秋山耿太郎は宇都宮支局に勤務した経験により渡辺と親しい間柄にあったため、渡辺の筋から青嵐会に関する情報を入手していたのではないか、と推測している。その上で、青嵐会結成の記者会見が七月一七日になったのは、「当時、衆参両院で重要法案の審議が大詰めを迎えており、与野党攻防が激化していたので閉会まで一週間延ばしたのではないか」という仮説を立てている。(74)

青嵐会が『朝日新聞』紙上に再び登場するのは最初の報道から五日後、七月十九日の朝刊である。参加者が三一名になったことを報じ、青嵐会の意気込みについて、代表世話人・中川一郎、事務局長・浜田幸一、座長・中尾栄一、代表幹事・佐藤隆のコメントを掲載している。ただし、この記事の目玉は、やはり結成時に行われた血判にあった。「離合集散がしきりの政界の各種グループのなかでもこれはきわめて異例のことに属する」として、血判に批判的な識者のコメントも掲載している。

東京大学名誉教授・堀米庸三（ヨーロッパ中世史）は、「世間から異常と思われる方法はかえって訴える力は弱い」、「一部の人に熱狂的な支持を得ても、ノーマルな人に理解されにくいからだ」と述べた上で、物質万能主義批判の中に昭和一〇年代の青年将校の発想と重なる「不気味な感じ」を指摘している。評論家・山本夏彦も、「血判なんか押さない方がいい」、「いまだそのたぐいの作法を守ろうとするのは渡世人であろうか。従って、連想がよくない」、「かりにも政治家なら、そういう表現をとるものではないと思う」と述べている[75]。

朝日ジャーナリズムらしい報道の仕方であり、ここから青嵐会はその主張への賛否を問わず、一気に注目度を高めていくことになる。

保守勢力からの期待

一九七三年一二月七日、永田町の東京ヒルトンホテルで開催された「青嵐会を励ますつどい」には

1973年12月7日、「青嵐会を励ますつどい」で花束を手に気勢を上げるメンバー（写真：産経新聞社）

二三〇〇名が集まる。発起人を務めた作家・林房雄は、「政治家は勉強が足りないと思っていたが、『青嵐会』の本を読んで、この人たちはよく勉強していると思った。将来の日本の政治を託すに足る集団だ」と激賞している。[76] 林は三島事件直後の一九七〇年一二月一一日、豊島公会堂で開催された「三島由紀夫追悼の夕べ」（のちの憂国忌）の発起人になっている。林のほか、青嵐会周辺の文化人を見ると、作家の藤島泰輔、北條誠、音楽家の黛敏郎、川内康範、仏文学者の村松剛など、憂国忌発起人と重なる面々が多い。[77]

また、青嵐会のスポンサー役を引き受けていたのは、大野伴睦の秘書時代から中川と親交のあった二村化学工業株式会社（愛知県名古屋市）社長・二村冨久である。二村も三島の行動に強く共感した一人であり、中川のほか、中山正暉、渡辺美智雄、石原慎太郎、浜田幸一、玉置和郎、中尾栄一など、主要メンバーへの献金を続けることになる。[78] 当時の保守系文化人や実業家たちが三島事件の延長に青嵐会を捉えていたことが分かる。

しかも一九七二年一二月の第三三回衆議院議員総選挙（定数五一一）で、自民党は公示前より二八議席減の二七一議席に落ち込む一方、日本共産党が三八議席確保という大幅躍進の結果を残したことも保守勢力の側に危機感を醸成させていた。自民党は無所属当選者一一名を入党させて二八二議席を確保するものの、衆参両院における自民党の過半数割れは必至であり、国民の政治意識が保守対革新、自民対反自民に分極化してきたことが指摘されていた。[79] このように「保守の危機」が一段と深刻化していたことも、保守勢力の間で青嵐会への期待感を高める背景になっていたのである。

ちなみに一九七四（昭和四九）年の「青嵐会は主張する国民集会」に合わせて刊行されたパンフレットには「自民党の退潮憂う」という小見出しで、「田中内閣は史上稀に見るマスコミ人気の中で四七年暮の総選挙を実施したにもかかわらず、わが党は得票数、当選議員数共に、史上最低の人気といわれた佐藤内閣当時のそれよりも減りました。社会党は伸び悩み公明、民社両党はいずれも惨敗し、日本共産党のみが大躍進をし、院内交渉団体として登場した」とある。

その結果、政府与党にとっての国会運営は重要法案成立も含め、困難になったとした上で、「参議院は今でさえわが党が過半数すれすれの状態であり、このまま推移すれば今年の参議院選挙で過半数を獲得することは困難であります。もし、かかる事態が発生すれば田中内閣は自民党最後の単独内閣となる危機をはらんでいる」と警告している。(80)当時の青嵐会が共産党の躍進に強い危機感を抱き、一九七四年に予定された第一〇回参議院議員選挙が自民党にとって大きな試練になると捉えていたことが読み取れる。

そして、この青嵐会を支える院外団体の一つであったのが日本学生同盟である。日本学生同盟は一九六〇年代、早稲田大学が学園紛争の渦中にあった中、大学正常化を目指す民族派学生によって一九六六（昭和四一）年に結成された組織であり、当時は「学内機動隊」と称されていた。三島の自衛隊体験入隊に同行した学生も多く、のちに楯の会学生長となり、三島と共に自刃する森田必勝も日本学生同盟の出身であった。現在、三島の命日である一一月二五日に「憂国忌」を開催している三島由紀夫研究会の前史はこの日本学生同盟にまで遡る。

一九七三年八月一〇日、日本学生同盟の代表団三名は衆議院議員会館に中川一郎を訪問し、「国家・民族を忘却した現状に於て、『国民道徳を回復し』『軍備を強化せん』として結成された貴会『青嵐会』の趣旨にわれわれ日学同は全面的に賛同し積極的な支援を送るものである」という激励書を手交している。(81)

そして、同年一〇月二五日には中尾栄一が三島由紀夫研究会第二七回公開講座で「三島由紀夫と青嵐会」と題して講演し、会場収容定員を上回る一五〇名以上が聴講している。(82)当時、日本学生同盟や三島由紀夫研究会に集った若い世代から見て、民族主義的な主張を掲げる青嵐会は三島の思想を継承する政治集団として強く期待されていたのである。

青嵐会の中心メンバーは誰だったのか

ここで青嵐会の全期間に関わった二人の報道関係者の証言から人的構成を分析することにしたい。

山本之聞は一九四六年、三重県出身。早稲田大学政治経済学部在学中の一九六八年には早稲田大学国防部の一員として三島由紀夫と共に陸上自衛隊滝ケ原分屯地で一か月間訓練を受けている。同年、民族派学生運動組織である日本学生同盟の第二代委員長に就任し、のちに楯の会一期生になっている。一九七一年に大学卒業後、フジテレビに入社し、報道局政治部記者になっている。当初は自民党三木派の担当だったが、自らの心情に近い青嵐会と関係を深めることになる。

山本は、「政治部記者として自民党担当になったが、政治家たちの老獪な駆け引きに面白さを感じなかった。そうした中で、青嵐会は国の大本を正すため、憲法改正、自主防衛を鮮明に打ち出した政策集団として非常に頼もしく感じた」という。中心メンバーは中川一郎、渡辺美智雄、石原慎太郎、中尾栄一の四名であり、このうち、石原と中尾は玉置和郎、中山正暉、浜田幸一と並んで反共の闘士と映っていた。石原、玉置、中山、中尾は三島由紀夫を意識していた部分があり、中尾は永田町のホテル・ニュージャパンにあった個人事務所で山本に対し、「生命尊重のみが言われている昭和の御世

1967年7月、北海道の陸上自衛隊恵庭駐屯地で体験入隊した山本之聞（左）。隣は早稲田大学教育学部2年生の森田必勝。のちに楯の会学生長となり、1970年に陸上自衛隊東部方面総監部で三島由紀夫と共に自刃（山本之聞氏提供）

にあって、今の時代に文士として切腹できるのは立派なものですね」と語っていたという。その言葉から山本は、三島が憂国の情により時代を諌めて自決したことは、政治家として重く受け止めなければいけないという中尾の意識を感じたと回想している。

一方、綿貫民輔、山崎拓、野田毅は名義のみであり、山崎平八郎はあまり熱心ではなく、森喜朗は福田赳夫の意を汲んで参加していたという。また、「代表世話人を五名にしたのは誰が一番偉いか分からなくするためであり、中尾栄一は渡辺美智雄と同じ中曽根派であったので、バランスに配慮して代表世話人ではなく、座長になった」と語っている。(83)

宮崎正弘は一九四六年、石川県生まれ。一九六五（昭和四〇）年、早稲田大学教育学部に入学し、一九六八年、日本学生同盟の機関紙『日本学生新聞』編集長になっている。一九七〇年に大学を中退し、一九七三年に株式会社浪曼に入社している。同社企画室長として『青嵐会』（一九七三年）、『青嵐会からの直言』（一九七四年）の編集に携わっている。前述の「青嵐会を励ますつどい」に黛敏郎、藤島泰輔、川内康範が出席したのも宮崎が呼びかけたものであった。その後、永田町の東京ヒルトンホテルで開催されていた青嵐会の定例会にも出席するなど、青嵐会の運営に広く関わることになる。

宮崎と中川一郎の接点は一九七〇年、都内のホテルで開催された音楽家・川内康範の五〇歳の誕生日を祝うパーティーであった。出席者の多くが芸能・スポーツ関係者であった中、川内は政治家として唯一出席していた中川を「北海道のケネディ」と紹介したという。宮崎によれば、「当時、中川一郎はまったく無名の新人政治家であり、会うまではよく知らなかった。ところが、北海道では革靴のまま田んぼに入っていくなど、地元に根差した活動ですごい人気があり、憲法改正の主張には好感が持てた。緻密な議論はせず、原稿のやり取りも含めて大雑把な性格であり、つつましい生活をしていた」という。

宮崎から見た青嵐会の中心メンバーは中川一郎、石原慎太郎、渡辺美智雄、藤尾正行、中尾栄一、中山正暉の六名である。山崎拓、野田毅、綿貫民輔は名義のみで一度も会合に来たことはなく、松永光、山崎平八郎、中尾宏、土屋義彦はほとんど会合に参加していなかったという。「田中金権政治への不満が青嵐会結成の動機の一つだったが、田中角栄から資金提供を受けていた疑いのある参加者も何人かいた」ことや、参加者の大半は軽い勢いに駆られて血判したが、さきに引用した『朝日新聞』の報道を受けて大騒ぎになった、と証言している。また、石原は、「ハマコーは田中派からの監視役だ」と言っていたが、浜田が青嵐会の活動を妨害することはなかった、と述べている。[84]

以上引用した山本と宮崎の証言内容を比較すると、青嵐会で中心的位置を占めたメンバーはほぼ一致する。また、『自由民主党五十年史』では青嵐会を「自民党若手議員のうち特に活動的と見られていた三一人のグループ」と記しているが、[85] この三一名という参加者数も実態と異なるものであったことが分かる。

ちなみに、中尾栄一は月刊誌『経済往来』一九七三年一〇月号に発表した「青嵐会はかく闘う──病める巨象・自民党を蘇生させるため敢えて言う──」（中尾の談話を同誌編集部記者がまとめたもの）を冊子化し、翌年夏頃、支援者向けに配布している。そこでは「青嵐会々員」として三二名が記載されている。[86] 当初の三一名から追加されているのは菅野儀作である。菅野は千葉県議会議員五期を経て、一九六七年に初当選した福田派の参議院議員（千葉県選挙区）である。第三次佐藤内閣で北海道開発政務次官を務めており、のちに福田内閣期、参議院外務委員長として日中平和友好条約の国会審議に関わっている。

毎日新聞社政治部記者として青嵐会を担当した河内孝は、政治部配属前に千葉支局で勤務していた。このため、千葉県政界の長老である菅野とは面識があったが、青嵐会の事務所で挨拶を交わした記憶はないという。「浜田幸一との関係で名前を貸したかもしれないが、実際に青嵐会メンバーとしての活動はしていないと思う」との答えであった。[87] 中山も菅野について、「青嵐会活動の中では全く御存在の認識は私の知る限りありません」と述べている。[88]

菅野は一九八一（昭和五六）年に逝去しており、青嵐会の活動にどこまで関与していたかは定かでない。管見する限り、青嵐会関連の資料に菅野の名前が出てくるのはこの冊子のみであり、名義上の参加にとどまっていたと見ていいだろう。

第三節　外交・安全保障と憲法への認識

「青嵐会趣意書」

ここでは青嵐会の理念を示す資料として、最初に「青嵐会趣意書」の全文を示す。

自由民主党は、敗戦のドン底から、驚異的な繁栄を築いてきた。

しかしながら、今や歴史の推移とともに、高度経済成長のもたらした物価、公害などもろもろのヒズミを生じているが、われらはこれを是正し、克服する努力とともに、わが党・立党の精神に立ち返り警鐘を乱打し、政治並びに党の改革を断行せんとするものである。われわれは、いかなる圧力にも屈せず、派閥を超越し、同志的結合を固め国家・民族的視野に立って行動する。

それこそがわれらに与えられた歴史的使命であることを確信する。

記

一、自由社会を護り、外交は、自由主義国家群との親密なる連繋を堅持する。

二、国家道義の高揚をはかるため、物質万能の風潮を改め、教育の正常化を断行する。

三、勤労を尊び、恵れぬ人々をいたわり、新しい社会正義確立のために、富の偏在を是正し、不労所得を排除する。

四、平和国家建設のため、国民に国防と治安の必要性を訴え、この問題と積極的に取り組む。

五、新しい歴史に於ける日本民族の真の自由・安全・繁栄を期するため、自主独立の憲法を制定する。

六、党の運営は、安易な妥協・官僚化・日和見化など、旧来の弊習を打破する。

結

青嵐会は、いたずらな議論に堕することなく、一命を賭して、右実践することを血盟する。

昭和四十八年七月十七日(89)

この趣意書はこれまでもたびたび引用されてきたものであり、代表世話人の一人である中川一郎は、「自民党の立党精神をそのまま取り上げた」ものと述べている。(90) 起草者名はなく、のちに石原慎太郎は自叙伝『国家なる幻影』で、「誰と誰の手になる文章だったかは忘れたが、多少舌足らずのところはあってもそうピントの外れたものではない」と述べている。(91) しかし、血判を提唱するなど、青嵐系結成に主導的役割を果たした石原が趣意書の起草者を「忘れた」というのは不自然である。そこで関係者への取材を進めたところ、石原の起草した原案に中曽根派の渡辺美智雄と中尾栄一が大幅に加筆することで、最終的な形になったようである。

稲葉卓夫は秘書時代に渡辺から「青嵐会趣意書は俺が大分直したんだよ。芥川賞作家の文章を直したので、石原慎太郎がヘソを曲げていた」と直接聞いたと証言している。(92) 一方、中尾の元秘書だった国際経済研究所代表・松尾篤(一九四五年生まれ)の証言はそれと異なる。松尾は高等学校卒業後、佐賀県警警察官を経て一九七三年から中尾の公設第一秘書を務め、二〇一八(平成三〇)年に中尾が逝去するまで謦咳《けいがい》に接した。松尾によれば、「青嵐会を実質的に作り、趣意書を書いたのは中尾先生だった。派閥は中曽根派だったが、国益を考えた同志作りが青嵐会だった。特定の派閥を意識せずに行動し、主義・主張がはっきりしている点で、中尾先生と石原慎太郎は共通していた」という。(93)

確かに趣意書の第二条と第五条、結の表現を見ると、渡辺よりも中尾の言葉遣いに近い。そう考えると、石原が趣意書について、やや不明瞭な言い方をしている理由が垣間見える。作家としての自尊心を考えれば、自ら起草した原案が他者の手で大幅に改定されたのは面白くなかったのであろう。

ここで趣意書に列挙された項目を検討すると、第一条の自由主義国家群との連繋は反中国・反共の観点から導き出されたものであり、第四条と並んで、冷戦構造を意識した外交・安全保障観が感じられる。中尾は、「自由主義国家群との連携を深め、瞬時なりとも容共勢力を認めるものではない」ことは自民党党則の前文にも示されており、「われわれはあくまでもそれに忠実たらんとしているにすぎない」と述べている。(94)

中野士朗はこの「自由主義国家群」として意識されていたのは台湾と韓国であり、そのことが一九七三年八月八日、前大統領候補・金大中が千代田区内のホテルからＫＣＩＡ（韓国中央情報部）により拉致された事件をめぐる青嵐会の動きに影響を与えたとする。当時、この事件は韓国による日本の主権侵害として国会でも取り上げられるが、むしろ青嵐会内部では朴正熙政権を擁護する向きが強かったと指摘している。(95)

実際、中尾はのちの取材で、「韓国の朴政権を独裁政権云々というけれども、あんな立派な大統領はいない」、「あれだけの経済成長をし、北へ対決するにも十分に耐え得るだけの国力を形成することができた」と絶賛している。(96)ただし、この金大中拉致事件をめぐる対応により、後述するように山崎拓が青嵐会を去ることになる。

また、朴政権が「北へ対決するにも十分に耐え得るだけの国力を形成することができた」という中尾の発言からは北朝鮮への警戒感が読み取れる。

青嵐会が結成された一九七三年夏、自民党内では元第一次田中内閣労働大臣・田村元（水田派）を団長とする訪問団を北朝鮮に派遣する構想が浮上していた。これに対し、中川一郎は、「党の方針が決まっていないのに党代表団を北朝鮮に送るというのは納得できない。見合わすべきだというのが青嵐会の大勢だ」と述べ、青嵐会から橋本登美三郎幹事長に対して派遣反対を強硬に申し入れていた(97)。

田村が属していたアジア・アフリカ問題研究会（「A・A研」）は自民党ハト派と言うべき集団であり、青嵐会とは早くから対立関係にあった。この問題は七月一九日、田中角栄が首相官邸に田村ら「A・A研」幹部を呼び、同月二四日の国会閉幕まで動きを凍結するように指示したことで、一旦は幕を閉じることになる(98)。

なお、青嵐会当時の中川が日韓関係をどう捉えていたか、武部勤の証言からたどることにしたい。一九七〇年代、中川が北海道の日韓友好親善協会で会長を務めていた際、武部は事務局長として中川と一緒に韓国人炭鉱労働者の遺骨を本国に返還する活動に携わっていた(99)。

武部は中川が日韓友好親善協会会長を務めていた理由として、「当時は北朝鮮の脅威が大きかった」ことや、中川は「日韓請求権協定ですべて解決したわけではなく、韓国の議会や行政、国民レベルで日本との交流を深めることが一番大事だという認識を持っていた」ことを挙げている。「われわれも中川先生に促され、商工会青年部の韓国旅行を企画したり、韓国政府における中川先生の友人に当たる政府高官と一緒にゴルフをしたりしました。偶然、朴大統領とゴルフ場で会い、中川先生は国士だと言っていられたことが印象に残った。反共ということもあったのでしょうが、中川先生も渡辺〔美智雄〕先生も国と国との関係は国民レベルの信頼関係をしっかり構築しなければならないという姿勢でした」と証言している。(100) 冷戦という国際環境下にあったことで、青嵐会と朴政権は反共を軸にして連携しやすい関係にあったのである。

さて、話を内政面に戻すと、中川は趣意書の第二条と第三条の意図を次のように説明している。すなわち、米価問題、年金問題、国鉄問題に象徴されるように、「最近の政治を見ていると、総てがゼニ金」に終始している。このため、「日本人の精神、国民道義というか、そういうことも含めて、教育の問題で野党と戦う自民党の姿勢にしなければならない」という「心の政治への転回」を目的にしたのが第二条である。さらに、そこで重要になるのが教育であり、「ただ赤旗を振ってイデオロギーの、あるいは革新選挙母体の中心になるようであっては、困るのではないか」、「自民党は教育問題について、もっともっと強い姿勢で国民に訴えるべきだ」という考えから生まれたのが第三条である。(101)

第五条では自主憲法制定を日本民族の決意として表明しており、やや武骨な印象を伴うとはいえ、ナショナリズムを喚起する効果を持っている。第四条と合わせ、自立した主権国家としての条件を示したものである。ちなみに田中が政権発足直前に発表した「国民への提言—私の重大基本政策」は自民党中道派の考えを基調にして作成されたものであり、「わが国は軍事大国の道を求めるべきでなく、日本国憲法第九条を対外政策の根幹にすえる」と打ち出していた。[102] この田中の抑制的な提言と比較すると、青嵐会が憲法や防衛といった問題に対して積極的な姿勢を示していたことが分かる。

最後の第六条は、中尾の説明を再び引用すると、行間に盛り込まれた意図が明らかになる。すなわち、現在の国会運営は野党の要求に振り回されており、かつ、強行採決から離脱する自民党議員に対し、マスコミが「あたかもニューライト的でいかにも次の保守主義をしょって立つようなイメージ」を与えている。そこで、「野党との安易な妥協は排す」という考えに至ったのである。また、「大平派の一つの特徴は官僚出が多い」ため、「面倒くさいことだとか勇断をもってやるという事にちゅうちょするのではないでしょうか」とし、サラリーマン化した代議士と合わせて批判している。[103]

青嵐会は官僚出身政治家や世襲政治家は少なく、むしろ独自に地盤を築き上げた議員が多かった。その自分たちこそ、党再生の切り札に他ならないという強い意気込みを示したのが第六条であったのである。それにしても「旧来の弊習を打破する」という表現は慶応四（一八六八）年の五箇条の御誓文にある「旧来の陋習を破り天地の公道に基くべし」を意識したものであろうか。やや時代がかった印象を受ける。

「青嵐会の外交の基本方策」

次に紹介する「青嵐会の外交の基本政策」は昭和戦前期の国策文書のような硬質な文体で書かれ、趣意書を大幅に上回る二九〇〇字近くの分量である。日本外交の目標として、ソ連、中国、北朝鮮など共産主義諸国の脅威への対処、日米安保体制の強化、先進自由主義諸国との協調を掲げている。日本外交の外的与件として、米ソ・米中関係の底流には東西対立が継続していることや、中ソという二大核保有国の存在、ニクソン・ドクトリンに基づく米軍のアジアからの後退を挙げている。内的条件として、「『対米依存脱却』論や『自主外交』論のような、屈折した外交観が横行し、国際協調を困難にしている」と指摘している。

その上で、日米安保体制の重視や韓国・台湾との関係強化に加え、対国連外交の実質化として、「国連軍参加等平和維持機構としての国連活動に積極的に寄与する」ことを施策に挙げている。[104]当時、防衛庁・自衛隊で国連軍参加のための研究は行われておらず、この部分は注目に値する。同資料の起草者名は藤尾正行になっているが、実際は中山正暉の考えを反映して作成されたものであった。

中山は筆者に対して、「対米依存しか、その時はなかった」とし、「中国とアメリカが対決し、日本が何もできないまま安保を切られるようなアメリカの政策の転換があれば、日本はどちらに付くかが問題になる。特に朝鮮半島情勢が怪しくなっていた中で、アメリカが日本を見捨てれば中国に抱き込まれる。技術大国日本が米中両国の対立に巻き込まれれば、三発目の原子爆弾は日本に落ちると当時、私は言っていました。アメリカが日本を手放し、中国や北朝鮮の手先になれば、日本はアメリカにより潰されることを心配していた」と述べている。また、台湾や韓国との関係強化は中国に対抗するために必要であり、「朝鮮半島の歴史的重要性を考えれば、朝鮮動乱の際、日本も国連軍一六か国に参加すべきだと考えていた」と述べている。[105]

この一九七〇年代はデタントの急速な進行に加え、在韓米軍撤退の可能性が浮上するなど、日米安保体制の根拠が揺らぎ始めていた時期であった。[106] こうした点を踏まえると、「青嵐会の外交の基本方策」が日米同盟重視の立場をとっていたのは当然であった。当時、事務局長・浜田幸一も「今日の政治、経済状況下では、いかなることがあってもアメリカとの外交を第一と考えわが国は行動しなければならない」と発言しており、[107] 盟友である中山と同一の立場をとっていた。

田中角栄は首相就任時、日米安保体制の堅持と日中国交正常化は矛盾するものでないと考え、[108]「アメリカを底辺にして中国と日本が左右の二辺になる二等辺三角形を形成し、それに台湾と韓国が控えるという形」であれば、「極東の平和は確保される」という国際政治観を抱いていた。[109] それと比較すると、青嵐会、特に中山は中国の存在が極東の現状を変容させる大きな脅威と認識していたことが分かる。そのためにも、日本の側から積極的にアメリカや国連との関係を強化する必要があったのである。

第一章で述べたように、戦後日本の憲法改正論議は鳩山内閣期の憲法調査会設置のあたりを最盛期として、それ以降は停滞を迎えていた。

一九七二年六月一六日付の自民党憲法調査会による「憲法改正大綱草案」（稲葉試案）は、全体的に改憲色を抑制するとともに、「万一の侵略に対しては、国連の普遍的安全保障機構に依存することを理想」と規定していた。[110] 当時、自民党が改憲に向けた動きに消極的だったのは、岸内閣期に大手メディアが安保改定を憲法問題と切り離した政策論上の問題として報道した結果、国民の間で憲法問題への関心が低いまま推移していたことによる。[111]

この稲葉試案と比較すると、青嵐会の外交構想は国連の安全保障措置への積極的関与を求めている点で相違がある。勿論、趣意書に自主憲法制定を掲げていた以上、長期的な観点に立つと、自主防衛が理想である。しかし、中山は冷戦下の安全保障環境に鑑み、日米同盟強化を当面の課題に据えていた。特に戦後になってから革新勢力の影響力が一挙に強まった大阪で過ごした身としては、日米安保体制が日本の共産主義化を防いだという認識があったのである。[112]

のちに中山は竹下内閣郵政大臣在任中、一九八八（昭和六三）年の対談で、「私自身はアメリカは日本がなくても生きていけるけれども、日本はアメリカがないと生きていけない状況にある」とし、「日米安保条約は一九七〇年で固定延長が済んで、あとはどちらかが一方的に一年前の通告で切れるという、非常に不安定なものを根底にしており、そのうえに日米関係が成り立っていますので、これからの日米関係を、もっと日本人が自ら厳しく認識し、そして、そのうえに立って世界に貢献していく基本的態度が必要なんじゃないかなと思っています」と述べている。[113] 中山にとって、日米関係維持が戦後日本外交の重要な課題であったことが読み取れる。

中山正暉の憲法論

中山が日本国憲法の問題点を指摘していたのは青嵐会以前からである。佐藤内閣末期に発表した論文によれば、憲法制定時は占領軍の下で日本の治安は維持され、共産主義革命は考えられなかった。しかし、内閣総理大臣に自衛隊や警察の指揮権、閣僚任免権がありながら、旧憲法のような戒厳令規定を欠く現憲法下では、「総理大臣をつかまえたら革命ができる」ことを危惧していた。[114] その上で、青嵐会結成以降になると、首相が国会議員の支持で選出される以上、派閥政治は解消しなければならず、その上で憲法改正が必要であると主張していた。[115]

中山は筆者に対して、こうした主張に至った背景として連合赤軍事件を挙げ、「もし首相の身が誘拐されれば、日本は危険組織に背後から操られてしまうことを言いたかった」と述べている。[116] ちなみに派閥政治の弊害を意識した憲法論としては、一九六〇年代から中曽根康弘が提唱していた首相公選論が挙げられる。[117] 両者を比較すると、中曽根が執行権の安定と強化という観点から首相公選制に期待を託していたのに対して、中山は衆議院第一党の党首が内閣を組織する議院内閣制を変更する必要性を認めていなかった。ただし、自民党の総裁選出過程が党内派閥対立に規定される現状は速やかに是正すべきと考えていた。これは保革対立が深刻化していた当時の状況に鑑みるとうなずけるところである。

元来、中山は現行憲法が議院内閣制を規定している以上、首相公選制は実現不可能であり、「人気投票になれば、美空ひばりが首相になる」と考え、当時から反対の立場であった。(118) 首相公選制は事実上の大統領制（共和制）であることから、天皇、国会、内閣の位置付けを定めた憲法第一章、第四章、第五章との抵触は避けられない。加えて、首相選出方法を公選とすることはポピュリズムの危険性が伴うなど、解決すべき課題は少なくない。(119) ましてや共産党などの革新勢力が躍進していた状況下で首相公選制を導入することは政局の不安定化を招きやすい。「民主連合政府」の出現を警戒していた中山が模索していたのは、直接民主制を基調とする首相公選論とは別な形での憲法改正論議であった。

「青嵐会は許さない」

一九七四年一月二六日、青嵐会は千代田区の日本武道館での「青嵐会は主張する国民集会」開催に合わせ、全国紙『サンケイ新聞』（現在の産経新聞）に「黙っていられるか　この日本」という横書きの見出しが付いた意見広告を掲載している。この広告には国民集会の案内のほか、「これだけは許さない」というタイトルの詩が中央部分を占めている。以下、全文を引用する。

（一）

首相が訪ねた　アジアの国で
日本の心　日の丸が
焼かれた　その日を忘れない
道義をなくし　思想なき
日本をかれらは　許さない
共産主義の中国に
おもねる日本を許さない
エコノミックなアニマルと
怒る心が　日の丸焼いた
青嵐会こそ　日の丸を
力の限り　守り抜く
風のまにまに　目先をかえる
魂忘れた　政治なら
青嵐会は許さない

（二）

売り惜しみや　買占めを
それは絶対許せない
退蔵物資があるならば
悪徳企業があるならば
不当利益を　取り上げろ
遠慮をせずに　メスふるえ
政府はもっと強くなれ
革命めざす工作は
弱い政治に　しのびよる
政治家自身　腹すえろ
派閥権力なんのその
青嵐会は許さない

（三）

敗戦をした日本に

押しつけられて三十年
いまの憲法　続くなら
悪の病根　断ち切れぬ
私権制限　土地改革
やらねばならぬことがある
国の守りはどうなるか
誰かがそれを言わぬなら
押しつけ憲法変わらない
自主憲法で前進か
憲法擁護で滅亡か
ひとりひとりが考えて
日本の進路きめるとき
真の自由と　安全は
努力なくしてありえない
この憲法を利用して
独裁政治　狙ってる

その恐ろしい陰謀を
青嵐会は許さない

（四）
「教学徳育」この字から
教育なる字が生まれ出た
いま教学はあるけれど
徳育のない教育が
自分中心　得手勝手
親　兄弟も　国もない
思想の混乱　生み出した
一党独裁　夢に見る
政治に走る教師たち
誰も見てない教室で
革命戦士　育ててる
偏向している教育を

この詩の作者は中山正暉であり、最終的には青嵐会全体の了解を得て完成させたものである(120)。それゆえ、初期における青嵐会の問題意識を知る上で参考となる。音読すると分かるように、音数律としては和歌や新体詩に広く見られる七五調の形式をとっている。いずれの連も「青嵐会は許さない」で結ぶ回帰反復の表現技法を用いることで、現状に対して明確な異議申し立てをしようという固い意志を感じさせる。

中山は俳句を趣味としており、柳星という俳号を持っていた。韻文の体裁で仕上げたのは広い世代に向けて発信することを意図したためであった。筆者の取材に対し、中山は半世紀前に掲載された意見広告のコピーを手に取り、自らの「中心思想」が込められた部分を二つ挙げている。一つ目は第二連の「革命めざす工作」を警戒した部分である。六〇年安保闘争の只中で樺美智子が死亡した日、議員会館の窓からデモ隊の様子を見ていた中山は、左翼勢力が隆盛を極めることの恐ろしさをその後も抱き続けていた。二つ目は第三連の憲法への言及である。敵前逃亡を処罰する陸海軍刑法がない戦後において、日本の防衛体制が有事の際に問題なく機能するか、ということを念頭に置いたものであったという(121)。

ここで改めて詩を鑑賞してみよう。

第一連では首相が歴訪したアジア諸国で日の丸が焼かれたことについて、道義を失った日本側の責任を挙げている。これは一九七四年一月に田中がタイ、インドネシアなど、東南アジア五か国を歴訪した際、バンコクやジャカルタで激しい反日デモに遭遇したことによるものである。一九六〇年代以来、日本は東南アジア重視路線をとっており、歴訪五か国はいずれも「親日的」な国として選定されたものであった。この時の反日運動は非民主的な自国政府への批判を直接の動機とするものであり、同時に、そうした政府を支援してきた日本への批判も含んでいた。(122)

その意味で、「エコノミックなアニマルと怒る心が日の丸焼いた」は、日本の対アジア経済外交の在り方にも問題があったことを率直に認めた一節と言えよう。一九七四年八月から翌年五月にかけ、「東アジア反日武装戦線」が都内を中心に起こした連続企業爆破事件もまた、前述の反日暴動をきっかけとするものであった。

さて、「これだけは許さない」に目を戻すと、青嵐会趣意書に盛り込まれた道義高揚と教育正常化、富の偏在是正と不労所得の排除、自主憲法制定、妥協的な党運営の打破といった主張と重なる部分が認められる。第一連の「魂忘れた政治」、第二連の「派閥権力」と「党利党略にこだわる政治」はいずれも自民党政治家としての自己批判に他ならない。「この憲法を利用して独裁政権狙ってるその恐ろしい陰謀」と「政治に走る教師たち」を批判し、「徳育のない教育」、「偏向している教育」に警鐘を鳴らしている。そこからは若い世代が誤った価値観に染まることへの強い懸念が読み取れる。

「青嵐会は主張する国民集会」

一九七四年一月二六日、日本武道館では黛敏郎の指揮する交響楽団の演奏に始まり、午後一時から四時間にわたって「青嵐会は主張する国民集会」が開催される。その全容は同年三月刊行の月刊誌『経済時代』第三九巻第三号で三一頁にわたる特集記事として掲載されている。集会は浜田幸一による司会の下で「日本はこのままでよいのか」をテーマとし、「今日のわが国のあり方、国難を憂う全国の憂士約三万名がつめかけ武道館開館以来の盛況を呈した」という。特集記事では登壇者の発言が正確に収録されており、青嵐会を知るための重要資料と言っていい。出席者の主張を登壇順に要約して紹介することにしたい。

中川一郎は終戦時、蔣介石が天皇制を存続させ、日本の分裂国家化を防いだ恩義に触れ、「台湾を切り捨てた外交を許せない」と述べている。また、「国力に相応した、しっかりした自衛力、防衛力を持たなければならないこと」や、「アメリカが日本は強くなってはならない、ニヤニヤの国民にならなければならないとした主張の憲法が、いま日本がどうなるかということに結びつく最大の原因である」と訴えている。その上で、自民党の在り方として、「能力のある者は少ない派閥からであっても、あるいは当選回数が少なくても、国家のためになるということを中心にしてやるような近代政党にならなければならない」と述べている。

中尾宏は、新しいナショナリズムの確立を使命に掲げ、「金力、権力、暴力に屈せず、今後も青嵐会の同志諸君と正義の旗を日本の隅々、世界の隅々に確立するまで闘い抜く」と宣言している。

阿部喜元は、自由主義陣営の一員として共産主義と対決するというのが自民党の背骨であったのに、それが腐りかけているとし、「この腐敗しきった自由民主党の背骨を、入れかえるために自然に出来上がったのが青嵐会であります」と述べている。

国場幸昌は、日本国民の核アレルギーや、「共産主義のこわさをしらない」体質に触れ、自由を守るためには譲っていいものと、譲ってはいけないものを理解し、日本の将来が誤らないように方向付けることが青嵐会入会の動機であると述べている。

松永光は、日教組教育の是正こそ日本を救う道であるとし、自民党が昨年提出した「教職員の人材確保に関する特別措置法案」が衆議院文教委員会を通過しながらも、本会議に「かけることのできない自民党もだらしないが、同時にかけさせない社会党、共産党、公明党はなおさら悪い」と批判している。

森喜朗は、「自然の理を、人間としての最小限の哲学を自分たちの子供に教えること」が教育であり、日本の国旗は太陽を象徴するものとした上で、「われわれは、太陽の恵みの中で生まれたという民族の誇りを持って、新しい民族の血潮をつくり上げていかなければならない」と述べている。

山崎《やまざき》平八郎《へいはちろう》は、日本の国と国民にとって、天皇は歴史と伝統ある中心であり、この軌道を外れたところに自由はないとする。しかし、「大商社あたりは、軌道をはずした行動をとっており」、「これについては偏在したものをはき出させ、そして不当な利得からは、税金あるいは罰金をもって取り上げなければなりません」と述べている。

加藤六月は、「石油問題以来、私たちは静かに深く、物より心であるということを考えている」とし、「自由民主党の中に、責任ある行動、明瞭なる政党、公正なる政党、これをいまの政府に、いまの自由民主党の中に大きくカツを入れなければならない」と述べている。

森下元晴は、先祖から受け継いだ日本のよさ、文化、文明を取り返さなければならないとし、「物に暖い心、思いやる心をそえて、現在の政治をよくしていきたい」と述べている。その上で、「三島由紀夫先生は五年待って、そして変死をされて、多くの方々に感銘を与えましたけれども、私は政界に入って、浪人時代の三年を含めて、九年間、今日の日を待った」と述べている。

江藤隆美は、「青嵐会をつくりましたのは、マスコミの寵児になるため」でなく、誰よりも苦悩し、勉強し、謙虚に、真面目に、「泥まみれになって日本の政治を支えていくため」と述べている。

浜田幸一は、「日本国の憲法を改正するために、命をかけて行動することがわれわれの使命である」ことや、「共産党から不買の脅威をされて闘っているサンケイ新聞こそ、民衆の新聞なのです」と訴えている。その上で、「憲法を改正し、イデオロギーを正しく日本国家に注入する」ために命をかけることや、その「ために中川一郎に体をあずけました」と述べている。

楠正俊は、三万三〇〇人以上の台湾人が日本のために戦死したにもかかわらず、自民党は中華民国との間で外交を含めた経済、文化関係の維持という枠組みを踏みにじったことについて、「好意《（ママ）》をもって謝罪しなければならない」と述べている。

　玉置和郎は、前年の天皇・皇后訪米予定があったにもかかわらず、社会党や共産党の反対に遭った田中が「へなへなと腰がくだけた」ことや、現在、日中航空協定調印を強行しようとしていることを批判している。また、インドネシア訪問時、日本大使館屋上の日の丸が引きずりおろされたことに対し、インドネシア政府に抗議しなかったことを挙げ、「国旗の尊厳を国民に対して訴えないような総理大臣では、まことに心もとない」と喝破している。

　中尾栄一は、拝金思想が日本と世界の政治を邪悪なものにしたことや、戦後の「新日本」という言葉の裏で儒教精神が失われたことを挙げ、「日本の戦後の教育は間違っております」、「自由民主党の文部大臣が何人かわっても、一体誰がどういう次元で日教組に対して対決し日教組を征伐してくれるでありましょう」と述べている。

　渡辺美智雄は、物価問題は「日本の企業が青嵐会の心を忘れ」、「企業家に日本人としての魂がなくなってきた」ことや、「インフレの時には耐乏生活を国民にも協力していただきたい」と述べている。その上で、「政府の指導によっては、インフレ退治はいくらでもできる」とし、大企業による便乗値上げを徹底的に取り締まるなど、「適正マージンで、適正に人に配達をされるように、そういう流通のしくみというもの」を目指していくことを表明している。

「青嵐会は主張する国民集会」で演説する中山正暉。壇上に着席しているのは写真左から藤尾正行、江藤隆美、中尾栄一。中山をはさんで、加藤六月、近藤鉄雄、佐藤隆（中山正暉氏提供）

藤尾正行は、吉田茂が日本人の魂を売ることなく、今日の日本の基礎を築いた政治家であると評価した上で、政治の原点は国の独立と国民一億の繁栄と福祉を守るための国内的、国際的環境をつくることにあると位置付けている。その上で、日本国憲法の前文とは異なり、世界の国すべてが親切心に満ちているわけではないことや、ソ連、中国、北朝鮮といった共産主義諸国に対処するためには、「自由主義国家群との間の連携の上に求めていかなければ、私どもの国の安全は保障せられません」と述べている。

中山正暉は、日本国憲法に戒厳令規定がなく、かつ、「陸海空三軍の自衛権を握っているのは、内閣総理大臣」である以上、共産党や公明党が政権を取れば、「日本は間違いなく暴力革命に入っていく」と述べている。また、ハーグ陸戦条約では被占領国の法律や慣例を変更することを禁止しているのに、アメリカはそれに違反して日本国憲法を押し付けたとし、一九五三年に来日したニクソン副大統領も「自分たちが終戦時にやったあのアメリカ製の憲法の押しつけは、実はミステークであった」と謝罪していたことを紹介している。その上で、「いまの憲法を守っている限り決して派閥はなくなりません」とし、「総理大臣は人格、識見よりも、国会議員と全国の代議員の多数を持ったものが当選する仕組みになっている」現状を改める必要性を提言している。

石原慎太郎は、一九六八年に自殺した元東京オリンピック・マラソン選手の円谷幸吉二等陸尉に触れ、「何がこの栄光のランナーを死に葬らしめたか。私が殺したのです。皆さん一人一人が円谷を見殺しにしたのです。言いかえれば、日本の憲法が円谷選手を殺したのです」、「私は現在の憲法である限り、自衛隊は憲法違反だと思います」と述べている。その上で、憲法第九条について、「私たちはここに第三項に一つ、『自衛のための戦力を保有する』、この一句を入れることに、何で自民党はちゅうちょしなければならないのですか」と呼びかけている。

以上、登壇者一九名の発言内容を見ると、その主張は多岐にわたる。憲法に言及しているのは中川、浜田、藤尾、中山、石原の五名であり、このうち、最も詳細な形で憲法問題についての持論を述べているのは中山である。中山は筆者の取材に対し、「あの時の原稿は誰にも相談せず、自分一人で書いた」[123]と述べている。また、自衛隊を憲法違反であると明言した石原の脳裏には三島由紀夫の訴え

1974年1月26日、青嵐会国民集会で、万歳三唱をする石原慎太郎幹事長（産経新聞社）

が意識されていたように思う。

一九七〇年、三島が東部方面総監部バルコニーから撒いた檄文には、「法理論的には、自衛隊は違憲であることは明白であり」、「自衛隊は国軍たりえず、建軍の本義を与へられず、警察の物理的に巨大なものとしての地位しか与へられず、その忠誠の対象も明確にされなかった」ことに痛烈な批判を加えている。そして、一九六九（昭和四四）年一〇月二一日の国際反戦デーで自衛隊の治安出動が見送られたことにより、「憲法改正は政治的プログラムから除外され、相共に議会主義政党を主張する自民党と共産党が、非議会主義的方法の可能性を晴れ晴れと払拭した日」になったと指摘していた。

石原が演説で、自衛隊を根拠づけるための文言を第九条に加えることに自民党は躊躇すべきでない旨を訴えたのは、三島の檄文に対する彼なりの対抗心ではないだろうか。さきに紹介した登壇者の発言を見ると、森下が三島の自決に言及しており、三島事件が青嵐会の思想や運動を支える背景の一つになっていたことは疑いない。

国民集会の最後に、石原により「大会宣言」の朗読がなされる。その全文は以下の通りである。

国家の危機の克服は、国民の強い連帯と努力なくしてはとげられない。そして政治はその要とならなくてはならない。

だが、今日の自民党政府による政治が、その役目を果たすことができるであろうか。われわれは、今日この集いを契機として、より堅い絆を結び合い自らのいかなる犠牲も顧ず今日の誤てる政治を正していこう。政治を真の政治たらしめるために、政府与党に強く責任を自覚させ、真の道義を教え、国家民族の正しく新しい進路を指して示そう。

われわれがたとえ生命の償いにおいても守らなくてはならぬものは、政府や政党の権威などでは決してない。それは、われわれが大きな犠牲の上に獲得した自由主義社会の内にのみ生き生きと、民族の個性を発揚して培われる日本の伝統と文化に他ならない。この大会に当り、われわれは右のことを全国民に向って予告し宣言する。

近づきつつある、日本の命運を左右する参院選挙を前に、田中内閣が過去の失政の責任を他に転嫁せず、自らのものとして強く自覚し、一部の利益に片寄る姿勢をかなぐりすて国民の信頼を得るに足る政治に踏み切り、その実を挙げ得ないならば、われわれはあえて、政権の交替を要求し、その実現を賭すであろう。その決断は、この日本を正しく蘇らせるために、政治を司るべき真の道義の名において、その道義の上にのみ成り立つ真の自由の名において成されるであろう。[124]

（傍線、筆者）

この「大会宣言」では青嵐会趣意書にある道義という言葉が繰り返し使われている。国家の危機を克服するには国民の連帯が必要であるという冒頭部分からは、青嵐会がそのための先頭に立とうとする強い意気込みを感じさせる。

次に、生命の償いにおいて守るべきものは自由主義社会の中に生き続ける日本の伝統と文化であるという箇所には三島事件の影響が読み取れる。三島の檄文の最後には、「生命尊重のみで、魂は死んでもよいのか。生命以上の価値なくして何の軍隊だ。今こそわれわれは生命尊重以上の価値を諸君の眼に見せてやる。それは自由でも民主主義でもない。日本だ。われわれの愛する美しい歴史と伝統の国、日本だ」とある。

三島は自由や民主主義よりも上位に、日本が「歴史と伝統の国」たる所以、すなわち、国体を位置付けていた。それに対し、石原は自由主義社会の中に「日本の伝統と文化」は生き続けると捉えている。石原は大会宣言を起草する際、三島とは異なる価値観を政治家として提示したかったのであろう。そう考えると、青嵐会に込めた石原の姿勢には三島に対する一種のライバル意識が介在していたとも言える。

また、末尾手前の部分を見ると、この年七月の第一〇回参院選を青嵐会が強く意識していたことが分かる。田中内閣が大企業の利益に偏重した路線を修正しなければ、自民党に対する国民の信頼をつなぐことはできず、野党に惨敗する恐れがあった。だからこそ、青嵐会は自主憲法制定も含め、自民党本来の政治に立ち返ることを訴えていたのである。「われわれはあえて、政権の交替を要求し、その実現に身を賭す」という表現を見ても、当時の政治状況に対する青嵐会の強い危機意識がうかがえる。

青嵐会は作家として知名度の高かった石原を幹事長に据えたことで、メディアへの浸透を図っていくが、メンバーの間にも石原を意識する向きがあったようである。それが大蔵官僚出身であり、三木派から唯一参加していた近藤鉄雄である。

現在、日本ウェルネススポーツ大学教授を務め、昭和期の日本海軍と日本外交の研究を専門にする工藤美知尋（一九四七年生まれ）は、一九七四年九月から一二月までの短期間、近藤の議員会館事務所で秘書を務めている。ウィーン大学留学中、ラジオで日本の「狂乱物価」を知ったことで危機感に駆られ、帰国後、同じ山形県出身の代議士である近藤のもとを訪ねたのである。

工藤によれば、近藤が三木派に属していたのは山形県第一区で他に三木派代議士がいなかったという選挙区事情のためだった。また、近藤の妻は三木派代議士・野原正勝（岩手県第一区）の娘であった。近藤自身は強い反ソ感情の持ち主であり、親台湾・日米安保堅持を持論としていた。また、石原を意識して、日の丸のバッチや鉢巻を公式の場で好んで身に着けていたという。「日本人の隠れたナショナリズムを喚起したのが青嵐会、特に石原慎太郎であり、近藤もその影響を受けていた。三木派の中でも近藤はタカ派であり、際立っていた」というのが工藤の評価である。[125]

次に、「青嵐会は主張する国民集会」のために用意されたパンフレットの中身を見てみよう。これは青嵐会趣意書の内容を具体化したものであり、憲法問題については「日本の実情に合った憲法を」という小見出しで次のように述べられている。

すなわち、「日本の現行憲法は敗戦直後、占領軍総司令部によって作られ、和訳されたものであり」、「日本が再び強く豊かな国にならないことにのみ重点がおかれており、到底独立国の憲法とは言えません。一国を代表する元首の規定もなければ、国家に対して忠誠を誓う義務もなく、反逆の罪もありません。個人の権利のみ強くうたわれて、巨大な私有財産権の勝手な行使に制限を加えることさえ非常に困難であります」とある。その上で、「自らの国土と国民の安全、財産を守るための自衛隊の存在さえ明確に規定しておりません。これは世界のいずれの独立国にも例をみないところであります。今こそ時代に適応した真の独立国の憲法を制定する必要があります」と謳っている。

続く「〝無防備中立は夢物語〟国防は自国民の手で」という小見出しの部分では、「国家、国民の安全と平和は与えられるものではなく、世界中いかなる国においても、自ら備えることによってのみ、獲ち得られえるものであり」、「無防備中立論の如き、夢物語りを宣伝し、国民をダマし、政権を獲得する道具にしようとしている政党」への批判が述べられている。ソ連や中国などの社会主義国は強大な軍備を有しており、「日本は、敗戦の間際、日ソ不可侵条約をソ連に一方的に破られている」ことを挙げ、「最後まで自国を護るものは自国民しかない」と訴えている。[126]

このパンフレットには具体的な執筆者名は記載されていないが、憲法についての部分は文章表現からして石原の執筆と思われる。また、無防備中立論の欺瞞を訴える部分は中山正暉の持論に近い。内容的に見ても、当時の保守勢力に強く訴えかけるような、ナショナリズムを刺激する表現に満ちている。

この日、「青嵐会は主張する国民集会」の運営責任者だった宮崎正弘によれば、昭和四〇年代初頭は「保守派のなかにすら護憲論者が多く――たとえば武藤光朗――すんなりとは自主憲法論は世に受け入れられなかった。毎年五月三日の岸信介、稲葉修らタカ派議員が中心となった改憲集会もカネと太鼓で人集めをしなければ、九段会館や千代田公会堂さえ満員にならなかった」[127]という。その点を踏まえると、自主憲法制定を鮮明に打ち出した青嵐会の誕生は大きな反響を呼ぶものであった。

（1）伊藤隆監修『佐藤栄作日記』第三巻（朝日新聞社、一九九八年）四八五頁。
（2）服部龍二『佐藤栄作―最長不倒政権への道―』（朝日新聞出版、二〇一七年）、村井良太『佐藤栄作―戦後日本の政治指導者―』（中央公論新社、二〇一九年）。
（3）中川一郎「真の〝体制内革新〟とは何か」（石原慎太郎ほか『青嵐会』浪曼、一九七三年）一八八～一八九頁。
（4）若宮啓文『戦後保守のアジア観』（朝日新聞社、一九九五年）一二一～一二三頁。
（5）拙稿「第一次近衛文磨内閣期以降の立憲民政党」（一般財団法人櫻田會編『立憲民政党全史　一九二七‐一九四〇』講談社、二〇二四年）一五二～一五三頁。
（6）二〇一九年八月一四日、兵庫県芦屋市内でのインタビュー。
（7）立花隆『「田中真紀子」研究』（文藝春秋、二〇〇二年）一〇六頁。なお、浜田幸一は「田中角栄政権が誕生したとき、中曽根さんが派閥ぐるみ、田中派に身を売ったのは周知の事実だ」とし、中曽根が自らの総裁選出馬をちらつかせ、田中・福田両陣営に揺さぶりをかけていたと述べている。そして、「関係者から聞いた話」として、一九七二年当時、中曽根には福田陣営から立候補資金二億円、田中陣営から立候補断念料五億円の計七億円が提供され、かつ、田中側からは「将来、中曽根総理・総裁の実現に協力する」という条件が提示されていたことや、最終的に田中から中曽根に渡った資金は総額一〇億円であったと述べている（浜田幸一『日本をダメにした九人の政治家』講談社、一九九三年、七六～七七頁）。これについては、立花隆も「七億円という金額が当たっているかどうかはともかく、中曽根がカネを全くもらわなかったことはありえない」ことや、この一九七二年総裁選における「貸しと借り」の関係は、のちに昭和一九八二年の総裁選で中曽根が「角栄の支持で予備選を勝ち抜いて総理になった」ことで「清算」されたと述べている（前掲『「田中真紀子」研究』一〇七～一〇八頁）。
（8）中川一郎「青嵐はなぜ必要か」（『自由』一九七三年一〇月号）一七八～一七九頁。なお、北岡伸一は佐藤内閣の後継として「佐藤亜流政権」が成立しなかった理由として、①一九七一年夏以降の中国ブームにより佐藤栄作と福田赳夫の「無為」が際立ったこと、②佐藤の「秘密主義で、分かりにくい、待ちの政治に、国民は倦んでいた」ことを挙げ、中川一郎も②の意識を持っていたと指摘している（北岡伸一『自民党―政権党の三八年―』読売新聞社、一九九五年、一四二頁）。
（9）田原総一朗「青嵐会　幻の反乱」（『中央公論』一九七八年一二月号）一七八～一七九頁。なお、中川と渡辺が青嵐会を結成した動機の一つとして、田中内閣の人事方針への不満があったとする見方は渡辺恒雄「『青嵐会』を論ず―〝血判と憂国〟の論理と心理を生み出した土壌—」（『文藝春秋』一九七四年七月特別号）九七頁、中野士朗『田中政権・八八六日』（行政問題研究所出版局、一九八二年）二八七頁にも見られる。
（10）二〇二三年三月二三日、東京都千代田区内でのインタビュー。
（11）石井修『国際政治史としての二〇世紀』（有信堂、二〇〇〇年）二三九〜二四〇頁。
（12）浅野和生「日本と台湾の『国交』を超えた絆の構築」（浅野和生編〈日台関係研究会叢書9〉『「国交」を超える絆の構築』展転社、二〇二二年）三二〜三三頁。
（13）同前三四〜三五頁。
（14）リチャード・ニクソン（宮崎正弘訳）『リアル・ピース』（ｋｋダイナミックセラーズ、一九八四年）一五四頁。原題は、Nixon, Richard ilhous. "REAL PEACE" .Little Brown& Co.1984.
（15）井上正也『日中国交正常化の政治史』（名古屋大学出版会、二〇一〇年）二六六頁。
（16）同前三一八頁。
（17）同前三一五〜三一六頁。
（18）同前四〇六頁。
（19）同前四五二頁。
（20）同前四八八頁。なお、田中が自民党総裁選の争点を日中国交正常化に求め、田中派、三木派、大平派、中曽根派を網羅する「反福田勢力」の結集を図っていたことについては、服部龍二『日中国交正常化—田中角栄、大平正芳、官僚たちの挑戦—』（中央公論新社、二〇一一年）四八〜五〇頁を参照。
（21）井上正也「日中関係」（大矢根聡・大西裕編『ＦＴＡ・ＴＰＰの政治学』有斐閣、二〇一六年）二二九頁。なお、小林英夫は田中角栄について、「戦前は無名で政治活動をしていないぶん、中国・台湾問題のしがらみを受けることなく外交政策を展開することができた」と指摘している（小林英夫『自民党と戦後史』中経出版、二〇一四年、一九七頁）。
（22）鹿島平和研究所編『日本外交主要文書・年表』第三巻（原書房、一九八五年）五九三頁。
（23）前掲『日中国交正常化の政治史』四六二〜四六三頁。
（24）前掲『日中国交正常化』九一〜九二頁。
（25）前掲『戦後保守のアジア観』一一六頁。

（26）中山正暉「中国問題と日本の政局」（『民族と政治』一九七二年七月号）五一頁。
（27）同前五三頁。
（28）二〇二四年五月一〇日、電話でのインタビュー。
（29）『国際勝共新聞』第一五二号（一九七二年九月三日）。
（30）徐年生「戦後の日台関係における日華議員懇談会の役割に関する研究：一九七三－一九七五」（『北大法学研究科ジュニア・リサーチ・ジャーナル』第一〇号、二〇〇四年）一二五頁。
（31）前掲『田中政権・八八六日』一二〇頁、前掲『日中国交正常化の政治史』五一三頁。
（32）前掲「戦後の日台関係における日華議員懇談会の役割に関する研究」一二五頁。
（33）『国会通信』第六八七号（一九七二年一〇月五日）。
（34）前掲「青嵐はなぜ必要か」一八四頁。
（35）河内孝『血の政治─青嵐会という物語─』（新潮社、二〇〇九年）一三三頁。
（36）石原慎太郎『国家なる幻影─わが政治への反回想─』（文藝春秋、一九九九年）二三八～二三九頁。
（37）「日本の現代政治を考える第五回　正しい（?）血判状の作り方」
（https://www.youtube.com/watch?v=xTdAWr0bRIM）。
（38）前掲『日本をダメにした九人の政治家』二一六～二一七頁。
（39）浜田幸一『YUIGON─もはや最期だ。すべてを明かそう。─』（ポプラ社、二〇一一年）二一～三五頁。
（40）浜田幸一『石原慎太郎君へ　キミは「NO」と言えない』（ぶんか社、一九九九年）九頁。
（41）同前二一頁。
（42）石原慎太郎『「私」という男の生涯』（幻冬舎、二〇二二年）二一三頁。
（43）今井久夫「自革同二十七人のプロフィール」（今井久夫編『明日に挑む行動集団─自革同と中川一郎─』経済往来社、一九八一年）三二四～三二六頁。
（44）「『十二月改造』場所・入閣候補御下馬評」（『国会画報』第二五巻第一一号、一九八三年）一四頁。
（45）中尾栄一『二一世紀日本をデザインする』（ぴいぷる社、一九八八年）八九～九〇頁。
（46）中川一郎・竹村健一「中川一郎を裸にする（対談）」（前掲『明日に挑む行動集団』）三九頁。

（47）『真実一路―中川一郎追悼写真集―』（政治広報センター、一九八五年）二二頁。
（48）中川一郎「憲法の基盤と国際環境の変質」（有志の会編『一九七〇年の撰択―日本の安全保障をどうするか―』経済往来社、一九六六年）四七頁、四九頁、七〇頁。
（49）同前五五頁。
（50）同前六五～六六頁。
（51）同前七二頁。
（52）二〇二三年八月七日、東京都千代田区内でのインタビュー。
（53）自由広報センター企画・編集『愛と熱意と信念のあるところ　必ず道は開かれる』（武部勤政治活動三〇年・国会活動一五年記念誌刊行委員会、二〇〇一年）二五～二六頁、大下英治『武部勤の熱き開拓魂』（徳間書店、二〇〇五年）一〇〇頁、一一五頁。
（54）吉田修『自民党農政史（一九五五～二〇〇九）―農林族の群像―』（大成出版社、二〇一二年）一六五～一六六頁。
（55）湊徹郎『埋れた政治を掘りおこせ―体験的政治論―』（東洋経済新報社事業出版部、一九七二年）四三～四四頁。
（56）同前一二〇頁。
（57）湊徹郎『ムジナのなげき―川柳で突く国会政治の内幕―』（ワールド・ブレイン、一九七三年）七〇～七一頁。
（58）中尾栄一・玉置和郎・藤尾正行・楠正俊「青嵐会の性格とその目標（座談会）」（『民族と政治』一九七三年九月号）六二～六三頁。
（59）大泉一紀『人間・渡辺美智雄―待望久しい庶民派宰相への道―』（すばる書房、一九八七年）九八～九九頁。
（60）同前一一三～一一四頁。
（61）同前一二九～一三〇頁。
（62）同前一三八～一四〇頁。
（63）内藤國夫『悶死―中川一郎怪死事件―』（草思社、一九八五年）八一～八二頁。
（64）月刊クォリティ特別取材班『検証・中川一郎の虚実』（太陽、一九八八年）一〇二頁。
（65）二〇二三年三月二三日、東京都千代田区内でのインタビュー。
（66）野村拓司監修『剛直怒濤の現代政治家藤尾正行―それからの一〇〇日―』（近代政経研究会、一九八七年）二一九～

二二〇頁。
(67)亀井静香「亀井静香の政界交差点　第79回　藤尾正行―福田赳夫に生涯を捧げ中曽根康弘を一喝した男―」(『週刊現代』二〇二〇年一一月一四・二一日号)七六～七七頁。
(68)二〇二三年八月一三日、電話でのインタビュー。
(69)竹内桂『三木武夫と戦後英治』(吉田書店、二〇二三年)五〇八頁。
(70)大江康弘『ボクは紀州のトムソーヤ』(フジサンケイビジネスアイ、二〇一六年)三七～三八頁。
(71)二〇二二年三月二五日、東京都千代田区内でのインタビュー。
(72)玉置和郎「二つの国民をつくらない運動」(『精神科学』一九七〇年一〇月号)一七～一八頁。
(73)『朝日新聞』一九七三年七月一四日。
(74)河内孝「三島由紀夫と青嵐会―時空を超えた絆―」(『三島由紀夫研究会ニュースレター』第一四五号、二〇二一年一〇月一八日配信)。
(75)『朝日新聞』一九七三年七月一九日。
(76)『日本学生新聞』一九七三年一二月一日。同紙は日本学生同盟の機関紙であり、三島由紀夫研究会副代表幹事・浅野正美氏から縮刷版データを提供していただいた。
(77)これについては、宮崎正弘「憂国忌の五十年―三島由紀夫事件前史、そして『以後』―」(三島由紀夫研究会編『「憂国忌」の五十年』啓文社書房、二〇二〇年)を参照。
(78)前掲『血の政治』七七～七八頁。
(79)白鳥令「戦後政治構造の崩壊と政党―共産党の躍進後の政治課題―」(『自由』一九七三年二月号)四九～五〇頁。
(80)「青嵐会は主張する国民集会」(『経済時代』一九七四年三月号)一七頁。
(81)『日本学生新聞』一九七三年九月一日。
(82)『日本学生新聞』一九七三年一一月一日。
(83)二〇二〇年五月二二日、電話でのインタビュー。
(84)二〇二〇年二月二七日、東京都千代田区内でのインタビュー。および二〇二四年三月一二日、メールでの回答。
(85)自由民主党編『自由民主党五十年史』上巻(自由民主党、二〇〇六年)三四五頁。

(86) 中尾栄一『青嵐会はかく闘う—病める巨象・自民党を蘇生させるため敢えて言う—』(一九七四年)。元公設第一秘書・松尾篤氏より提供していただいた。なお、菅野儀作先生遺徳顕彰会編『菅野儀作先生を偲ぶ』(毎日新聞社、一九八三年)には菅野が青嵐会に参加していたという記述はない。
(87) 二〇二三年三月一七日、メールでの回答。
(88) 二〇二四年五月九日付・菅谷幸浩宛中山正暉書翰。
(89) 前掲『青嵐会』一九五～一九六頁。
(90) 前掲「真の〝体制内革新〟とは何か」一九〇頁。
(91) 前掲『国家なる幻影』二四一頁。
(92) 二〇二三年三月二三日、東京都千代田区内でのインタビュー。
(93) 二〇二三年三月四日、東京都千代田区内でのインタビュー。
(94) 中尾栄一「青嵐会はかく闘う—病める巨象・自民党を蘇生させるため、敢えて言う—」(『経済往来』一九七三年一〇月号)一二五頁。
(95) 前掲『田中政権・八八六日』二八五～二八六頁。なお、金大中拉致事件と田中内閣の対応については、福永文夫『大平正芳—「戦後保守」とは何か—』(中央公論新社、二〇〇八年)一七五～一七九頁、服部龍二『増補版大平正芳—理念と外交—』(文藝春秋、二〇一九年)一四五～一四七頁を参照。
(96) 矢島鈞次「自民党研究—『政策集団』を裸にする4　青嵐会　夏の嵐のような常識派たち」(『月刊自由民主』一九七八年四月号)一六四頁。
(97)『国会通信』第七一四号(一九七三年七月二五日)。
(98) 前掲『血の政治』八四～八五頁。なお、田村を団長とする自民党国会議員団による訪朝が実現するのは三木内閣期の一九七五年七月であり、同月二七日に平壌で金日成主席と会談している。当初は自民党を代表する形での訪朝を予定していたが、最終的には自民党が公認する形での訪朝になった。
(99) 前掲『武部勤の熱き開拓魂』四九二頁。
(100) 二〇二三年八月七日、東京都千代田区内でのインタビュー。なお、中川一郎は大野伴睦が首相特使として一九六三年の朴正熙大統領就任式典に出席した際に秘書として同行しており、「親台・親韓派の総帥」だった大野の人脈や韓国からの資金ルートを中川が引き継いだという指摘もある（前掲『検証・中川一郎の虚実』八五〜八六頁）。また、東京韓国研究院院長として日韓政界のパイプ役を務めた崔書勉は青嵐会が朴政権に好意的であり、中川以外に渡辺美智雄、加藤六月、中尾栄一、中村弘海、三塚博が日韓関係を重視していたと述べている（小針進編『崔書勉と日韓の政官財学人脈―韓国知日派知識人のオーラルヒストリー―』同時代社、二〇二二年、四六五〜四六九頁）。

（１０１）前掲「青嵐はなぜ必要か」一八二〜一八三頁。

（１０２）早坂茂三『早坂茂三の「田中角栄」回想録』（小学館、一九八七年）一九三頁。

（１０３）前掲「青嵐会はかく闘う」一二九頁。

（１０４）「青嵐会の外交の基本政策」（前掲『青嵐会』）一九七〜二〇二頁。

（１０５）二〇一九年八月一四日、兵庫県芦屋市内でのインタビュー。

（１０６）畠基晃『憲法九条―研究と議論の最前線―』（青林書院、二〇〇六年）一二二頁。なお、佐藤栄作は退陣直前の一九七二年七月一日の日記で沖縄の米軍基地問題に触れ、「軍の撤退後の空白を如何にするか。それかといって米軍は去って貰いたいものだ」と記している（伊藤隆監修『佐藤栄作日記』第五巻、朝日新聞社、一九九七年、一三九頁）。米軍が平時から日本に駐留することをめぐって、佐藤も葛藤を抱いていたことがわかる。

（１０７）『国会通信』第七二二号（一九七三年一〇月二五日）。

（１０８）前掲『早坂茂三の「田中角栄」回想録』二一七頁。

（１０９）同前二一一頁。

（１１０）渡辺治編『憲法「改正」の論点―資料で読む改憲論の歴史―』（旬報社、二〇〇二年）七〇二〜七〇三頁。

（１１１）梶居佳広「岸内閣期の憲法論議―全国・主用地方紙社説をてがかりに（一九五七〜一九六〇年）―」（『メディア史研究』第四四号、二〇一八年）一六五〜一六七頁。

（１１２）のちに中山は、第二次世界大戦終結直後のソ連が東欧と同様、日本にも「人民民主革命」を浸透させるため、日本共産党などの「民主勢力」をテコ入れしたものの、日本での「人民共和国」樹立は果たせなかった理由を以下のように述べている。すなわち、「日本の一般大衆がきわめて健全であったこと」に加え、かつ、「アメリカの占領地域であり、東欧での『イカサマ』に気付き、朝鮮半島で侵略を始めたソ連の態度に目を覚ましたアメリカが、共産党の国内破壊を許さなかったため」である。その後、ソ連は対日工作の重点を日本軍国主義・米帝国主義、米の核兵器保有、日米安保などに反対する運動に移行させることで、日米離間を図ろうとしていると捉えている（中山正暉『わかりやすいソ連史―脅威の検証―』日本工業新聞社、一九八二年、二二七頁）。
（113）中山正暉『明日を聴く―先端分野に挑む郵政―』（NTT出版、一九八八年）二三〇頁。
（114）中山正暉「信念のない日中外交促進論者にもの申す」（『経済時代』一九七二年六月号）三八頁。
（115）中山正暉「なぜ憲法改正を主張するのか」（前掲『青嵐会』）四七～四九頁。
（116）二〇一九年八月一四日、兵庫県芦屋市内でのインタビュー。
（117）これについては、西修「中曽根憲法論を評する」（公益財団法人世界平和研究所編『国民憲法制定への道―中曽根康弘憲法論の軌跡―』文藝春秋企画出版部、二〇一七年）を参照。
（118）二〇二一年四月二五日、電話でのインタビュー。
（119）戦後日本における首相公選制論の系譜と課題については、大石眞『統治機構の憲法構想』（法律文化社、二〇一六年）二四五～二六〇頁を参照。
（120）前掲『血の政治』一〇五～一〇六頁。
（121）二〇二四年二月二五日、兵庫県芦屋市内でのインタビュー。
（122）井上寿一『日本外交史講義』（岩波書店、二〇〇三年）一九九頁。
（123）二〇一九年八月一四日、兵庫県芦屋市内でのインタビュー。
（124）前掲「青嵐会は主張する国民集会」四四頁。
（125）二〇二三年二月二六日、東京都千代田区内でのインタビュー。
（126）前掲「青嵐会は主張する国民集会」一八頁。
（127）宮崎正弘『三島由紀夫はいかにして日本回帰したのか』（清流出版、二〇〇〇年）三二一頁。

第三章　青嵐会の先鋭化と失速

第一節　田中内閣の崩壊過程と三木内閣の成立

存在感を増す青嵐会

一九七三（昭和四八）年七月に誕生した青嵐会はこの時期の中央政界でどう認識されていたのであろうか。

一九七三年七月三一日発表の日本共産党第一一回中央委員会総会声明では、「自民党ファッショ化のあらたな進行」の一例として、「反共右翼議員団」青嵐会の誕生を挙げている。さらに翌月の同党機関紙『赤旗』の紙上では「血の盟約」が戦前の血盟団以来のものであり、「昨年の総選挙での日本共産党の大躍進と自民党への国民の支持の低下にたいする深刻な危機感が、『会』結成の最大の動機」であると報じている。[1] 前章で引用した『朝日新聞』と同様、結成時の血判をセンセーショナルな儀式と捉えている。また、第三三回総選挙の結果を青嵐会結成の動機と結び付けている点も興味深い。共産党は「保守の危機」に対する自民党側の危機感の表れとして、青嵐会を位置付けていたのである。

次に、国会通信社発行の政治新聞『国会通信』の記事から政治家たちの声を見ていこう。

まずは野党からの評価である。日本社会党委員長・成田知巳は「国会内外での野党共闘の強化、地方自治体での革新勢力の伸張といった政治情勢に加え、公害、物価など高度成長下における矛盾の激化で、保守体制内に危機感が高まっていることの反映だ」と捉えており、同党書記長・石橋政嗣は「田中首相の体質そのものを反映した集団で、ヒットラーユーゲントにも比すべき田中親衛隊」と評している。日本共産党国会対策委員長・松本善明も「田中独裁政治の突撃隊」と評し、公明党書記長・矢野絢也は「軍国主義、全体主義に傾斜しやすい体質をもっていることは明らかだ」と指摘している。民社党書記長・佐々木良作は「国会運営でタカ派の本領を発揮して単独審議、強行採決を仕かけてくるだろう」と危険視している。[2]

成田の評価は高度経済成長の弊害である「保守の危機」を青嵐会結成の背景として重視しており、あながち間違いとは言えない。前章で述べたように、青嵐会趣意書の精神は経済至上主義に対する反省に立脚しているからである。一方、石橋、松本、矢野、佐々木は青嵐会と田中内閣を一体の関係として捉えている。彼らにしてみれば、田中内閣が青嵐会を強引な国会運営の手段として活用してくるのではないか、という危惧があったのである。

次に与党内での評価である。アジア・アフリカ問題研究会（「A・A研」）事務局長・塩谷一夫は自民党三木派の研修会で、「自分だけが正しい愛国者であり、他の政治家は相手にならないといったような青嵐会の言動は、思い上がりもはなはだしい。血判なども時代錯誤だ」、「青嵐会は日中国交正常化は失敗だったとか、田中首相にその意思がなかったのに、昨年の総裁選の時、正常化を推進していた三木派と大平派を抱き込んでいくためにやったものだ、などといっている」ことは「自民党員として常軌を逸している」と痛烈に批判し、「自民党をもっと右へ持っていこうとするなら、そういうグループが党を出た方がよい」と発言している(3)。

党内ハト派を代表していた一人であり、前章で取り上げた訪朝団派遣構想にも関係していた塩谷にとって、青嵐会が目障りな存在であったことが如実に伝わってくる発言である。

また、国会通信社は自民党国会議員を対象にした青嵐会の受け止め方についてのアンケート調査を実施している。回答者数や賛否の割合は公表されていないが、「青嵐会が成立した環境周囲の情勢は全く理解できる」（衆議院議員・愛野興一郎）、「真正面より真剣にぶつかろうとしている態度がよい」（衆議院議員・野田卯一）、「愛国の至情をもって結成されている。その情熱に期待します」（参議院議員・村田悠紀夫）など、二〇名以上の好意的な回答が掲載されている。

一方、批判的な回答の大半は無記名であり、氏名記載のあったものとして、「党内に活を与える意義はあろうが話し合いをとびこえて走る風潮が感ぜられる」（衆議院議員・左藤恵）、「体質が相当右よりと考えられ、共産党の進出と呼応してわが国政治の分極化を促進し、政治の安定性、進歩性を阻害する」（衆議院議員・渋谷直蔵）という二つを紹介している。

そして、無記名の批判的回答として掲載されているのは以下の四つである。「時代の流れに逆行しておりあまりにも常識がなさすぎている。一命を賭してという事だそうだが、そんな勇気は毛頭ないであろう。暴力団に等しく、真の勇気は一人でやる事だ」、「構成員に平常の行動と精神によこしまの者が多い。時代逆行の危険な集団である」、「反共的であることは賛成だが、自由主義陣営を韓国、台湾のみに限定して居るが如く視野の狭いこと、対野党は強圧でありすぎること、野党とは国会でよりもむしろ日常活動を通じて闘わなければならないとの認識がたりない」、「内政問題についてでは傾聴に値する意見もあるが、外交問題では既に東西の冷戦態勢は過去のものとなりつつあるに、台湾及韓国を日本赤化の防波堤にするような考想は考え方として根本的に賛成しがたい」[4]。

以上引用した批判的な回答を見ると、当時の自民党内でも青嵐会を極端な集団と捉え、党運営や国会対策で悪い影響を及ぼすのではないかと危惧する向きが強かったと言える。また、「東西の冷戦態勢は過去のもの」と位置付けるなど、日本を取り巻く国際環境の認識という面でも自民党内に大きな相違があったことが読み取れる。

『人民日報』が報じた青嵐会

青嵐会の存在は海外メディアでも取り上げられていた。一九七四年二月二日付の中国共産党機関紙『人民日報』は「日本の一握りの反華反共勢力、蠢《うごめ》き出す。青嵐会、蔣介石一派と〝合作〟し、日中友好関係破壊をわめきちらす」という見出しの記事を掲載している。珍しい内容であるから全文を引用する。

〔新華社東京一九七四年二月一日発〕

最近、日本の一握りの反華反中勢力がまたまた蠢いている。これは注意すべき動向だ。一月二六日、日本の与党・自民党内のチッポケな組織である青嵐会は、東京で「国民集会」なるものを開催し、反華反共宣伝を狂わんばかりに推し進め、軍国主義復活を鼓吹している。同集会への参加者は青嵐会の頭目である中尾栄一ら二三人のメンバーの外、青嵐会メンバー後援会会員に加え、著名な軍国主義分子・三島由紀夫がかつて主宰した右翼組織のメンバーである。

会場における講演のなかで、青嵐会の一握りの右翼分子は、中国の指導者を口汚く攻撃し、狂わんばかりに中国に反対し、遙か以前に中国人民によってツバを吐きかけられた政治的屍を持ち上げ、我が神聖な領土である台湾省に手を突っ込もうと企んでいる。彼らは日本による「台湾放棄は誤り」であり、「今後は必ずや」「より一歩密接に」蔣介石一派との合作を推し進めなければならないと絶叫するばかりか、日本の「生死に関わる重要性」等といった類のバカ話まで口にする。

衆知のように、台湾省は中華人民共和国にとって不可分の領土の一部であり、彼らによる一連の暴言は中国の内政に対する重大な干渉であり、大胆不敵にも中国人民を敵に回すことを意味する。ある青嵐会分子は「日本は最も大切なものを失った。それは過去の日本が備えていた儒教精神、つまり仁・義・礼・智、信、孝だ」と叫ぶ。これは、日本の一握りの右翼分子は世界中の反動派と同じように、孔子のクソッタレを持ち出して自らの滅亡を挽回させようと企てる。

この一握りの右翼分子は反動的な排外的愛国主義を狂ったように振り回し、対外的な軍事拡張路線を騒ぎ立てる。彼らは、彼らの「正義の旗（ファシスト、軍国主義の黒旗である）を日本と世界の隅々にまで打ち立てる」まで「戦い続ける」と喚き立てる。彼らは今日も「世界に向かって雄々しく進むべし」と狂ったように叫び、これこそが「青嵐会の魂だ」とがなり立てる。

ここにおいて、彼らの狂った野心が明らかとなる。つまりアジア侵略のための軍国主義という使い古された道を再び突っ走ろうというのだ。会場では、「過去には日本では五・一五事件、二・二六事件（第二次大戦前に日本の一部のファシスト分子が発動した二度の軍事クーデター）が起こっている。この種の事件が我々の眼前に隠れているかもしれない。青嵐会は自らの考えに従い自らの責任を履行する」と、ファシスト政変の野心を仄めかす者もみられた。

反動組織の青嵐会は一九七三年七月にデッチ上げられた。東京での第一回大会では中国敵視と朝鮮民主主義人民共和国敵視の活動が決定された。この反華反共反人民のファシスト組織は、メンバーの互いが指を切って誓う「血盟」によって「生命を投げ出す」決意を表明し、この反動組織の反動目的実現への決心を明らかにした。

青嵐会は結成直後、一部のメンバーは他の自民党議員と共に我国台湾省にモグリ込み、日中友好関係破壊の陰謀活動を推し進めた。成立するや直ちに、青嵐会は日本社会における右翼勢力の支持をえた。一二月七日、日本の甲級（A級）戦犯の賀屋興宣と一部の反動文人は東京で青嵐会激励のための集会を開催し、青嵐会の為に気勢を上げ、「青嵐会は日本の曙だ」とオダをあげた。それが二・二六事件を引き起こしたファシスト分子の「勇気」であることを忘れてはならない。

このような反動集会が、日本の労働者が進める春期闘争の第一次合同行動と同じ日に開かれたことは決して偶然ではない。青嵐会は日本の政治、経済、社会の危機の深まりを利用し、極端な民族主義の心情を先導し、日中関係を破壊し、反動政変を引き起こし、ファシスト独裁政権を打ち立てるため、輿論の準備を進める。

ある日本人記者は、「青嵐会がこのような集会を開催することは、危険信号だ」と語る。

この他、昨年年末来、日本の右翼団体は相次いで集会を開き、軍備拡張と軍国主義復活を強硬に主張している。一二月一五日、全国二一の都・道・府・県の三〇ほどの地方で三島由紀夫を「追悼」する「慰霊祭」が開催され、この軍国主義分子を「憂国の志士」と美化する。同時に、三島の反動作品が大量に再版された。日本の右翼勢力は二・二六事件の右翼の親玉である北一輝の伝記を八種類も出版し、この右翼の親玉を美化して映画が制作され、全国各地で上映されている。日本の極右勢力の反動活動は日本人民の利益に違反する。それは日本の広範な人民、一部野党、社会団体、さらには自民党内の有識者による反対に遭っている。『読売新聞』（一月三一日）が報ずるところでは、自民党内の一月二六日の集会で見られた青嵐会批判の声は日に日に強烈な高まりを見せている。(5)

記事の冒頭で「チッポケな組織」という軽侮の念を込めた表現を用いておきながら、全体的には青嵐会の動向が今後の日本政治に及ぼす影響は軽視できないという意識で貫かれている。こうした中国メディアによる青嵐会への批判的評価はさきに引用した『国会通信』における野党側の立場に近い。反共・親台湾といった性格や三島由紀夫との思想的連続性を強調している点でも、当時の中国側が抱いていた強い警戒感が読み取れる。田中内閣が「一つの中国」原則を受け入れることで日中国交回復を選択したにもかかわらず、青嵐会が「中国人民によってツバを吐きかけられた政治的屍」である蔣介石との関係を重視していたことは、中国の内政に干渉する動きと映っていたのである。

なお、末尾では『読売新聞』を引用する形で青嵐会が日本国内でも批判の対象になっていることを述べている。これは「自民党内に青嵐会批判高まる」という小見出しの記事のことであり、一月二九日の自民党総務懇談会で、赤城宗徳、天野公義、浦野幸雄、福永一臣、宇田国栄らは二六日の青嵐会国民集会の内容について、①国民大衆を動員して反党的発言をしたのは党規に触れる、②最近の言動について、各派閥の責任者から注意すべきだ、と発言したことを報じている。翌日、青嵐会は緊急幹部会を開催し、中川一郎らが橋本登美三郎幹事長と江崎真澄幹事長代理に対し、「どこが党規に違反するのか」と抗議し、来月一日の総務会に青嵐会全員で乗り込んで発言することを申し合わせたという。また、記事の最後では「野田毅、山崎拓両代議士（中曽根派）は日台路線に関する考えには同調できないと、このほど〝休会届〟を出した」ことも付け加えている(6)。

青嵐会の存在はまさに当該期自民党の中で台風の目になりつつあったのである。

第二次田中内閣発足と第二九回自民党大会

ここで視点を日本の国内政局に移してみたい。田中角栄は一九七二（昭和四七）年の自民党総裁選挙に先立って著書『日本列島改造論』を刊行し、首相就任直後には日中国交回復を実現した。この時点で国民からは「今太閤」「庶民宰相」と称され、支持率も六割を超えていたが、日本経済には暗い影が見え始めていた。

日中国交回復の直後、複数の政治家は今こそ衆議院解散に踏み切る好機だと提言していたが、田中は「変動する為替の問題を片付けなければならん」として、解散総選挙を先延ばししていた(7)。

一九七二年一二月一〇日執行の第三三回衆議院議員総選挙は田中内閣成立後最初の国政選挙であったが、自民党が獲得できたのは二七一議席であり、公示前二九七議席から二六議席減という結果に終わっていた。これに対し、野党勢力では共産党が公示前一四議席から二四議席増の三八議席という大躍進を示していた。

さきの自民党総裁選で田中と決選投票まで争った福田赳夫は第三三回総選挙終了直後の対談で、「この共産党の進出で、国会対策は非常にむずかしくなる」との見方を示し、田中内閣の問題としてインフレを挙げている。「インフレは共産主義の温床」であり、「共産党との戦いはインフレとの戦いである、というくらいの決意をもって、経済の運営にあたっていかなきゃなりません」と述べている。[8] 同年一二月二二日、第二次田中内閣が発足し、新たに行政管理庁長官として福田が迎えられる。この入閣は国民の間でインフレへの恐れが広がっており、『日本列島改造論』に伴う地価高騰への対処も含め、経済政策の立て直しを図る必要から実現されたものであった。[9]

一九七三年一一月一三日、青嵐会の有志一七名は首相官邸大食堂で田中と対峙し、石油危機が日本経済にもたらした影響について議論している。そこで青嵐会側が田中の政治姿勢や年功序列的な人事を批判したため、この対談は決裂している。[10] 福田が行政管理庁長官から大蔵大臣に転じるのは、それから一二日後のことである。のちに述べるように、福田の去就は田中内閣後半期になると、政局的な様相を帯びることになる。

一九七四（昭和四九）年に入ると、青嵐会は自民党内で存在感を強めていく。この年一月一九日、自民党は文京公会堂で第二九回党大会を開催している。これに先立ち、青嵐会は党大会運営委員に対し、中尾栄一、中川一郎、石原慎太郎、玉置和郎、藤尾正行、渡辺美智雄、浜田幸一の七名による党首脳への質問を認めるように申し入れていた。最終的に座長である中尾が代表する形で演説することが認められる。党大会当日、中尾は自民党創立の原点である自主憲法制定がいつの間にか消し去られたのは党規違反ではないか、ということから始まり、日本教職員組合対策などの教育問題や自衛隊違憲判決、日中航空協定をめぐる問題にまで言及している。(11)

このうち、自衛隊違憲判決とは長沼ナイキ基地訴訟をめぐって前年九月に札幌地方裁判所が下した判決を指すものであり、のちに触れる。また、日中航空協定をめぐる問題は次の節で詳しく触れるように、一九七三年秋から外交争点化し始めていた。

石原慎太郎は党大会の模様について、「満面紅潮させて力強く叫ぶ中尾氏のメッセイジに満場割れんばかりの拍手が起こり、二階席の例の仲間たち［地方議員］からが、『田中退陣！』など声が重なってかかり、壇上の正面に座った田中角栄総裁の顔は真っ赤に染まっていたが、彼等としてはなす術もなかった。後に聞いたら角さんはかんかんになって怒って、『あの野郎っ、鉈《なた》でもあったら後ろから頭をぶち割ってやったのに！』とのたもうたそうな」と記している。(12)まさに青嵐会は若手タカ派集団としての絶頂を極めつつあった。

日中航空協定締結問題の浮上

一九七四年に入り、青嵐会の活動に拍車をかけることになるのは一月の自民党大会で中尾栄一も言及していた日中航空協定をめぐる問題である。

日中共同声明第九項では「両国間の関係を一層発展させ、人的往来を拡大するため、必要に応じ、また、既存の民間取決めをも考慮しつつ、貿易、海運、航空、漁業等の事項に関する協定の締結を目的として、交渉を行うことに合意した」と規定していた。[13] これに基づき、日中航空協定の締結が外交日程化していくことになるが、当時の自民党では日台空路の維持を党議決定していた。このため、政府・与党内では日中航空協定が締結された場合の日台空路の扱いをどうするか、という課題に直面していた。

一九七三年九月三〇日、元佐藤内閣文部大臣・灘尾弘吉は自民党所属の衆議院議員三九名、参議院議員二七名からなる使節団（随行員と記者団を含めると総勢二六〇名）を率いて台湾に向かっている。その中には青嵐会メンバーとして阿部喜元、石原慎太郎、加藤六月、国場幸昌、島田安夫、中川一郎、中村弘海、中山正暉、浜田幸一、林大幹、藤尾正行、湊徹郎、森下元晴、山崎平八郎、渡辺美智雄、綿貫民輔、楠正俊、佐藤隆、玉置和郎、丸茂重貞ら二〇名も含まれている。

一〇月一日、台北で開催された歓迎会で蔣経国行政院長は、日本と中国の国交樹立はアジア全域の安全を脅かすものであることや、「蔣［介石］総統とわが政府の基本政策は、日本と長遠な友好関係を維持するにある」などと語り、これに対して灘尾は、「われわれの力不足から、一年前の両国断交がくいとめられず、いまなお実に申し訳なく思っている。同時に今後、互いに努力をつづけ、両国間の友好を増進したいと切望している」と挨拶していた。

一〇月四日に帰国すると、灘尾、中川、藤尾、玉置の四名は法眼晋作外務事務次官に対し、「現在の日華間の航空路は年々増加している乗客の実態からみて、現状変更の必要を認めない。よって伝えられるような中華人民共和国の要望は、わが国に対する内政干渉であり、国益を損なうものであって許されない」、「日中共同声明でも明らかな通り、政府は台湾は中華人民共和国の領土の一部との中国（北京）側の主張を理解したものであって、これを認めたものではない」、「政府において日中航空協定締結の具体案が得られた場合は、自民党の正式機関の了承を得てから政府案とすべきだ」という旨の申し入れ書を手交していた。[14] のちに青嵐会や日華議員懇談会はこの申し入れ書の内容に沿う形で日中航空協定に抵抗することになる。

一九七四年一月、大平正芳外務大臣は日中貿易協定調印のため訪中するが、当時の中国側は前出の日中共同声明第九項の内容が実現していないことや、青天白日旗を付けた台湾航空機が羽田空港や大阪空港に発着していることに強い不満を抱いていた。このため、大平が帰国すると、自民党では日中航空協定に向けた党内調整が始まることになる。

一月一一日、自民党総務会は「党内合意を得た上で討議決定する等、慎重に取り運ぶことを確認する」と申し合わせている。同日の外交調査会では政府から、日中航空協定成立後も日台路線は民間の取り決めを結んで維持することや、日本航空は日台路線に就航しないことなどを内容とする外務・運輸両省案が示される。しかし、こうした政府方針に対し、党内では青嵐会や日華関係議員懇談会が激しく抵抗し、二月から四月にかけて調整作業は難航を極めることになる。(15)

このように自民党内が大きく分裂する事態になったのは、一月一一日の総務会での申し合わせにあった「党内合意」が十分に確立されていなかったためである。

当時、青嵐会代表幹事・佐藤隆は、「最近、日中の国交の回復が早すぎたのではないかという人も出てきているようだが、私は、早い遅いではなく、内容が問題なのだと思う」、「一から十までの手続きを早かれ遅かれ、時間をかけようとかけまいと、やるべき手順は踏むべきだったということだ。そうなれば日中航空協定だって手順を踏んでゆっくりやってもいいではないか」と述べている。(16)

そして、こうした意識は青嵐会代表世話人の渡辺美智雄も共有していた。牧明弘（一九四四年生まれ）は中央大学法学部卒業後、渡辺が税理士だったこともあり、アルバイト先の日本税理士会連合会から派遣される形で、一九六九（昭和四四）年から一九七九（昭和五四）年頃まで渡辺の公設秘書を務めている。

牧によれば、渡辺は青嵐会結成以前からＩＰＵ（列国議員同盟）の一員として外遊する機会が多く、牧も渡辺の台湾、韓国訪問に同行している。その頃の渡辺は「まだ国ごとに色眼鏡で見るような発想はなく、普段は私たち秘書の前で外国について語ることはあまりありませんでした。ところが、田中角栄さんに刺激されたというか、頭ごなしに中国に行くやり方には反発していました。そのことがのちの日華懇などの活動につながっていたのだと思います」と証言している。[17] 前章で述べたように、田中は一九七二年の総裁選を多数派工作によって乗り切った。しかし、この一九七四年になると、党内でのコンセンサスを無視した短兵急な対中接近に対する不満が噴出していたのである。

しかも二月一九日、親台湾派で知られていた法眼晋作外務事務次官が詳しい理由公開のないまま更迭されたことは大きな波紋を投げかけることになる。翌日、『朝日新聞』の「天声人語」はこの更迭劇を自民党の党内対立と結び付け、青嵐会の荒々しさを読者に訴えている。以下、全文を引用する。

「外務省はたるんでいる」という批判を浴びて、外務次官が辞めさせられた。駐米大使が天皇ご訪米の時期を勘違いしたり、日ソ共同声明の正文の一部がぬけていたりで、失態がつづいていた。たるんでいるといえば、たしかにたるんでいる。しかし裏の事情はそれほど簡単ではないらしい。本当は、自民党内に日中の正常化や航空協定問題などについての不満があり、「たるんでいる」を格好の材料にして大平外相を追いつめたというのが、大方の解説のようだ。政治力学の非情さを、あらためて知る。田中首相は日中正常化で点数をあげたが、日中航空協定で党内がもめはじめると、四苦八苦の大平外相に救いの手は差しのべないようにみえる。大平株が下がれば、福田株は上がる。大平外相のライバル福田蔵相は、優雅に形勢観望をきめ込んだ。大平外相もわが身危うしとなれば、外務次官の首を切って、風当りを和らげることにした。よい結果には百人の生みの親が名乗りを上げるが、形勢が悪くなると一人の親も出てこない。みんなが、食いつかれたシッポを切って草むらに逃げるトカゲになる。この機を逃がさじと、青嵐会の面々は自民党総務会で大平外相の辞任を迫ったりして荒法師のようになってきた。「行動主義」とか「社会的不公正の是正」とか、戦前の青年将校にそっくりなことをいっているが、どういう手順で何をどうしたいのか、はたの者にはさっぱり分からない。行く先を知らずに、行列の先頭になって練り歩くヤリ持ちに似ている、といったら失礼だろうか。あるナチ党の幹部は、いつも室内をぐるぐる歩きながら「われわれは闘わなければならぬ」と、絶えずつぶやいていた。闘うことばかりに気を奪われると、「何のための闘争か」を忘れてしまうこともある。社会の矛盾を攻撃することで、民衆の情緒的な不満だけをあおるのは賛成できない。(傍線、筆者)

「天声人語」の論理に従うと、日中航空協定をめぐる党内対立の背景にあったのは田中路線と一線を画す福田の存在であった。その福田の意向を先読みするかのようにして、尖兵の役割を演じていたのが福田派の別動隊である青嵐会であった。大衆の不満を原動力に求め、ひらすら対立を煽る点ではナチスと同様、投機的リーダーシップを志向する集団に他らなかったことになる。

「荒法師」、「戦前の青年将校」、「ヤリ持ち」という比喩には苦笑するが、ナチスとの近似性を示唆するに至っては、朝日ジャーナリズムによる歪んだ評価と言わざるを得ない。しかし、この「天声人語」における扱いはそれだけ当時の青嵐会がメディアの関心を否応なしに惹きつけるほどの存在になっていたことの表れである。

なお、この一九七四年二月、田村元、鯨岡兵輔、塩谷一夫らハト派議員により自民党正常化会議が結成されている。同会議は「暴力排除、党内民主主義の確立」を旗印とし、声明に「昨今の党内の一部に見られる傾向を深く憂慮する」という文言が盛り込むなど、明らかに青嵐会批判を念頭に置いていた。ある「第一級記者」は座談会で、「青嵐会はこのところ大ハリキリだからね。そこで出てきたのが正常化会議（世話人田村元）だ。田村にいわせれば若い議員が発言しようとすると青嵐会にすごまれ、モノもいえないと訴えている」と語っている[18]。党本部会議室で蛮勇を振るう青嵐会メンバーの姿が目に浮かぶようであり、今の自民党にない熱気がこの時代にあったことを感じさせる。

自民党総務会を揺るがす青嵐会

一九七四年四月二〇日、北京では小川平四郎駐中大使と姫鵬飛外相により日中航空協定の署名式がなされるが、前日の自民党総務会は二人の総務、すなわち、青嵐会の藤尾正行と玉置和郎により大波乱の様相を示していた。

すでに玉置は前年の八月と九月の二度にわたって訪台しており、一九七二年八月一〇日、総統府秘書長・張群、行政院長・蔣経国、外交部長・沈昌煥、国民党中央委員会秘書長・張宝樹との会談で、日華平和条約の否定は「交戦状態の復活」を意味するという台湾側の意向を確認していた。[19]藤尾も一九七三年一月一五日、台北で蔣経国と会談しており、[20]四月一〇日、北京での日中航空協定交渉をめぐる公電を記者会見で曝露し、台湾側の対日認識を硬化させる事態に発展していた。[21]

一九七四年三月一〇日、愛知県体育館で開催された「青嵐会は主張する国民集会名古屋大会」は一万人余りが参加し、中尾栄一、中川一郎、渡辺美智雄、藤尾正行、玉置和郎、中山正暉、森下元晴、石原慎太郎、浜田幸一が登壇している。そこでは日中航空協定問題を皮切りにして、大平外交を鋭く批判し、外務大臣辞任要求を表明していた。[22]

中尾はこの名古屋大会翌日の対談で、もしも大平外相の示す原則で日中航空協定調印に進んだ場合、「現実的に台湾は中国の領土の一部であるということを認めていく」ものになり、「なしくずし的に日米安保条約が空文化されていく」と批判していた。[23]中尾は自由主義陣営の結束強化を掲げる青嵐会趣意書に照らせば、日中航空協定は日台関係にとどまらず、日米安保体制にまで影響を及ぼす問題として認識していたのである。

日中航空協定署名式の前日にあたる四月一九日、自民党総務会には副総裁・椎名悦三郎に加え、幹事長・橋本登美三郎、政調会長・水田三樹男、総務会長・鈴木善幸ら党三役も同席し、約二時間半の激しい応酬を繰り広げる。

大平による日中航空協定の内容説明が行われた際、藤尾は、「外相は聞き捨てならないことをいった。日本側はできることはやった、それに対して台湾がやることには力が及ばない、という趣旨の部分だ。国交関係が断絶するのも、相手国の勝手というのでは外交にならぬ。取り消せ。こんどの場合、日本側が不幸な事態になる原因をつくる立場にあるのだ」と切り込む。

玉置は、「これは航空協定のことだけでなく、それによって派生してくる日本の安全保障体制の問題だ」と述べた上で、台湾の沈昌煥外交部長からの電報を公開する。その内容は、大平外相により日中航空協定成立の談話が発表された場合、台湾は即座に日台空路中止に踏み切るというものであった。玉置は、大平のやり方では日中・日台空路の両立を目指という党議に反することになると批判し、「二十日調印すると翌日には破局の第一歩がくる。日本をとりまく軍事情勢は根本的に変わる。その場合、外相や四役［椎名及び党三役］はどう責任をとるのか」と追及する。(24)

四月二二日、自民党役員会は日中航空協定の国会提出を決定するが、同日、日華関係議員懇談会は日台空路停止が党議違反にあたるとし、大平外相と党四役の責任追及を決定する。そして、翌二三日の外交調査会、政調審議会では青嵐会の中川一郎、中尾栄一、浜田幸一に加え、福田派の元佐藤内閣厚生大臣・坊秀男らが大平の対応を激しく攻撃する。日中航空協定は同月二六日に国会提出されるが、五月七日の衆議院本会議採決に際しては、岸信介や灘尾弘吉、元衆議院議長・船田中などの長老

政治家を含む自民党議員八〇名以上が欠席する事態になっていた。(25)

この間、自民党内では青嵐会と親中派勢力が激しい衝突を繰り広げていた。河野洋平はのちのインタビューで、「国交正常化は内閣が決めて国会では議論がないものだから、タカ派は正常化はけしからんと言って、国会の承認が必要な日中航空協定に反対した。そこで青嵐会と毎日すさまじい議論をしました」、「藤尾正行さん、中川一郎さん、それから石原慎太郎さん。自民党の中でも本当にひどかったんですよ」と述べている。(26)

青嵐会は四月二三日の総会で、日台空路と日中空路を両立させるという党議が政府により無視された責任を追及することを申し合わせ、総会後の記者会見で、大蔵政務次官・中川一郎、農林政務次官・渡辺美智雄、通産政務次官・森下元晴、同・楠正俊ら四名が政務次官を辞任すると発表する。実際、中川と渡辺はそれぞれ福田赳夫大蔵大臣と倉石忠雄農林大臣に辞表を提出するが、中曽根派所属の森下は中曽根康弘通商産業大臣に慰留されている。楠は、「今回の日中交渉の進め方には反対だが、少数の次官がやめても政治的効果はないからやめるつもりはない。相談もなかった」と述べ、辞表提出を見合わせるなど、青嵐会内部でも去就の違いを露見していた。(27)

のちに福田、中曽根、倉石が五月一〇日の閣議終了後、青嵐会所属の政務次官からの辞表すべてを却下することを決定し、同月一四日までに青嵐会側がこの方針を受け入れることで決着する。(28)

この間、石原慎太郎は四月二四日、自ら会長を務める「日本の新しい世代の会」三多摩大会（立川市中央公民館）での演説で、「より健全な党改革を進めなければいけない」ことや、「自主憲法制定をしなくてはいけない。日中航空協定は外交の失敗だ」と明言している。[29] 日中航空協定の国会審議過程はまさに「青嵐会趣意書」に掲げた路線を表明する絶好の機会になっていた。

五月七日の衆議院本会議採決の際、青嵐会は最後の抵抗として退席を拒否するが、中山正暉と浜田幸一は反対を表明して、満場一致になるべき採決を多数決にとどめている。当初、田中は日中航空協定を二週間で国会承認させると見込んでいたが、実際に国会承認されたのは五月一五日であり、青嵐会の抵抗により二カ月半を要したことになる。[30]

のちに中川一郎はこの年の取材で、「現在、中国が一般観光客を受け入れる可能性は殆どないといってよい。日中間の往来はほぼ年間約一万人、週一便程度であって、日中路線はいわば政治路線だ」、「自由主義国家を捨てて共産主義の国家を迎え入れている自民党は大きく路線を間違えたと言わざるを得ない」と述べている。[31] 青嵐会を中心とする反対勢力により日中航空協定の国会承認が大きく遅滞したことは、党内の不一致を強く印象付けるだけでなく、政界再編の兆しとなるべきものであった。

「金権政治批判」の高まり

首相である田中角栄が党内指導力強化、総裁再選を目指す上で重要視していたのが一九七四年七月の第一〇回参議院議員選挙である。自民党は財界から提供された選挙資金一〇〇億円を投入するが、確保できたのは追加公認含め六三議席にとどまり、得票率は参議院全国区で四四・三%、地方区で三九・五%にまで凋落している。非改選議席を含めると、参議院における自民党の議席は一二一議席であった。これに対し、社会党は二八議席、共産党は一三議席を確保し、「金権選挙」批判の声が高まっていく。(32)

同月一二日には三木武夫副総理兼環境庁長官、一六日には福田赳夫大蔵大臣と保利茂行政管理庁長官が党改革を求めて相次いで辞任するなど、政権に綻びが見え始めるようになる。

一一月一一日成立の第二次田中改造内閣には青嵐会から山崎平八郎が文部政務次官、江藤隆美が農林政務次官、国場幸昌が沖縄開発政務次官、中山正暉が労働政務次官、中村弘海が科学技術政務次官に就任するが、この時点で中山は田中内閣退陣を時間の問題と認識しており、「角《かど》が栄えて真ん中が滅びるのが角栄だ」と皮肉っていたという。(33)

田中内閣末期、自民党内では田中派・大平派ら主流派と、福田派・三木派ら反主流派の対立が強まり、それを中立系勢力が取り巻く状況になっていた。(34)この年夏頃から青嵐会内部でも田中内閣打倒の手段として三木武夫、福田赳夫との提携を目指す動きがそれぞれ別個に登場していた。これに対して、中山や浜田幸一は、総裁人事をめぐって争うことは青嵐会の存在理由に反するという立場を堅持していた。(35)このように当該期の青嵐会が多岐亡羊《たきぼうよう》と呼ぶべき状態になった理由を検証する必要がある。

もともと自民党内では池田内閣期の一九六二（昭和三七）年に福田が党風刷新懇話会（のち党風刷新連盟に改称）を結成して派閥解消を主張していた。これを契機にして福田派が誕生し、のちに佐藤栄作を後継総裁に擁立する運動の主力になっていた。(36)

三木も一九五六（昭和三一）年成立の石橋内閣の下で自民党幹事長に就任した際、党近代化の手段として、党資金調達方法の改革や派閥解消を主張していた。(37)そして、池田・佐藤内閣期に入ると、より党近代化に向けた取り組み姿勢を広く社会に発信するようになっていた。

党第三次組織調査会長として取りまとめた一九六三（昭和三八）年一〇月発表の最終答申では自民党を「近代政党」にするため、政策、組織、政治道義の面にわたる大胆な改革の必要性を盛り込んでいた。さらに一九六八（昭和四三）年の自民党総裁選挙に敗れて非主流派に転じると、政治資金規正法改正や官僚批判など、党近代化に向けた主張を活発にしていた。(38)

田中政治が金権政治批判を噴出させた以上、「党近代化」の旗手だった福田や三木が総裁候補に浮上していくのは当然であった。

実際、福田は一九七四年春頃から自民党内に「刷新同志会」を組織する構想を抱き、蔵相辞任後の七月一七日には同じく反田中の立場をとる三木と会談し、提携関係を表明していた。この動きに合わせる形で、福田派、三木派、中曽根派の当選五回以上の若手議員を中心にして党再建議員連盟が発足し、青嵐会メンバー二〇名も含まれていた。[39] かつて叫ばれた党近代化（党風刷新）の必要性が田中金権政治批判の動きとなって再登場するのである。

ただし、中山によれば、青嵐会そのものは一九六〇年代の党近代化運動とは直接関係なかったという。[40] だからこそ、田中内閣末期、青嵐会内部では後継総裁人事をめぐって、所属派閥を背景にした異なる動きを生み出すことになったのである。

当時、読売新聞社解説部長・渡辺恒雄は論文「『青嵐会』を論ず」で、「青嵐会が、その存在価値を保って行くためにとり得る道」として、①来年総裁選で福田支持に結集する、②福田新党結成、③独自の新党（「青嵐党」）結成の三つを挙げている。その上で、「中川氏が心中期するのは福田赳夫氏の〝決起〟による『福田新党』の結成である」一方、石原は独自の新党結成を考えているようだと推測している。[41] この渡辺論文は自民党一党支配が危機を迎えていた中、青嵐会の今後の去就によっては政界再編のきっかけになるかもしれない、という視点が示されている点で興味深い。

しかし、青嵐会の中には次期政権が福田ではなく、三木を首班とする可能性を予測する向きもあった。第一〇回参議院議員選挙終了直後の七月一三日、中山は第三五回三島由紀夫研究会公開講座で、「日本の将来と三島由紀夫」と題して講演している。そこで、「三木さんは、来年の総裁選で、野党と組んで出る恐れがある」とし、「民主連合政権」出現の危険性が一年後に迫っていることや、三木がケレンスキーの役割を演じるとすれば、「これは中共の『日本解放秘密指令』の筋書き通りにコトはすすんでいる」と述べている。[42]

ケレンスキーは一九一七（大正六）年の二月革命後、臨時政府の指導者となり、第一次世界大戦遂行のために労働者や農民による反戦運動を弾圧し、のちに十月革命で失脚した独裁者である。ロシア近代史におけるケレンスキーの役割は旧帝政の打倒とボルシェビズム革命達成までの橋渡しにあったと言われている。中山としては、たとえ反田中といえども、革新色の強い三木が首相になることは十月革命前夜のロシアのような政情不安を引き起こすという懸念があったのである。

三木内閣の成立と青嵐会

一九七四年一一月二六日、官房長官・竹下登により田中角栄が退陣の決意を固めたことが発表され、一二月九日、田中内閣は正式に総辞職する。さきの内閣改造から僅か二八日後の出来事であった。

当時、自民党内では一一月の退陣表明前後から、福田派、中曽根派、三木派の一部が新党結成に向けた動きを見せ始め、党分裂の危機に直面していた。[43] 総裁選挙実施に向けた準備も難航する中、最終的には一二月一日、副総裁・椎名悦三郎により三木武夫が新総裁に指名される。所謂「椎名裁定」である。三木は少数派閥の指導者であったが、「クリーン三木」の異名が示すように、金権政治とは無縁な政治家であった。

竹内桂の研究によれば、椎名が三木を抜擢したのは、①党近代化について、他の領袖よりも先んじて取り組んでいたこと、②三七年六か月の長きにわたる代議士キャリア、③中曽根康弘が総裁候補から降りた上、椎名が福田赳夫にいい感情をもっておらず、福田を指名することは田中派や大平派の反発が予想されたこと、④野党も巻き込んだ三木新党構想に楔を打つことが理由であった(44)。

当時、自民党内には椎名裁定への異論もあったが、福田が政治倫理の確立、挙党態勢での党再生を図る観点から三木の総裁就任を支持したことで、椎名裁定を受け入れる流れが作られていく(45)。福田としても世論の抵抗のない三木であれば、田中金権政治により表面化した政治危機を乗り切れると判断したのである。

一二月九日成立の三木内閣は派閥均衡人事の形をとり、福田が副総理兼経済企画庁長官に就任する。この三木内閣の下で一九七五（昭和五〇）年七月、寄付の制限と収支の公開を主たる内容として改正政治資金規正法が成立する。当時、自民党内でも反対意見が根強かったが、五年後の見直しを盛り込むことで実現した(46)。

中川一郎は椎名裁定から五日後の座談会で、「今度の三木さんは、福田さんと緊密に提携し、且つ中曽根さんや中間派の人達との連携から、福田さんや中曽根さんが、がっちりこれをガードして行くならば、経済問題についてもうまくやれるだろうし、外交問題についても大平さんのやったような外交はやらせないだろう。こういう背信［確信?］を持ったから、青嵐会も三木さんで行こうというこ

1975年の中山正暉年賀状（公職選挙法の規定により選挙区の有権者には年賀状を発送できないので選挙区外向けのもの）。三木内閣に労働政務次官として留任したことが記されている（中山正暉氏提供）

とに腹を決めた」、「われわれ十分監視をして、三木さんで行けるところまで行って、われわれの目的を完遂したい」と発言している。[47] 中尾栄一も「私共としては、福田、三木の連合軍の中の三木さんですから、三木さんで結構です」と述べている。[48]

三木内閣には浜田幸一と江藤隆美が農林政務次官、中山正暉が労働政務次官、森喜朗が総理府総務副長官、阿部喜元が行政管理政務次官、国場幸昌が沖縄開発政務次官、松永光が法務政務次官、山崎平八郎が文部政務次官、中村弘海が建設政務次官に就任するなど、青嵐会の顔触れが並んでいる。

代表世話人の一人である藤尾正行は三木内閣期、衆議院内閣委員会理事を務めている。当時秘書だった福地義行は筆者の取材に対し、「先生は三木武夫とは真っ向から考え方が違っていたが、三木内閣の批判はしていませんでした。福田赳夫が副総理として入閣し、青嵐会から政務次官になった人たちが多かったのも理由だと思います」と述べている。[49]

これまで述べてきたように、青嵐会は田中内閣期の自民党内で反主流派の尖兵たる役割を演じてきたが、この三木内閣成立により、いったん小休止に入ることになったのである。徐年生が指摘しているように、「三木内閣および党執行部は右へ傾き、内閣閣員にも多数の親台湾派国会議員が就任した」ことで、一九七五年八月に日台空路が再開された事実を重要視すべきであろう[50]。ただし、筆者は三木内閣期の一九七五年から一九七六（昭和五一）年あたりこそ、青嵐会の活動が停滞に入る時期であったと考えている。これを裏付けるのが宮崎正弘の証言である。

宮崎は筆者に対し、「青嵐会はすぐに行き詰まると思った」と述べた上で、一九七五年の二つの選挙を理由に挙げている。

第一は二月の京都市長選挙である。当時、自民党は革新市長・船橋求己に対抗する独自候補を擁立できず、青嵐会の総意で藤島泰輔を擁立することになった。宮崎が青嵐会と藤島の間で仲介役になるが、参議院全国区からの出馬を望む藤島が拒否し、結果は船橋の市長続投になる。

第二は四月の東京都知事選挙である。当時、自民党は民主社会党（以下、民社党）も石原慎太郎支持に合流すると見込んでいた。それに合わせ、中川一郎は石原のタカ派色を消すため、青嵐会主催の杉並区内での講演会ポスターから石原の氏名を削除するように指示していた。しかし、民社党の裏切りにより石原は落選し、美濃部都政三期目となる[51]。この二つの選挙結果は青嵐会の政治的リクルートメント機能の限界を示すものであった。

のちに石原は田中角栄の生涯を描いた自叙伝的小説『天才』のあとがきで都知事選当時のことに触れ、「青嵐会の仲間の一人ハマコーこと浜田幸一代議士が何としてでも共産主義者の美濃部を倒すために総理を辞していた角さんの力を借りようと、彼に会うのを躊躇する私をほとんど拉致して目白の田中邸に連れて行ったことがあった。金権批判の直後でもあって当然私は門前払いを食った」と述べている。(52)

しかし、一九六二(昭和三七)年から田中の秘書だった朝賀昭によれば、石原は都知事選出馬の際、密かに永田町の砂防会館三階の事務所に田中を訪ねていた。これは「一度は角さんに挨拶に行った方が良い」という中曽根康弘からの助言に基づくものであり、石原はマスコミの眼を避けるため、裏口から入館している。そして、田中に対し、「何とか協力してほしい」と選挙支援を求めたという。(53) 青嵐会時代の石原は必ずしも田中金権政治と一貫して戦っていたわけではなかった。

政綱改正をめぐる河野グループとの対決

一九七五年一〇月一七日、自民党は翌月に立党二〇周年記念を迎えるにあたり、政調会長・松野頼三を委員長、河野洋平を座長とする綱領改正起草委員会(のち政綱等改正委員会に改称)設置を決定する。

河野によれば、座長就任は松野から直接命じられたものであり、起草作業は当時三回生議員であった河野に一任されていたという。この時期、松野が新綱領起草に傾いた背景には石田博英「保守政党のビジョン」（『中央公論』一九六三年一月号）で、将来のホワイトカラー増加に伴う自民党支持基盤の後退と社会党政権誕生の可能性、それに備えるための政策綱領見直しの必要性が提起されていたことが背景にあった。河野はこの石田論文を叩き台にして起草作業を開始するが、松野からは、「まあ、今の憲法は国民に定着しているから変える必要はないと思うが、やるとしたら、『いまの憲法でいいですか』と再確認する国民投票をやればいい。俺はそんなことでいいと思っている」と言われていたという。

また、河野は非核三原則を盛り込んだ改正案を委員会に提出しようとしていたが、「委員会のたびに青嵐会から、『お前がそもそも自民党にいるのが間違ってる。お前みたいなのは出ていけ』と大声で罵詈雑言を浴びせられた」という[54]。

ここで視点を河野から青嵐会に戻してみよう。青嵐会にすれば、明らかに憲法改正に消極的な路線が党内で支配的になることは絶対に避けなければならなかった。さらに、河野が提起する非核三原則の政綱化が実現すれば、自民党政権下の安全保障政策から核保有という選択肢は排除され、自主防衛の機会は失われることを意味していた。

一一月六日の政綱等改正委員会には渡辺美智雄、中川一郎、玉置和郎の三名が乗り込み、河野らを前にして自主憲法制定の明記を要求する。これに対して、同月二〇日の委員会では宇都宮徳馬、渋谷直蔵、山口敏夫が改憲反対の意見書を提出し、調整は難航することになる。党総務会では中尾栄一が綱領原案作成にあたることが決定され、最終的には松野の判断で河野と中尾の案を折衷した形にまとめられ、翌年の党大会で中間報告されることになる。(55) これは青嵐会が党運営に影響を及ぼした最後の機会であった。

一九七六年一月二一日の第三一回党大会で公表・承認された「新政綱（案）」は以下のとおりである。

前文

われわれは、立党以来「平和主義、民主主義および基本的人権尊重の原則を堅持しつつ、現行憲法の自主的改正をはかる」ことを国民に誓い、二十年にわたり国民の負託に応じて、わが国の国際社会における名誉ある地位を築き上げてきた。この事実は内外ともに認めるところである。

われわれは新しい時代に適応したわが国の進むべき道の基本を、国家国民のより一層の安全と平和の具現に求め、現行憲法を再検討し、国民の合意を得てその改正をはかる。そして、さらに国民の期待に添い、より希望に満ちたより明るい明日への負託に応えるものである。

政綱

（一）国民道義の確立と文化の創造
（二）自助と連帯の精神にたつ福祉社会の建設
（三）国際平和の促進をめざす自由主義社会への積極的貢献
（四）健全な自由主義経済の樹立
（五）技術革新による新エネルギー政策の推進
（六）食糧自給度の向上と国民生活の安定
（七）政官界の改革と議会制民主主義の確立(56)

青嵐会趣意書のようにナショナリズムを喚起する表現は用いられていないが、前文には「現行憲法の自主的改正」や再検討、改正の必要性に言及しており、中尾の意向が垣間見られる。のちに中尾はこの政策綱領案作成当時を振り返り、「憲法改正は立党精神であり、ロッキード問題で混迷を極めたときこそ、立党精神である憲法改正に踏み切る絶好のチャンスであった」と述べている(57)。政綱の（一）、（三）、（四）は青嵐会の主張と重なり、他はむしろ河野グループの主張に近い。

もともと中尾の私案では「国民道義の確立」として、「物質万能の風潮を抜本的に改革し、教育の正常化を徹底する」という青嵐会以来の主張を盛り込んでおり(58)、この部分は基本的に維持されたまま党大会で承認されることになったのである。

のちに中尾は経済評論家・木内信胤との対談で、「あとの自民党は十分に団結しますか」と問われた際、「いや、しませんね。この間の党大会で自民党の新綱領が決まりましたが、これはわたしの案なのですが、憲法にも触れてますし、これに従いて《（ママ）》くるもの、勿論全部じゃありませんが」と述べている。[59] 建前上、河野らの護憲論を退けたものの、自主憲法制定に向けた党内の一本化は容易でなかったのである。

第二節　政府主催憲法記念式典糾弾国民大会

ロッキード疑惑から「三木おろし」へ

一九七六年の政治は年明けから波乱含みの様相を呈していた。一月二〇日、沖縄国際海洋博覧会視察のため訪沖していた沖縄開発政務次官・松岡克由が二日酔いの状態で記者会見に臨み、同月二六日に辞任している。松岡は落語家・立川談志の本名であり、一九七一（昭和四六）年の第九回参議院議員選挙に全国区から無所属で立候補し、当選後に自民党入りしていた。政務次官在任期間は僅か三六日という電撃辞任であった。

のちに本人はこの辞任騒動を笑いのネタにし、弟子に対して、「俺は上手いの下手だのは関係ないと確信した。芸はその演者のパーソナリティや存在なんだな」と語っている。[60] いかにも談志らしい逸話だが、三木内閣にすれば、本土復帰から間もない沖縄との信頼関係を揺るがす不祥事であり、笑いのネタで済まされるものはない。

そして、さらなる波紋を政界に投げかけるのがロッキード疑惑である。これは首相在任中の田中角栄が政府専用機の調達をめぐって、米航空機メーカーのロッキード社から賄賂を受け取っていたというものであり、一九七六年二月の米上院外交委員会におけるロッキード社副会長アーチボルド・コーチャンの証言が発端になっていた。[61]

五月一九日、三木武夫が首相として事件の徹底究明と政治浄化に向けた取り組みを表明すると、自民党内では椎名副総裁を中心に「第一次三木おろし」が始まる。

当時、三木がロッキード事件の真相解明にこだわった背景には四年前の第一〇回参議院議員選挙の影響があった。徳島選挙区で三木直系の久次米健太郎が後藤田正晴（田中派）との間で保守分裂選挙（「阿波戦争」）を繰り広げて以降、三木は田中と政敵関係にあり、ロッキード事件を名目にして田中を逮捕に追い込みたい思惑があったのである。[62]

のちに詳しく述べるように、この年七月に東京地方検察庁が田中の逮捕に踏み切ると「第二次三木おろし」に発展し、党内では三木内閣退陣に向けた動きが加速していくことになる。

このように政府・与党間関係が揺らぎ始めていた一九七六年前半、青嵐会はどのような動きを示していたか、憲法問題と関連付けて検討することにしたい。もともと三木は一九五二（昭和二七）年の改進党幹事長時代から「革新派」、「保守のなかの進歩派」というイメージが強かった。[63] さきに引用した中山正暉の講演内容を見れば明らかなように、本来、政治信条の面で三木は青嵐会と相容れない政治家であった。そのことは三木派から青嵐会に参加していたのが近藤鉄雄だけだったことに端的に表れている。

しかしながら、三木の総裁就任は福田も支持しており、田中金権政治打破を志向する点で青嵐会の路線と重なる部分もあった。前述のように、中川一郎と中尾栄一は椎名裁定直後には三木と福田の提携による新内閣成立を好意的に捉えていた。それに加え、青嵐会から多くのメンバーが政務次官として入閣している。つまり、一九七四年末の時点で青嵐会は三木内閣と協調関係にあったのである。

ちなみに中央政策研究所研究員だった武部勤が一九七一（昭和四六）年に北海道議会議員に当選した際、三木は武部の今後を中川に託し、武部に対しては「これからは中川さんに指導してもらいなさい」と命じたという。[64]

武部は筆者の取材に対し、「三木先生が青嵐会をどう評価していたかは知りませんが、現状打破や政治改革という点で共通項が多かったです。三木先生は、明治の改革や戦後の改革に貢献したのは官僚機構であるけれども、日本の政治経済、行政面で停滞をもたらしているのは官僚機構、官僚組織であり、それを打ち破るための原点として、政治家が政策立案能力を持たなければならない、と考えていました。役人主導ではなく、議員主導の政治や政策にしなければならない、という点は中川先生とまったく同じです」と述べている。(65)

しかるに、ロッキード疑惑や、それに反比例する形で生じる「三木おろし」の中で、三木内閣と青嵐会の間には憲法問題をめぐる対立軸が形成されることになる。それが一九七六年五月三日、自民党本部で開催される政府主催憲法記念式典糾弾国民大会であった。

玉置和郎と三島由紀夫

政府主催憲法記念式典糾弾国民大会は同日の政府主催憲法記念式典（憲政記念館）に対抗するため、日本青年協議会を大会実行委員会にして開催されたものである。実質的な主催団体は宗教法人「生長の家」であり、会場である自民党本部大ホールの使用は生長の家出身の玉置和郎が日本青年協議会委員長・椛島有三の陳情を受け入れて実現された。登壇者は大会実行委員長の椛島に加え、自民党国会議員として中川一郎、中尾栄一、玉置和郎、森下元晴ら青嵐会の面々と旧帝国海軍出身（終戦時、第三四三海軍航空隊司令・大佐）・元航空幕僚長の源田実参議院議員、それに生長の家政治連合会長・田中忠雄、生長の家青年会長・森田征史である。当初、主催者側では浜田幸一も登壇させる予定だったが、後述するように、浜田は農林政務次官の立場を理由に固辞している。これまでの研究では取り上げられてこなかったが、この大会こそ、青嵐会が自民党内で遊離していく重大な契機となる。

一九七五年五月三日、当時の法務大臣・稲葉修（中曽根派）が自主憲法制定国民会議の大会に出席し、同月二七日の参議院決算委員会で「現行憲法には欠陥が多い」と発言したことも重なり、野党は罷免を要求していた。この問題は三木が現内閣で憲法改正は考えていないと表明したことで収束する。(66) しかし、三木が稲葉を罷免せず、(67) かつ、改憲に否定的態度を示したことは護憲派・改憲派双方に不満を残すものになっていた。

中川一郎は、「自民党総裁である三木さんが、今の憲法は高い理想を掲げて云々と言って礼賛し、憲法改正を言ったこともないし、考えた事もない、憲法改正はしないと断言することは党是、党則、党議すべてに違反した許すべからざる行為」であり、党内で三木に対する公然たる反発がないことは「国家民族を守りきれないという、精神力を失った姿」と痛罵している。(68) その上で、三木は「外交でも内政の問題でも、スタイルはクリーンであったかもしれないが、ものの考え方については、私共の好きなタイプではなかった」と告白している。(69) さきに述べたように、青嵐会は成立時の三木内閣と協調姿勢をとっていたが、この一九七五年春以降は憲法問題をめぐって批判を強めていくようになる。その背景にはロッキード事件に伴う「三木おろし」の流れも反映されていた。

第二章で述べたように、青嵐会では中尾栄一や森下元晴など、三島事件に強い影響を受けた政治家が含まれていたが、生長の家出身の玉置和郎もその一人であった。

生長の家は一九五〇年代から初代総裁・谷口雅春の下で明治憲法回帰の路線を掲げ、一九六〇（昭和三五）年に生長の家学生会全国総連合、一九七〇（昭和四五）年に日本青年協議会が誕生していた。(70)そして、自主憲法制定を掲げる生長の家政治連盟の支援を受け、一九六五年に参議院全国区から初当選したのが玉置であった。(71)

元秘書・大江康弘によれば、玉置が生長の家に入会した理由は選挙支援を得るためだったが、後年は谷口雅春への信仰心を強く抱き、代々木にある生長の家本部には必ず礼拝に行っていた。当時、玉置の下には大江も含めて四〇名近い秘書がおり、その中には生長の家第二代総裁・谷口清超の次男も含まれていた。「生長の家から直接陳情を受けることはなかったが、生長の家関連では自主憲法のことは一生懸命にやっていた」という。また、三島事件に和歌山県出身者の小賀正義が参加していたことから、三島由紀夫について、「国士と言える人をああいう形で亡くしてしまったのは惜しい。もっと生きて欲しかった」と語っていたという。(72)

当時フジテレビ記者だった山本之聞も、青嵐会内部には三島事件に共感していた顔触れが少なからずおり、それが憲法問題への認識を規定する大きな背景になったと述べている。山本によれば、玉置は生前の三島が谷口雅春の姿勢に共鳴し、対談したがっていたことを知っていた。このため、山本に対して、「われわれ政治家は命懸けで何かやるとよく言うが、言葉だけだ。三島さんのように命を投げ出して憲法改正を訴えるのはそうそう出来るものではない。立派ですよ」、「三島さんが命を捨てた以上、われわれも命の続く限り、憲法問題に取り組まなければいけない」と語っていたという。(73)

実際、三木内閣期における玉置の発言を見ると、憲法問題に対する信念が明確に示されている。前述の稲葉発言をめぐって三木が改憲に消極的な姿勢を表明した際には、「自由民主党ができた時の、占領政策の手直しは自主憲法を作るという基本綱領を自ら踏みにじって、まさかこれ以上総裁におることはないだろうと思います」と述べている。(74)

そして、一九七六年四月二六日の参議院予算委員会では三木に対し、国会の空転状態や、自民党内での三木批判に言及し、自民党総裁としての自覚を問う総括質疑に立っている。その際、自民党政綱では「現行憲法の自主的改正」を図ることが掲げられているにもかかわらず、「今度来る五月三日に憲法記念日に憲政記念館で憲法記念行事をやられる。あなたが主催してやられる。これはどう考えたらいいんですか」、「この憲法記念行事というものをほとんど、というよりもあなた以外にはだれもやらなかった。だれもやっていませんよ、これは。あなたになって初めてやるんです」と強い口調で追及していた。(75)

与党議員である玉置が三木を「あなた」と呼称していることからも、三木の政治的資質に対する懐疑的な見方が如実に示されている。しかし、この国会質疑から間もなくして、玉置は与党自民党と出身母体である生長の家に挟まれ、難しい立場に追い込まれることになる。

「政治といふものはハネ上がつてやれるものぢやない」

ここでは日本青年協議会側の記録を中心資料にして、政府主催憲法記念式典糾弾国民大会までの過程をたどっていくことにしたい。

もともと日本青年協議会による「政府主催憲法記念行事抗議行動」は一九七五年一一月から始まり、一九七六年三月三〇日には首都圏を中心に全国各地で三〇日間連続街頭行動が展開されていた。これに並行して、三月一二日、玉置に対して糾弾国民大会への「共闘」要請が行われている。玉置は自民党本部の事務方に対し、「自民党本部は何の為に存在するのか、「改憲議員（二百六十名）を無視するのか」」と電話で捲し立て、会場使用の許可を取り付けている。

四月一二日、自民党本部では自主憲法制定国民会議が憲法記念日当日に明治神宮で開催する大会の打ち合わせ会議が開かれる。その席で、政府主催憲法記念式典糾弾国民大会について、「政府糾弾はけしからぬ」、「改憲勢力を二分するもの」という批判が上がるが、中川一郎、中尾栄一らの「大反撃」により、抑え込まれている。

やがて自民党執行部も糾弾国民大会の内容を知るに及び、二八日に党三役緊急会議が開催される。午後三時には幹事長・中曽根康弘が玉置に対して党本部での会見を申し入れるが、玉置はこれを拒否している。一方、実行委員会側はこの日、出席予定議員とのタイム・スケジュール打ち合わせに入るが、青嵐会事務所で行われた浜田幸一との協議は完全に決裂する。当時、浜田は三木内閣に農林政務次官として入閣しており、「糾弾」の文字を掲げる集会への出席は立場的に誤解を招きかねなかった。このため、講師として登壇することを応諾していたかをめぐって口論になる。激高した浜田が「机をひっくりかえさんばかりの騒ぎ」になり、結局、中川が仲裁に入って場を収めている。

二九日、各紙朝刊は糾弾国民大会の内容とそれに対する自民党執行部の難色を報じる。午後一時、玉置はホテルニューオータニで実行委員会と会談し、「もし開催したとしても、国会空転の恐れが十分にあり、重要法案の通過が危ぶまれる。政治家の立場として、このことは許されることではない故、方針変更をしたい」との意向を示すが、実行委員会側は譲らず、会談は「物別れの形」に終わる。同日夜、玉置のもとには青嵐会代表世話人の一人であり、党筆頭副幹事長・渡辺美智雄から党執行部の意向が伝えられている。

三〇日、自民党総務会は「糾弾」の文字を外すことを条件に会場使用を許可することを決定する。同時に、中曽根から玉置に対し、「糾弾の二字を降ろさない限り会場使用は認めない。党の統一と団結の為に協力を要請する」旨の通達が発出される。実行委員会もこの日午後、玉置の事務所で上記総務会決定、幹事長通達の内容を把握することになる。午後六時、中曽根と玉置は院内で合同記者会見を開くが、その内容は実行委員会の考えに反するものであった。

五月一日、実行委員会側は玉置に対し、四月三〇日の合同記者会見の内容をめぐって批判が殺到しているとし、その「責任」を追及する構えを見せたため、双方の関係は「険悪」なものとなる。

二日、実行委員会は新宿駅西口で「街頭大街宣」と銘打った演説会を開催する。玉置と中山の二人も「飛び入り参加」し、約五〇〇名の聴衆を集める熱狂となる。この日、玉置が訪れたのは「糾弾」の文字をめぐる話し合いのためだったが、結局、実行委員会側との間で一致点は見いだせなかった。最終的に、午後一一時から開かれた実行委員会は、あくまでも「糾弾」の文字は貫くことや、その責任一切は自分たちがとることを極秘決定する。(76)

翌日、自民党本部入口では午前九時半から警備員が糾弾国民大会参加者に対する入念な手荷物検査を行い始め、八階大ホールには参加者が次々と入場し始める。ホールは満席で埋まる中、午前一〇時、司会者により開会宣言がなされ、国歌斉唱後、大会実行委員長の椛島が三島事件に言及した基調報告を行う。

国会議員として最初に登壇した玉置は、「自主独立体制を確立するためには、どうしても占領憲法を日本人の手によつて改めるべきである」とし、さきの自民党総務会で「国権の最高機関の、この国会に於て、自由民主党といふ理念を持つた政党は一体どこへ行つたのですか」と問うたところ、「中曽根幹事長は下を向いてじつとしてをつた」ことを明らかにしている。その上で、「革新知事」の美濃部亮吉により自衛隊観閲式は神宮外苑で開催できなくなったことや、支持率の低い首相では自衛隊「三軍の統率者」たる資格がないことを指摘し、「この会場には糾弾の文字はない」が、自分の気持ちは参加者と同じであり、「我々の心から大日章旗をはづすわけにはいかない」と訴えている。

続いて、中尾栄一は自ら秘書として仕えた芦田均の論文を引用した上で、現行憲法は「アメリカの占領案」に基づく「押しつけ」に他ならないことや、「アメリカの進駐軍当時にもらつた憲法を、後生大事にしてゐる人間が、国を愛するとか、愛国心に徹した人間だとか、大きなことをいふな。せめて憲法の前文だけでも宜しい、アメリカの翻訳まがひのものでなく、日本人の文章によつて、その前文くらゐを書き替へる事によつて、新しい日本の息吹をおこしたい」と訴えている。(77)

そして、この中尾の演説が終了した午前一一時、実行委員会による緊急動議に基づき、司会者が「この大会は決して自民党の御用大会ではない」、「自民党はこの大会が糾弾大会であつてはならないといふ。しかし、吾々はそのやうな自民党をこそ糾弾しなければならない」、「今は糾弾の文字は入つてゐない。しかし糾弾の文字は入れるべきだ。只今より糾弾の文字を入れます」と宣言する。

この宣言に合わせて、演壇の後方に「糾弾　政府主催憲法記念行事」の垂れ幕が掲げられる。その瞬間、玉置はマイクの前に走り、「政治といふものはハネ上がつてやれるものぢやない」、「約束が破られるやうでは本物ぢやない。やめなさい」と叫んで垂れ幕を破り、場内からは「糾弾！　糾弾！」、「それでも愛国者か！」という怒号が巻き起こる。垂れ幕は実行委員会により再掲示され、午前一一時一五分には八階ベランダから「五・三政府主催式典憲法記念式典を糾弾する」という垂れ幕が掲げられる。自民党本部には騒ぎを知った警視庁機動隊が臨場し、地上で垂れ幕を守る実行委員約二〇名と睨み合いとなる。(78)

当初、自民党執行部は「糾弾」の二字を会場内で掲示しないという条件であれば、糾弾集会は骨抜きになり、実行委員会側は開催を断念すると期待していた。一方、玉置は「糾弾」の二字を掲示できなくても、集会の趣旨は伝えられると信じ、自民党執行部と実行委員会の間を仲介していた。政府主催憲法記念式典の次年度開催はないという言質を自民党総務会で取り付けたことは、当時の玉置ができた精いっぱいの抵抗であった。しかし、実行委員会が「糾弾」の垂れ幕掲示というハプニング演出を事前に教えなかったことは、玉置にすれば、裏切られたという思いが強かったであろう。

もともと玉置自身は初出馬以来、自主憲法制定を念願にしていたが、当時は党最高意思決定機関である総務会の一員であった。四月二八日の時点で中曽根との話し合いを拒否していたのに、二九日になって実行委員会側に対し、「政治家の立場」として方針変更を提案せざるを得なかったところに玉置の苦衷が感じられる。青嵐会のその後を顧みた時、政治はハネ上がってできないという玉置の言葉は含蓄するところ大である。

ちなみに糾弾国民大会は垂れ幕騒ぎにかかわらず続行されている。中川一郎は政府・自民党が野党と一緒に憲法記念式典を行うことに「大きな誤り」があり、「〝敗戦憲法〟を無くさなければ真の日本の独立はない」として自主憲法制定の必要性を提言している。次に登壇した森下元晴は、三島由紀夫が訴えたように、天皇を中心とする日本の国体を守ることに国民は努力すべきであり、そのことは政治改革達成につながると訴えている。ただし、「玉置和郎先生が、幹事長や総裁と約束をして、

『この〝糾弾〟だけはとりますから、自民党の殿堂であるこのホールを貸していただきたい。』といったことだけは、守られなければならないと思ひます」という苦言も呈している。(79)

最後に登壇した生長の家青年会長・森田征史は、冒頭で「青嵐会の中に入っていらっしゃる先生方（中略）の御苦労によって、確かにこの会場が借りられた」と述べながらも、「吾々の仲間が糾弾という文字を掲げたのは、自由民主党に対する約束の反古の問題もあったけれども、その信義と、吾々の愛する祖国を蹂躙せんとする五・三憲法記念式典を施行した三木内閣への怒りの糾弾の思ひと、この二つの問題を天秤にかけざるを得なかつたことを申し上げておきたい」、「糾弾の文字も陛下を思ふ心のあまりに掲げさせていただきたいと、はつきり先生方にわかつていただきたい」と付言している。(80)

彼ら主催者側にすれば、政権与党である自民党が憲法問題を長きにわたって棚上げしてきたことへの不満や、三島事件の影響も加わり、「糾弾」という文字に固執したかったことはわかる。しかしながら、当時の自民党執行部にすれば、首相出席の記念式典を糾弾する集会を党本部で開催することを無条件に認めるわけにいかなかった。主催者と自民党の間で仲介役を担っていた玉置としても、自主憲法制定に向けた国民大会の必要性は認めつつ、ぎりぎりのレベルで妥協点を探っていたのが実情であった。それだけに、この一連の混乱は青嵐会にとって、民族派陣営との関係をどう維持するのかという課題を突き付けるものであった。

渡辺美智雄と「スト権スト」問題

政府主催憲法記念式典糾弾国民大会当時、玉置と並んで党執行部との連絡役を務めていたのが渡辺美智雄だった。青嵐会代表世話人の一人であり、三木内閣期、党内では筆頭副幹事長の立場にあった。国民大会に出席しなかった理由として、派閥領袖である中曽根康弘との関係が強く反映していたようである。

もともと渡辺は栃木県議会議員二期目の一九六〇年に第二九回衆議院議員選挙に無所属で初出馬し、落選していた。そこで保守系の横川信夫知事から河野一郎を引き合わせてもらい、三年後の第三〇回総選挙は自民党公認で出馬し、初当選を果たしていた。そして、河野からの指示により、中曽根から政治の手ほどきを受けていた。その後、一九六五年に河野が死去し、翌年の佐藤再選をめぐって河野派が分裂すると、渡辺は中曽根の率いる新政同志会に参加していた。(81) こうした経緯を踏まえると、渡辺が幹事長である中曽根の意向に反して行動することはあり得なかったのである。

そして、一九七六年当時における渡辺と中曽根の関係は、「スト権スト」問題という補助線を引くと明確になる。

一九六〇年代以降、日本国有鉄道（国鉄）は赤字経営状態が続く中、一九七〇年に近代化・合理化路線を職員に徹底するため、「生産性運動」を開始するが、国鉄労働組合や動力車労働組合から激しい反発を招いていた。(82) この対立は翌年一〇月、公共企業体等労働委員会が国鉄による不法労働行為を

2023年3月23日、東京都千代田区内で筆者の取材に応じた稲葉卓夫（左）と牧明弘（右）

認定したことで国鉄側の敗北に終わる。これを境にして、労働組合側は「スト権奪還」要求を新しい争点に据えるようになっていた。[83]

もともと国鉄など三公社五現業の職員は身分上、公務員ではなかったが、当時の公共企業体労働関係法では公務員と同様に争議権は認められていなかった。[84] 公共企業体等労働組合協議会（公共労）は一九七三年の春闘で「スト権奪還」をメインスローガンに掲げ、以後、政府に対して、この問題解決を強く迫っていた。[85] 一九七六年一一月二六日、公労協が全面スト突入に踏み切ったことで、国鉄の車輌はほぼ運行休止状態になるが、最終的には三木内閣の側がスト権回復要求に応じなかったため、一二月三日、スト中止が決定される。[86]

この当時、渡辺美智雄は自民党として「スト権スト反対」の冊子を作ることを中曽根から指示されており、秘書である稲葉卓夫と牧明弘がその内容をまとめる作業に携わっていた。稲葉は当時の模様について、「渡辺は中曽根に三回も進捗状況の報告をしていました。渡辺と中曽根の関係は微妙であり、私も二人のやりとりに同席したことが何度もありましたが、非常にピリピリしていました。今の政治家と違い、言葉の一つひとつ重かったことを覚えています。副幹事長として中曽根を支えなければならないという意識は強く持っていたと思います」と述べている[87]。

合理主義者である渡辺にとっては、筆頭副幹事長という党内での立場を考えれば、政府主催憲法記念式典よりも「スト権スト」問題への対応が喫緊の課題であった。そのため、党執行部の結束を乱してまで、糾弾国民大会を支援しようという発想はなかったのである。

青嵐会を去った山崎拓と松永光

中尾栄一は一九七六年三月の対談で、青嵐会は「わたしが座長で二八名、今も毎週会合を開いております」と述べている[88]。

しかし、のちの取材にメンバーや秘書が回答した内容を見ると、内海英男、中尾宏、中村弘海、丸茂重貞は活動実績がなく、早い段階で野田毅と綿貫民輔が退会し、山崎拓も「発足後に休会届を出したまま」の状態になっている。松永光も一九七五（昭和五〇）年二月に休会届を提出し、藤尾正行は「田中内閣打倒のために青嵐会は結成されたのだから、田中が辞めた時点で解散すべきだと考え退会した」と回答している[89]。

藤尾の秘書だった福地義行も筆者の取材に対し、「田中内陣以降、藤尾先生は青嵐会の活動には参加していません」と述べている(90)。したがって、糾弾国民大会時のメンバーは二〇名強だったと推定される。

青嵐会を去った理由は各自それぞれだが、ここでは中曽根派から参加していた山崎拓と松永光に触れておく。

のちの対談で山崎は、「私が青嵐会に入ったのは、渡辺美智雄さんの勧め」だったことや、金大中拉致事件に対する青嵐会内部の認識が退会理由だったことを明らかにしている。もともと山崎はソウルに特派員として駐在していた友人の紹介で金大中と知り合い、彼の日本滞在中には求めに応じて河野洋平を紹介するなど、親しい関係にあった。ところが、「ある議員」が青嵐会の会合で、「金大中は今、日本海を漁船に乗せられて運ばれている。間もなく錘《おもり》をつけられて海に投げ込まれて鱶《ふか》に食われる。共産主義者の金大中は、我々自由主義者の敵だ。鱶に食われるのは当然だ」と発言したのに対し、山崎は、「共産主義者だろうと街頭で演説している時に暴漢に襲われそうになったら、命懸けで守るのが自由民主主義者の真髄だ。共産主義者を鱶に食わせるというのは暴言だ」と批判したとし、「田中角栄批判は、私も期するところだったが、青嵐会はあまりにも右翼的だった。それで辞めたのです」と述べている(91)。

山崎の言う「ある議員」とは中川一郎のことであるが、実のところ、金大中拉致事件は青嵐会を去

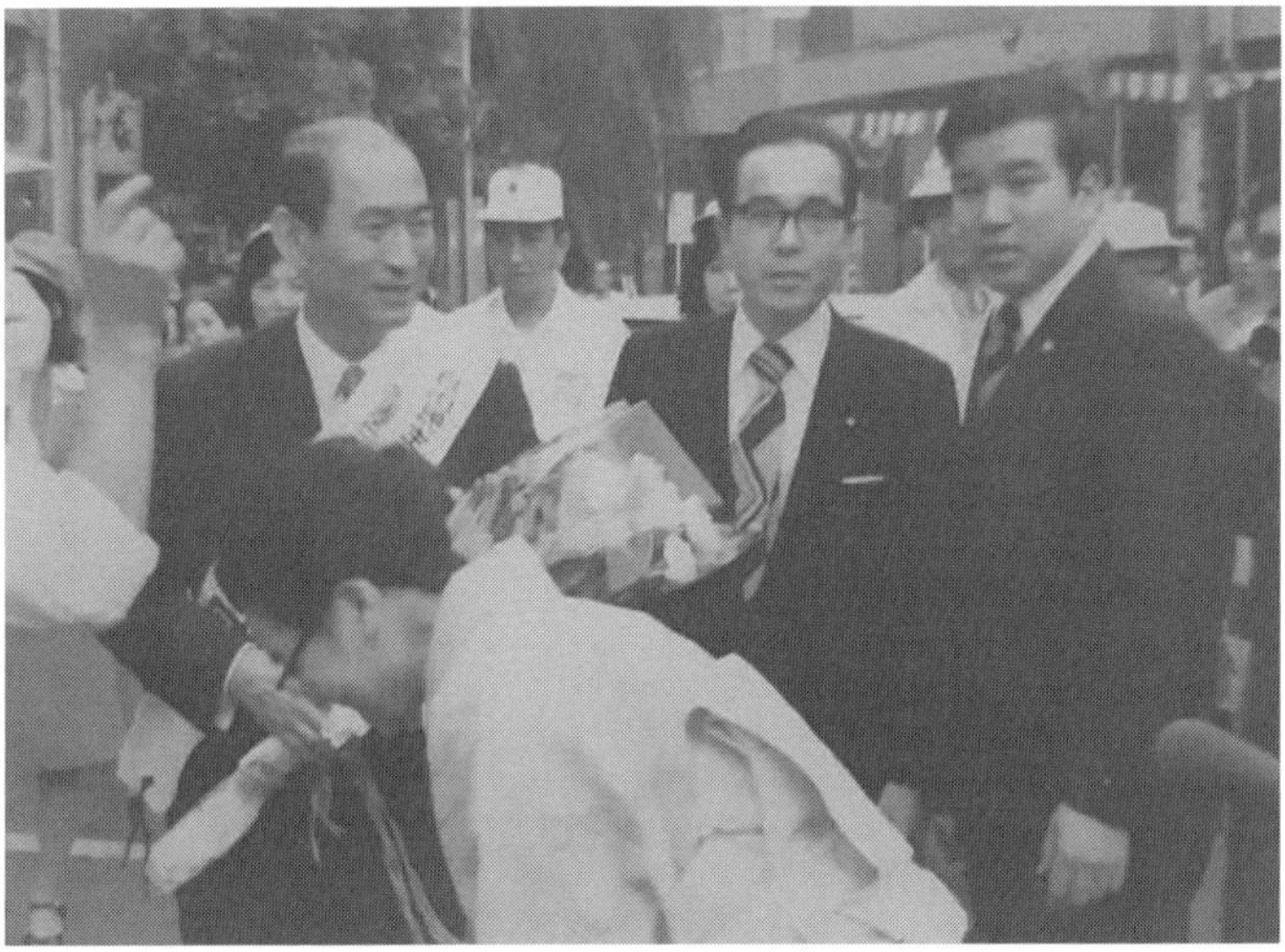

1974年の第10回参議院議員選挙の際、大宮駅前で鳩山威一郎候補（左）の応援に駆け付けた松永光（中央）と秘書の新井正男（右）（新井正男氏提供）

る口実として都合がよかったと思われる。かねてから河野と懇意にしていたことを考えると、山崎は最初から青嵐会への参加に消極的だったと言えよう。

一方、松永光の青嵐会での活動期間は一年半に満たない。三木内閣法務政務次官、福田内閣通商産業政務次官、第二次中曽根内閣文部大臣、第一次海部内閣通商産業大臣、第二次橋本内閣大蔵大臣を歴任後、二〇〇三（平成一五）年に政界を引退している。

筆者は二〇一九（平成三一）年春頃、松永に取材を申し込んだことがある。事務所担当者からは、九〇歳を過ぎ、寄る年波には勝てず、代議士時代の話に確証はもてない、として辞退の返事をいただいた。取材依頼書には過去に筆者が執筆した論文も同封しており、担当者もそれを読んでくれていた。「菅谷さんとは基本的な考え方は同じです。今でもたまに岸信介の話をしたりします。あと五年早ければインタビューに応じられたんですが」と、電話口で残念そうに述べていたことを覚えている。

松永は二〇二二（令和四）年一〇月、老衰により九三歳で逝去したが、青嵐会時代の松永を秘書として支えた新井正男（一九四五年生まれ）が筆者の取材に応じてくれた。新井は一九六九年に東洋大学経済学部を卒業し、一九七〇年から一〇年間、地元選挙区（埼玉県第一区）で松永の秘書を務めている。埼玉県商工会議所青年部連合会会長、さいたま商工会議所副会頭、大宮東口商店街連絡協議会会長などを歴任し、現在も国際都市大宮を創る会の会長として地域振興に取り組んでいる。

新井によれば、長崎県出身の松永は九州男児としての性格も手伝い、中曽根の自主憲法制定や親台湾といった主張に強く共鳴し、中曽根も松永の応援演説によく来ていたという。松永は一九六九年の初当選前、田中派ではないことを理由にして、自民党から公認申請を却下されることが幾度もあった。新井は松永が青嵐会に参加した動機は、「金で政治が動いていることへの憤りがあった」と回想している。

松永は文教政策への関心が強く、日教組教育は平等を口実にして、国を壊すものと考えていた。また、選挙区で競合関係にある公明党に対しても批判的な考えを抱いていた。松永の人柄は飾り気なく、金権政治に厳しい見方をしていた点でも清潔そのものだった。同時に、子分を持とうとせず、危ないと思った人間との関係は自分から断ち切っていたという。松永は一九七五年の休会届提出前から青嵐会に嫌気がさしていた様子であり、具体的に名前は挙げなかったが、「正男ちゃん、駄目なんだよ。青嵐会にはヤクザみたいなのが多くなっちゃったよ」と語っていたという。[92]

おそらく法曹界出身の松永にしてみれば、青嵐会の趣旨に賛同して参加したものの、会の雰囲気に違和感を覚えるところが多かったのだろう。ちなみに河内孝は中川昭一が保管していた「青嵐会退会届」のうち、中川宛ではなく、あえて「事務局長　浜田幸一殿」と書かれたものを閲覧している。また、浜田の存在を理由に辞めていった人は多いという、元会員の証言を聞いている。[93]

なお、森喜朗は青嵐会当時のことを次のように述べている。

いまでも覚えていますよ、石原さんと浜田幸一さんが青嵐会の運営の在り方をめぐって、しょっちゅう取っ組み合いのケンカをやっていたことを。ハマコーが事務局長になったんですが、彼は〝隠れ田中派〟でもあったから、私は「ハマコーではこの会はもたないな」と思いました。石原さんは「決めたから仕方ないんだ」と言っていましたが、案の定、ハマコーのやり方にみんな嫌気がさしてきた。そういう状況の中で、ハマコーが石原さんに「スケベ小説を書きやがって、バカ野郎が！」と言えば、石原さんは「何だよ、ヤクザ野郎、俺の文学にケチつけるのか！」とやりあうわけです。そして、いつも二人の間に割って入るのが私の仕事でした。[94]

当時、青嵐会が開催していた会合は永田町の十全ビル内の事務所での研修会、東京ヒルトンホテルで開催されていた定例会の二つである。森の言う「取っ組み合い」は研修会での場面を指したものと思われる。山本之聞によれば、十全ビルでの研修会は記者非公開であったが、浜田が福田派から参加していた森や三塚博に食ってかかる声は部屋の外からも聞こえていたという。[95]「ハマコーのやり方にみんな嫌気がさしてきた」という表現はあながち誇張とは言えない。浜田の蛮勇ぶりが研修会で日常茶飯事であり、その存在を嫌悪して青嵐会を去っていった者が一定数いたことは事実である。ただし、浜田が「隠れ田中派」だったので、青嵐会が終焉したという森の見方は不正確である。のちに述べるように、浜田は最後まで青嵐会結成時の理念に忠実であったからである。

新自由クラブ結成と第三四回衆議院議員総選挙

憲法問題や日中関係をめぐって、青嵐会と対立関係にあった河野洋平は一九七六年六月一三日に自民党を離党する。同月二五日、河野洋平、小林正巳、田川誠一、西岡武夫、山口敏夫、有田一寿ら六名の連名で発表された声明では「長老支配のもとで密室的な権力抗争に終始している」自民党政治を批判し、「新たな保守政治を創造する悲願をこめて、党からの離脱を決断した」と述べられている。その上で、①「腐敗との決別」、すなわち、「政治倫理の確立をはかるとともに、清新な政治力を結集し、国民各層の要請に合致した政治行動の展開を目指す」こと、②「新しい自由主義の確立」、すなわち、「特定集団の利益のみを擁護し、特定階層を偏重する政治」を排撃し、「資本主義体制のもとで、社会的不正を許さぬ政策を果断に推進すること」、③「上意下達の硬直した政治からの脱却」、すなわち、「政党が、国民の多様な要求を敏感に吸い上げ、柔軟かつ先見性のある指導力を発揮すること」の急務を謳っている。(96)

同月二六日結成の新自由クラブは日中友好、市場開放、平和外交、反軍事大国化を基本的立場にしており、(97)青嵐会とは対極的な形で新しい政治的潮流を作ろうとするものであった。

中川一郎は六月二五日の対談で、河野らが「金権体質の時も何の闘いもしなかったし、今度ロッキード絡みの政局についても、何ら党内での発言や行動がなかった」と批判し、「今迄やってきた行動を見ますと、保守本来の政策を主張して来ておらない。彼等は保守政策をやろうと思っているのではなく、革新との連合によって政権を作る、或はそういう方向へ動く可能性があるのではないかと思います」と述べている。(98)保守政策集団としての青嵐会が河野グループとは明確に一線を画そうとしていたことが感じられる。

当時、石原慎太郎も自民党単独政権の限界が新自由クラブ誕生をもたらしたとし、自民党が「組織化されない、しかも自由社会というものを志向している人達を、積極的に組み入れる組織を作りませんと、それは今後ともムードとして新自由クラブへ流れていくと思います」と述べている。(99)このまま政治的混沌状態が続けば、青嵐会のみならず、自民党にとって新自由クラブが軽視できない存在になることを予見した発言と言えるだろう。

そして、この時期になると、前述のロッキード疑惑も大きな山場を迎えていた。一九七六年二月のコーチャン証言に伴い、同月、日本でも衆議院予算委員会で関係者の証人喚問がなされ、東京地検・警視庁・東京国税庁合同による関係先の家宅捜索が行われていた。

七月二七日、東京地検特捜部は田中角栄が総合商社「丸紅」を経由してロッキード社から計五億円を受領したとして、外国為替及び外国貿易管理法違反容疑で逮捕し、八月一六日、外国為替管理法違反及び受託収賄罪で起訴する。そのまま田中は東京拘置所に収監されるが、保釈金二億円を支払うことで翌日には保釈されている。三木は五月時点で事件の徹底究明を図る態度を表明していたが、田中の逮捕を境にして、党内における三木への不満は一挙に拡大していくことになる。

まず、田中と盟友関係にあった大平正芳が反三木に回り、この逮捕を事前に知らされていなかった副総理の福田赳夫も三木に不信感を抱くようになる。そして、八月一九日になると、「第二次三木おろし」の主軸となる挙党体制確立協議会が発足する。同協議会は田中派、大平派、福田派、椎名派などの反三木派に加え、石井派、船田派、水田派などの中間派も参加しており、翌日、自民党執行部に対し、両院議員総会開催を求める二七七名の署名を提出する。そこには福田や大平など現職閣僚一四名も含まれていた。(100)

唯一人、三木派から青嵐会に参加していた近藤鉄雄は田中が逮捕された際、はしゃぐ様子を見せたことから橋本龍太郎（田中派）にネクタイを締め上げられ、つかみ合いの喧嘩になったという。[101] そして、挙党体制確立協議会成立を境にして青嵐会の会合には出席しなくなる。[102] 近藤にすれば、三木を支えるのが三木派代議士としての使命であり、青嵐会にとどまって三木おろしに合流していくことなどありえなかったからである。この前々年まで近藤の秘書だった工藤美知尋は、「青嵐会は口では強いことを言っていても、内実はバラバラだったような気がする。実際に共同歩調をとれていたかどうかは怪しい」と振り返っている。[103]

一九七六年一一月二日、衆議院ロッキード問題に関する調査特別委員会は「灰色高官」（ロッキード社からの金銭授受はあったが、職務上の不正はなく起訴されなかった要職者）として、二階堂進（元田中内閣官房長官）、佐々木秀世（元田中内閣運輸大臣）、福永一臣（衆議院航空対策特別委員長）、加藤六月（元田中内閣運輸政務次官）の氏名を公開し、政界や世論に衝撃を与える。

同月一五日、第三四回衆議院議員総選挙が公示され、一二月五日、投票が実施される。当時、三木は解散総選挙の形をとることで国民の信を問うつもりだったが、党内には解散反対の声が強く、衆議院解散権（憲法第七条）を行使できなかった。このため、日本国憲法下では初の任期満了選挙となったのである。

自民党はロッキード事件に対する世論の批判や、党内における「三木おろし」の影響も相俟って苦しい選挙戦を余儀なくされ、公示前の二六五議席から二四九議席へ後退する。

田中角栄が小菅拘置所から保釈される際に出迎えた一人である梶山静六（茨城二区）は、「ヤクザだって親が出所するときは、息子は迎えに行くものだ」という発言が顰蹙を買い、落選している。一方、新潟三区では田中が一六万八五二二票を集め、首位当選している。個人後援会である越山会の総力的な支援が奏功したためであり、田中が落選するようなことになれば地域開発の停滞につながることへの恐れがあった。(104)

また、野党側では新自由クラブが一八議席確保という躍進を遂げている。その理由を河野洋平は、「自民党から逃げた票が共産党へ行かないで、みんな第二保守党の新自由クラブへ落ちたわけです。共産党は、絶対来ると言っていたのが、新自由クラブに全部ひっかかっちゃった」と評している。(105)

なお、この総選挙で岡山県第一区から立候補したのが中川一郎の秘書・平沼赳夫（一九三九年生まれ）である。平沼は一九六二（昭和三七）年に慶應義塾大学法学部法律学科卒業後、日東紡績株式会社勤務を経て、一九七三年に佐藤栄作の秘書になっている。一九七六年、政治評論家・飯島清の紹介で中川一郎に会い、「今時めずらしく、自主憲法の制定を公約に掲げているな。気に入った」と言われ、秘書扱いになっていた。(106)「私は改憲をうたった自民党の立党政綱に共鳴し、初回出馬の五十一年選挙の時、入党を申請したが、何故か入党届けを受理してもらえず、全くの無所属で出馬、結果は九人出た中の最下位、文字通りの惨敗であった」と述べている。(107)

平沼は筆者の取材に対し、この第三四回総選挙当時は「中川先生に加え、中尾栄一さん、石原慎太郎さんが応援に来てくれた」。「私が憲法の話ばかりしかしなかったところ、舞台の袖で中川先生が僕を呼ぶんです。俺が来てやってるんだから、もっと公共事業の話をみんなにしてやれ、と演説を妨げられたこと」や、「現役の政治家になって岡山選挙区で道路、橋、農業など、どんどん口利け、憲法だけでなく票になる運動をしなさい、と中川先生から言われました」と証言している。ただし、「中川先生は自民党が党是である自主憲法制定をやらなければならないと考えており、憲法についての考え方が後退している印象はなかった」という。(108) 中川は自ら選挙区で地盤を築いた経験に鑑み、平沼には眼前の課題として議席獲得を優先させ、自主憲法制定は将来の課題にすべきと考えていたのであろう。

一九七六年一二月一七日、三木内閣は総選挙敗北の責任をとる形で総辞職する。

平沼が初当選するのはこの四年後であり、二〇一七（平成二九）年に引退するまでの間に村山内閣運輸大臣、森内閣通商産業大臣（のちに中央省庁再建により経済産業大臣）、小泉内閣経済産業大臣などを歴任している。

青嵐会の問題点はどこにあったか

以上の内容を踏まえ、ここで青嵐会の問題点を二つに分けて整理しておくことにしたい。

第一は青嵐会が新党運動ではなく、あくまでも党改革を目的にした運動にとどまっていたことである。当時、政治評論家・内田徹が指摘したように、「玉石混交の当然の帰結として、集団としての統一意志を持たなかった」ため、「実際のところ、『政策』『行動』の両面でメンバー相互間の詰めた合意はなかったといっていい」(109)。この傾向は田中内閣末期、後継総裁擁立をめぐる足並みの乱れという形で表面化していく。三木内閣末期、中川一郎は福田赳夫を中心とする「解党的新党」の結成を目論んでいたが(110)、中川の個人的思惑にとどまり、実際に青嵐会として保守新党運動を主導することはなかった。

第二は自主憲法制定を基本目標の一つに掲げておきながら、憲法改正の国会発議に向けた具体的研究をしていなかったことである。宮崎正弘は、「青嵐会に参加していた政治家には憲法改正草案を作るなど、こまめなことをする人はいなかった。当時は政策担当秘書制度がなかった時代であり、秘書団の中にもそうした細かい実務ができる人がいなかった」と述べている(111)。中山正暉も筆者の取材に対して、「青嵐会で勉強会はやっていなかった」と述べている(112)。

なお、青嵐会結成直後の一九七三年九月七日、長沼ナイキ基地訴訟の第一審判決が下されている。この訴訟は航空自衛隊のナイキ・ミサイル基地（高射群施設）建設のため、国が一九六九年七月七日に北海道長沼町の保有林指定を解除したことに対し、地元住民が解除無効を求めて起こしたものである。札幌地方裁判所（担当判事・福島重雄）は森林法における保有林制度の目的は地域住民の「平和的生存権」を保護することにあるとして住民側の請求を認める。合わせて、憲法第九条二項は一切の戦力保持を否定しているのに、自衛隊は第二項の「陸海空軍」・「戦力」に該当するので違憲であるという、自衛隊について初の憲法判断を示した判決であった。(113)

中山によれば、この福島判決に「頭にきたのは覚えています」が、「当時は共産党系の青法協「青年法律家協会」がやってるな、ということで党内では慣れっこになっていた」という。また、外国からの侵略の脅威を直近に感じるような時代ではなかったことから、青嵐会内部でも「自衛隊もいずれはちゃんと侵略の危機に対応する組織になってくれるだろう」との認識から、この札幌地裁判決に対抗するための運動を展開しようという考えは特になかったという。(114)

現在の憲法学では憲法第九条第一項で放棄されているのは「侵略戦争」を指し、「自衛戦争」及び「国連等による制裁のための『制裁戦争』」は放棄されていないという説が多数説となっている。しかし、第二項の冒頭にある「前項の目的」のさす内容が不明確であるため、様々な解釈が生じる原因になっている。このため、第二項が戦力の不保持について制約を設けていない以上、一切の戦力の保持は認められず、自衛戦争も含め、すべての戦争が禁止されているという「二項全面放棄説」が通説になっている。(115)

憲法論議という観点から日本の戦後史を見た時、一九七〇年代はそれまでの明治憲法回帰を前提とした復古的改憲論に代わり、新しい改憲論が模索され始めていた時期であった。もしも青嵐会がこの一九七〇年代に公法学系の有識者を巻き込んだ憲法草案の公表や、自衛隊の性格を正面から問う議論を公開していれば、大きな反響があったはずである。今にして思うと、惜しむべきことである。

（1）『赤旗』一九七三年八月一三日。
（2）『国会通信』第七一六号（一九七三年八月一五日）。
（3）『国会通信』第七二一号（一九七三年一〇月一五日）。
（4）『国会通信』第七二三号（一九七三年一一月一五日）。
（5）当該記事は樋泉克夫愛知県立大学名誉教授に邦訳していただいた。記して感謝申し上げる。
（6）『読売新聞』一九七四年一月三一日。
（7）佐藤昭子『私の田中角栄日記』（新潮社、一九九四年）一〇七頁。
（8）福田赳夫「日本政治の新段階と挙党体制」（『民族と政治』一九七三年一月号）二二頁。
（9）五百旗頭真監修『評伝福田赳夫―戦後日本の繁栄と安定を求めて―』（岩波書店、二〇二一年）三五三頁、三七七頁。
（10）塩田道夫『命燃ゆる政治家玉置和郎』（グラフ社、一九八八年）一六五～一六八頁。
（11）「自民党大会で青嵐会の代表演説」（『民族と政治』一九七四年二月号）一七頁。
（12）石原慎太郎『国家なる幻影―わが政治への反回想―』（文藝春秋、一九九九年）二六八頁。
（13）鹿島平和研究所編『日本外交主要文書・年表』第三巻（原書房、一九八五年）五九四頁。
（14）『国会通信』第七二四号（一九七三年一一月二五日）。
（15）自由民主党編『自由民主党五十年史』上巻（自由民主党、二〇〇六年）三五六～三五七頁。なお、日中航空協定をめぐる政治過程については、徐年生「戦後の日台関係における日華議員懇談会の役割に関する研究：一九七三・一九七五」（『北大法学研究科ジュニア・リサーチ・ジャーナル』第一〇号、二〇〇四年）が詳細に分析している。
（16）『国会通信』第七三〇号（一九七四年二月五日）。
（17）二〇二三年三月二三日、東京都千代田区内でのインタビュー。

(18)『国会通信』第七三一号(一九七四年二月一五日)。
(19)服部龍二『日中国交正常化―田中角栄、大平正芳、官僚たちの挑戦―』(中央公論新社、二〇一一年)一〇〇頁。
(20)前掲「戦後の日台関係における日華議員懇談会の役割に関する研究」一三七頁。
(21)同前一四〇～一四一頁。
(22)「青嵐会は主張する国民集会名古屋大会―日本はこのままでよいのか―」(『中部財界』第一七巻第五号、一九七四年)三六～三七頁。
(23)中尾栄一「大平外交の徹底批判」(『民族と政治』一九七四年四月号)六八頁。
(24)『朝日新聞』一九七四年四月二〇日。
(25)中野士朗『田中政権・八八六日』(行政問題研究所出版局、一九八二年)一八六～一八七頁、前掲『自由民主党五十年史』上巻、三五六～三五七頁、浅野和生「日本と台湾の『国交』を超えた絆の構築」(浅野和生編〈日台関係研究会叢書9〉『「国交」を超える絆の構築』展転社、二〇二二年)七二頁。日華関係議員懇談会は藤尾正行、中川一郎、渡辺美智雄、玉置和郎が発起人を務め、福田派議員が最も多かった(吉田龍太郎「国交断絶後の日台関係と日本側議員連盟の系譜」、浅野和生編〈日台関係研究会叢書6〉『台湾の民主化と政権交代―蔣介石から蔡英文まで―』展転社、二〇一九年、二一九～二二二頁)。また、台湾側にとっては田中内閣成立により弱体化した日華協力委員会に代わり、「新たな交渉チャンネル」としての役割を期待されていた(前掲「戦後の日台関係における日華議員懇談会の役割に関する研究」一一七頁)。
(26)衆議院事務局編『正副議長経験者に対するオーラル・ヒストリー事業　第七一代・七二代衆議院議長河野洋平』(衆議院事務局、二〇一三年。https://www.shugiin.go.jp/internet/itdb_annai.nsf/html/statics/shiryo/00_zenbun.pdf/$File/00_zenbun.pdf)四二頁
(27)『朝日新聞』一九七四年四月二四日。
(28)渡辺恒雄「『青嵐会』を論ず―〝血判と憂国〟の論理と心理を生み出した土壌―」(『文藝春秋』一九七四年七月特別号)九三～九四頁。
(29)『思想新聞』第二三七号(一九七四年五月五日)。
(30)前掲『国家なる幻影』二六四頁。
(31)『国会通信』第七一二号(一九七三年七月五日)。
(32)田中宏編(福田赳夫述)『保守革命に賭ける』(読売新聞社、一九七四年)一七～一九頁。なお、田中角栄の元公設

秘書・佐藤昭（のちに昭子に改名）によれば、参院選期間中の田中は情勢を楽観していたが、投票日五日前に中央選挙管理委員会委員長・堀米正道が自民党の選挙戦術を「企業ぐるみ選挙」と発言したことが自民党の敗因になり、選挙終了後は「自民党の中からも、田中批判、金権政治批判が吹き出した」という（前掲『私の田中角栄日記』一二六〜一二七頁）。

（33）二〇一九年八月一四日、兵庫県芦屋市内でのインタビュー。

（34）前掲『保守革命に賭ける』二三頁。

（35）中山正暉「日本の危機と自民党―国民のための心の政治を考えよう―」（『経済時代』一九七四年九月号）六〇頁。なお、のちに中川一郎は田中内閣の後継として青嵐会では福田を「党の根本的改革の為に」擁立しようとしていたことや、その理由は、「政策にも強いし、経験もあるし、また清潔度も高く、あるいは思想的にも自民党の本流の思想の持ち主である」点を挙げている（中川一郎「政界の粛正と保守新党（対談）」、『民族と政治』一九七七年五月号、三二頁）。

（36）これについては、富森叡児『戦後保守党史』（日本評論社、一九七七年）一二八〜一二九頁、福田赳夫『福田赳夫回顧録』（岩波書店、一九九五年）一四九〜一五七頁、前掲『評伝福田赳夫』二一一〜二一二頁、二一八〜二二三頁を参照。

（37）竹内桂『三木武夫と戦後政治』（吉田書店、二〇二三年）二五六頁。

（38）これについては、同前三〇九〜三一九頁、四四一〜四四二頁を参照。なお、第三次組織調査会については、前掲『戦後保守党史』一二九〜一三〇頁、中北浩爾『自民党政治の変容』（NHK出版、二〇一四年）四三〜五三頁、前掲『評伝福田赳夫』二二五〜二二七頁も合わせて参照。

（39）前掲『評伝福田赳夫』三九六〜三九九頁。なお、この時期における福田と三木の提携関係については、前掲『三木武夫と戦後政治』五三八〜五四〇頁を参照。

（40）二〇一九年八月一四日、兵庫県芦屋市内でのインタビュー。

（41）前掲「『青嵐会』を論ず」一〇二頁。

（42）『日本学生新聞』一九七四年七月一日。なお、この時期に「民主連合政府」の危機を論じたものとして、香山健一「『民主連合政府』と言論の自由―収容所列島への道―」（『正論』一九七四年五月号）を参照。当時、香山は学習院大学法学部教授（社会工学）として共産主義批判を展開し、のちに大平内閣と中曽根内閣でブレーンを務めている。

（43）富森叡児『戦後保守党史』（日本評論社、一九七七年）一九五〜一九七頁。

（44）前掲『三木武夫と戦後政治』五五六〜五五八頁。

（45）前掲『評伝福田赳夫』四一二頁。
（46）前掲『三木武夫と戦後政治』五七一～五七二頁。
（47）中川一郎・中尾栄一・中谷武世「三木内閣への期待と苦言（座談会）」（『民族と政治』一九七五年一月号）三〇～三一頁。
（48）同前三二頁。
（49）二〇二三年八月一三日、電話でのインタビュー。
（50）前掲「戦後の日台関係における日華議員懇談会の役割に関する研究」一四四頁。
（51）二〇二〇年二月二七日、東京都千代田区内でのインタビュー。
（52）石原慎太郎『天才』（幻冬舎、二〇一六年）二〇九頁。
（53）中澤雄大『角栄のお庭番朝賀昭』（講談社、二〇一三年）一八八頁、一九一頁、朝賀昭『田中角栄―最後の秘書が語る情と智恵の政治家―』（第一法規出版、二〇一五年）五五頁。
（54）「【元木昌彦のメディアを考える旅】河野洋平元自民党総裁に聞く①」（『NEWSSOCRA』二〇二〇年一一月二三日公開。https://news.yahoo.co.jp/articles/4897a6358a9743e021dd92a560b374af73829b84）。なお、これについては、前掲『正副議長経験者に対するオーラル・ヒストリー事業　第七一代・七二代衆議院議長河野洋平』五二～五四頁も合わせて参照。
（55）自由民主党編『自由民主党党史』（自由民主党、一九八七年）六九六～六九七頁、前掲『国家なる幻影』三八九～三九〇頁、前掲『自民党政治の変容』八〇～八二頁
（56）「昭和五十一年度党運営方針」（『月刊自由民主』一九七六年二月号）二三五～二三六頁。
（57）矢島鈞次「自民党研究―『政策集団』を裸にする4　青嵐会　夏の嵐のような常識派たち―」（『月刊自由民主』一九七八年四月号）一六四頁。
（58）中尾栄一「立党精神の再確認と改憲政綱―併せてスト権問題の基本について―」（『民族と政治』一九七五年一二月号）一一頁。
（59）木内信胤「日本の今日と明日―ゲスト中尾栄一―」（『動向』一九七六年五月号）三二頁。
（60）立川キウイ『談志のはなし』（新潮社、二〇二一年）六〇頁。
（61）ロッキード事件をめぐっては、田原総一朗「アメリカの虎の尾を踏んだ田中角栄」（『中央公論』一九七六年七月号）以来、アメリカが仕組んだ謀略であるとの主張が現在でも見られるが、筆者はこうした見方を支持しない。アメリカ謀

略説の問題点については、徳本栄一郎『角栄失脚―歪められた真実―』（光文社、二〇〇五年）を参照。同書は日米双方の関係者への取材に加え、アメリカ側公文書の分析を通じて、アメリカ陰謀論の虚構を明らかにしている。また、元東京放送報道局政治部記者・田中良紹はロッキード疑惑がアメリカで政治問題化した背景として、当時の民主党が児玉誉士夫ら「反共人脈」に批判的であったことも指摘している（田中良紹『裏支配―今明かされる田中角栄の真実―』廣済堂出版、二〇〇三年、三八～三九頁、一七六頁）。

（62）前掲『三木武夫と戦後政治』六一六頁。なお、「阿波戦争」については、同書五二五～五三八頁を参照。

（63）同前四二五頁。

（64）大下英治『武部勤の熱き開拓魂』（徳間書店、二〇〇五年）一三六頁。

（65）二〇二三年八月七日、東京都千代田区内でインタビュー。

（66）前掲『自由民主党五十年史』上巻、三七七頁。

（67）三木武夫の元公設第一秘書・岩野美代治によれば、三木は憲法改正に反対であり、稲葉を「更迭すればそこは蟻の一穴になったでしょう。守るしかなかった」と述べている（竹内桂編『三木武夫秘書回顧録―三角大福中時代を語る―』吉田書店、二〇一七年、一七〇頁）。

（68）中川一郎「改憲の党是と今日の自民党」（『民族と政治』一九七五年六月号）二二頁。

（69）同前二六頁。

（70）堀幸雄『戦後の右翼勢力』増補版（勁草書房、一九九三年）七〇～七四頁。

（71）同前二二三頁。

（72）二〇二二年三月二五日、東京都千代田区内でのインタビュー。なお、玉置は一九七七年に宗教界と政財界をつなぐための組織として宗教政治研究会を設立している。「宗教政治研究会趣意書」（一九七七年一一月一日）には、「三島の遺言に対する政界からの一つの解答が四十八年秋、提示された。『青嵐会』の誕生である。しかし『青嵐会』は結局、派閥抗争としての角福戦争の波の中に翻ろうされ、流され中川の死によって事実上解体していった」、「三島の言葉を借りるなら宗政研の目指しているものが、彼の提示した設問に対する試行錯誤の歩みであることだけは間違いない」とある（宗政研事務局編『黙想の心―宗政研六年の歩み―』宗教政治研究会、一九八三年、四四頁）。

（73）二〇二〇年五月二二日、電話でのインタビュー。

（74）玉置和郎「党是に即する信念と行動」（『民族と政治』一九七五年六月号）三八頁。
（75）「第七七回参議院予算委員会第四号」（国立国会図書館「国会会議検索システム」、https://kokkai.ndl.go.jp/#/detail?minId=107715261X00419760426&spkNum=0&current=1）。
（76）五・三政府主催記念行事糾弾国民大会実行委員会「嗚呼！糾弾―最後の五日―長くも苦しい戦いの経過報告―」（『祖国と青年』第二四号、一九七六年）二六～二九頁。
（77）「今こそ反憲法の主流を」（『祖国と青年』第二四号、一九七六年）四～一二頁。
（78）『祖国と青年』編集部「ドキュメント〝糾弾国民集会〟」（『祖国と青年』第二四号、一九七六年）二四～二五頁。
（79）前掲「今こそ反憲法の主流を」一三～一五頁。
（80）同前一九～二〇頁。
（81）大泉一紀『人間・渡辺美智雄―待望久しい庶民派宰相への道―』（すばる書房、一九八七年）六一～六三頁。
（82）ＮＨＫ取材班『ＮＨＫスペシャル戦後五〇年その時日本は』第五巻（日本放送出版協会、一九九六年）二二六頁。
（83）同前二六〇～二六四頁。
（84）同前二六六頁、二七一頁。
（85）同前二八六頁。
（86）同前三四八～三七〇頁。なお、三木内閣の「スト権スト」への対応については、前掲『三木武夫と戦後政治』五七九～五八二頁を参照。また、小牟田哲彦は、田中角栄著『日本列島改造論』では新幹線建設の目的を在来線の貨物輸送力向上と位置付けられていたが、「スト権スト」を契機として、「鉄道貨物輸送に見切りをつけた物流業者が、トラック輸送への切替えを促進していくことになった」点に注目している。そして、この時期から「『日本列島改造論』の主張の前提を根本からひっくり返しかねない物流の構造改革が進んでいく」と述べている（小牟田哲彦『「日本列島改造論」と鉄道―田中角栄が描いた路線網―』交通新聞社、二〇二二年、九六頁）。
（87）二〇二三年三月二三日、東京都千代田区内でのインタビュー。
（88）前掲「日本の今日と明日」二五頁。
（89）前掲「〝看板〟石原慎太郎も浮き上がった『青嵐会』四年目の正体」三八～三九頁。ただし、この記事では青嵐会事務局が退会扱いしたメンバーに藤尾は含まれていない。

（90）二〇二三年八月一三日、電話でのインタビュー。
（91）山崎拓・宮城大蔵「山崎拓・元自民党副総裁に聞く　動乱期に求められる総理の器」（『中央公論』二〇一九年二月号）六五〜六六頁。
（92）二〇二三年三月三日、埼玉県さいたま市内でのインタビュー。
（93）河内孝『血の政治―青嵐会という物語―』（新潮社、二〇〇九年）九八頁。
（94）森喜朗「二人で成し遂げた東京二〇二〇」（『正論』二〇二〇年四月号）一四九頁。
（95）二〇二〇年五月二二日、電話でのインタビュー。なお、第四章で述べるように、青嵐会は一九七九年五月の自由革新同友会結成に伴い、消滅する。今井久夫「自革同二十七人のプロフィール」（今井久夫編『明日に挑む行動集団―自革同と中川一郎―』経済往来社、一九八一年）によれば、中村弘海と山崎平八郎は浜田幸一のバーバリズムに強い抵抗感を持っていたという（三四〇頁、三四六頁）。
（96）「離党声明」（憲政記念館常設展示）。
（97）新自由クラブの理念については、西岡武夫・田中秀征『新自由クラブの展開―保守再構築の道―』（経営ビジョン・センター、一九七九年）、山口敏夫『自由主義の革命』（文藝春秋、一九八七年）、同『日本外交の革命―太平洋協力機構をめざして―』（講談社、一九八八年）、同『山口敏夫　政治家としての遺書―不死鳥日本神話の終焉―』（ジャパン・ミックス、一九九五年）を参照。
（98）中川一郎「ロッキードだけが政治じゃない」（『民族と政治』一九七七年七月号）四二頁。
（99）石原慎太郎・中尾栄一「自由国民会議の提唱（座談会）」（『民族と政治』一九七七年一月号）二六〜二七頁。
（100）前掲『三木武夫と戦後政治』六二五〜六二七頁。
（101）前掲『私の田中角栄日記』一五六頁。
（102）前掲「〝看板〟石原慎太郎も浮き上がった『青嵐会』四年目の正体」三九頁。
（103）二〇二三年二月二六日、東京都千代田区内でのインタビュー。
（104）増山榮太郎『角栄伝説―番記者が見た光と影―』（出窓社、二〇〇五年）二〇九〜二一〇頁。
（105）前掲『正副議長経験者に対するオーラル・ヒストリー事業　第七一代・七二代衆議院議長河野洋平』六五頁。
（106）平沼赳夫『七人の政治家　七つの大罪』（講談社、二〇〇九年）一〇九頁。

（１０７）平沼赳夫「自民党は政党か―改憲党是違反の行動を放任してよいのか―」（『民族と政治』一九八一年六月号）四八頁。
（１０８）二〇一九年九月七日、岡山県岡山市内でのインタビュー。
（１０９）内田徹「自民党史のなかの青嵐会―血盟から一年の軌跡と今後―」（『政経人』一九七四年七月号）七九頁。
（１１０）前掲「政界の粛正と保守新党（対談）」三五頁。
（１１１）二〇二〇年二月二七日、東京都千代田区内でのインタビュー。
（１１２）二〇一九年八月一四日、兵庫県芦屋市内でのインタビュー。
（１１３）畠基晃『憲法九条―研究と議論の最前線―』（青林書院、二〇〇六年）九八～一〇一頁。
（１１４）二〇一九年八月一四日、兵庫県芦屋市内でのインタビュー。
（１１５）前掲『憲法九条』六八～七〇頁。

第四章　青嵐会の終焉

第一節　福田内閣の成立

中川一郎と渡辺美智雄の軋轢

一九七六（昭和五一）年一二月一七日、三木武夫はさきの第三四回衆議院議員総選挙で与党過半数割れの大敗を喫した責任から退陣表明をする。そして、同月二三日の自民党両院議員総会で福田赳夫が後継総裁に選任される。福田内閣には石原慎太郎と渡辺美智雄がそれぞれ環境庁長官、厚生大臣として初入閣する。両者の入閣は福田からの要請に基づき、中川が青嵐会の枠で推薦したものであった。(1) このほか、福田内閣期には青嵐会メンバーの多くが政府と党の要職に就くことになる。中尾栄一は福田が「自民党領袖の中できわめて高次元な、ハイレベルな国家感《ママ》を持った人だと私は信じてい

るんです。それがゆえに、僕は夢中になって福田内閣実現の為には手段を選ばず戦ってきたつもりです」と述べている。(2)

厚生大臣になった渡辺は医師優遇税制の是正などを主張し、日本医師会と激しく対立する。(3) 元秘書・稲葉卓夫は当時を振り返り、「渡辺は厚生大臣として医師優遇税制の廃止などで日本医師会の武見太郎会長と喧嘩していた時、一番人気がありました。私が鞄持ちとして渡辺と一緒に地下鉄に乗って移動するんですが、その時、渡辺が市民から『頑張って下さい』と声をかけることがよくありました。絶大なる人気でした」と述べている。(4)

ただし、青嵐会は一九七七（昭和五二）年初頭になると、所属会員は渡辺美智雄（中曽根派、厚生大臣）、中川一郎（無派閥、自民党国民運動本部長）、湊徹郎（中曽根派、自民党農政調査会長）、藤尾正行（福田派、衆議院文教委員長）、玉置和郎（福田派、自民党総務）、中尾栄一（中曽根派、自民党農林部会長）、石原慎太郎（無派閥、環境庁長官）、加藤六月（福田派、自民党審議委員）、佐藤隆（福田派、衆議院農林水産委員会所属）、浜田幸一（無派閥、防衛政務次官）、江藤隆美（中曽根派、自民党農林副部会長）、国場幸昌（福田派、沖縄開発政務次官）、中山正暉（水田派、自民党労働副部会長）、林大幹（福田派、自民党国防副部会長）、三塚博（福田派、自民党文教副部会長）、森喜朗（福田派、自民党国会対策委員会副委員長）、森下元晴（中曽根派、自民党人事局長）、山崎平八郎（福田派、自民党農林副部会長）ら公称一八名に減少している。(5)

青嵐会結成以来、定例会に同席していた宮崎正弘によれば、「福田内閣成立以降、青嵐会の例会の頻度が減少したのは事実であり、石原も常連出席者ではなくなった」という[6]。青嵐会が角福戦争を一つの背景にして誕生したものだった以上、福田内閣成立により活動意義が薄れてきたことは事実であろう。また、第二章で述べたように、青嵐会代表世話人の一人であり、自民党総合農政調査会長を務めていた湊徹郎がこの年七月一九日に心臓発作で急逝している。

そして、青嵐会内部に軋轢をもたらすことになるのが同年一一月二八日の内閣改造である。山本之聞によれば、青嵐会は中川一郎と渡辺美智雄が参加したことで政策集団としての牽引力を強めていたが、内閣改造に伴い、中川が農林大臣（一九七八年七月からは農林水産省発足により農林水産大臣）として初入閣したことで渡辺との対立が加速するようになる。当時、農林族にとって農相は政治的に大きな影響力を持つポストであり、この時期を境にして中川と渡辺が連携して自主憲法・自主防衛というテーマに取り組むことができなくなり、両者は剥き出しの自民党議員に戻っていたという[7]。これは青嵐会終焉の予兆であった。

日中平和友好条約の調印

福田赳夫は経済政策の面で安定成長論に立つ一方、日中平和友好条約締結を首相就任時から外交目標に据えていた。もともと日中共同声明第八項では、「日本国政府及び中華人民共和国政府は、両国間の平和友好関係を強固にし、発展させるため、平和友好条約の締結を目的として、交渉を行うことに合意した」[8]とある以上、さきの三木内閣も日中平和友好条約締結を外交課題に掲げていた。福田は佐藤内閣外務大臣当時、国連からの台湾追放を内容に含む「国際連合における中華人民共和国の合法的権利の回復」(アルバニア決議)に反対するなど、本来は親台湾派だった。しかし、日中友好論者である園田直と大平正芳をそれぞれ官房長官、幹事長に起用した以上、日中平和友好条約調印の外交日程化は避けられない課題であった。

富森叡児の表現を借りるならば、福田は「精神主主義への傾斜とタカ派的外交路線」の面では岸信介と共通していた一方、「『昭和元禄』の世相に反発しながらも、時代の流れに或る程度妥協する術も心得ている」政治家であった[9]。

しかしながら、日中共同声明第七項は「両国のいずれも、アジア・太平洋地域において覇権を求めるべきではなく、このような覇権を確立しようとする他のいかなる国あるいは集団による試みにも反対する」と規定しており[10]、この反覇権条項の取扱いは三木内閣期から日中両国間で争点になっていた。ソ連と対立する中国は日中平和友好条約に反覇権条項を挿入することを強く要求し、三木内閣は中国との間で妥協点を見出せないまま退陣していた[11]。

当時、青嵐会座長・中尾栄一は周恩来首相宛の一九七〇年六月二六日付親書で、中国側の反覇権主義を「我が平和主義外交の原則と決して相容れぬ路線」であり、「対象となる国ないし勢力の対立反応を呼ぶもの」にして、「『解放』の名において、他国への内政干渉を続ける」政策の表れと批判し、日中両国間で疑問の解消に努めるべきと提言していた。[12]

このように中ソ対立という国際政治上の問題が厳然と横たわる中で、福田は組閣段階から日中平和友好条約の締結実現を目指し、外務大臣人事を最も慎重に判断していた。鳩山威一郎を起用することにしたのは、日ソ国交回復を実現した鳩山一郎の長男にあたるため、日中平和友好条約締結がソ連への敵対行動を意味するものではないというサインを送るためであった。[13] そして、一九七七年に入ると、日中関係は急展開を迎えることになる。

中国では一九七六年九月九日の毛沢東死去により文化大革命は終結に向かい、翌年七月七日の第一〇期中央委員会第三回総会で鄧小平の共産党中央委員会副主席兼中央軍事委員会副主席、国務院副総理就任が決定する。この鄧小平復権に合わせ、日本側では日中協会と日中友好議員連盟が福田に対する働きかけを強めていく。一〇月二〇日、元三木内閣外務大臣・小坂善太郎を会長とする日中条約促進協議会が発足し、一一月以降、自民党内では親中派の動きが活発化するようになる。[14]

一九七八（昭和五三）年八月一二日、北京では外務大臣・園田直、外交部長・黄華が全権委員となり、日中平和友好条約に調印する。この時、鄧小平は日本側に対し、同年四月一一日に尖閣諸島周辺で発生した中国漁船の大規模領海侵犯に関して再発防止を約束する。[15] これを受け、日本側では対中宥和論が広まり、日中両国間では地方都市も含めて友好ムードが高まっていくことになる。

当時、青嵐会の石原慎太郎と中尾栄一は、①尖閣諸島は日本固有の領土であること、②「覇権」の文言は特定の第三国を対象にしないことを国会で議決し、それを福田が承認した後で、国民の信を問うために解散総選挙を実施し、日中平和友好条約に調印するか否かを判断すべきであると主張していた。(16) しかし、実際にはそうした日本側の立場を明確にするための議決や総選挙を経ることなく、福田内閣は条約調印に大きく舵を切っていくことになる。

この一九七〇年代後半、中国は毛沢東時代の階級闘争路線に代わり、経済重視路線への転換を図りつつあった。日本やアメリカなど、西側諸国と安定的な関係を築くことは、鄧小平体制の権力基盤を確立する上で不可欠なことであった。今、中国がさきの約束をなかったかのようにして尖閣諸島海域に公船を進出させていることは極めて遺憾と言わざるを得ない。

中山正暉の抵抗

当時、衆議院外務委員会に所属していた中山正暉は一貫して日中平和友好条約に反対していた。その理由は大きく分けて三つである。

第一はソ連要因である。第二章で触れたように、中山は佐藤内閣期から中ソ両国を日本の安全保障上の脅威と認識しており、その見方は福田内閣期に入っても変わっていなかった。

そもそも中山は中ソ友好同盟相互援助条約が維持されている以上、実際の中ソ両国は対立しておらず、仮に「中ソ国境に大工業地帯が出来れば世界制覇も可能である」と考えていた。「中ソ紛争は世界を欺くためのインチキ（八百長）」であり、「日本の政治情勢が変り、その生産力を支配した頃、中ソが一本化すると、日中ソの三国同盟へと発展し、アメリカへの対決を迫る第三次世界大戦へと進展するアジア戦争が（ママ）導火線になる」と危惧していた。[17]

第二は法的正統性である。中山によれば、正確な日時は記憶にないが、衆議院外務委員会での日中平和友好条約採決が目前に迫っていた頃、福田から首相官邸小食堂に召致されている。召致された議員六名の中には浜田幸一も含まれており、福田から条約への所見をそれぞれ一五分間で陳述するように指示される。そこで中山は、「憲法九八条二項を無視して永久条約だった中華民国との条約を一瞬の国会審議にも懸けず、又、一九四五年敗戦の日本が（中略）四年後に建国した戦後の新興国と戦争を終わらせる平和条約を結ぶ異様な行動」に対して強い異論を唱えていた。[18]

そもそも日華平和条約を台湾との合意や国会承認によらず、大平正芳外相の談話によって廃棄したのは、当時の内閣法制局と外務省の検討に基づくものであった。[19]これに対し、一九七二（昭和四七）年九月三〇日の自民党両院議員総会では日華平和条約廃棄のプロセスをめぐって、中山と浜田から違憲性を問う指摘が出ていた。同じく渡辺美智雄も条約の廃棄にあたっては党内の意見を一本化した上で、国会承認を得るべきだと批判していた。[20]

しかも「戦後の新興国と戦争を終わらせる平和条約を結ぶ」ことの是非はサンフランシスコ平和条約の段階でも争点になっていた。

当時、連合国側にとって日中戦争終結のための講和対象を中華人民共和国政府と中華民国政府のどちらに求めるかは極めて難しい問題であった。ソ連は中国の講和会議参加を要請していたが、中華民国の参加を求めるアメリカに拒否されたことで、ソ連は出席を見送ることになった。その結果、一九五二（昭和二七）年の日華平和条約によって日本と中華民国は正式に戦争を終わらせ、平和状態に復帰することになったのである。[21] 中山が首相官邸で主張した内容は一九五〇年代までの国際関係史を顧みれば当然たどりつくものであった。

第三は経済要因である。日中平和友好条約は第三条で「両締約国は、善隣友好の精神に基づき、かつ、平等及び互恵並びに内政に対する相互不干渉の原則に従い、両国間の経済関係及び文化関係の一層の発展並びに両国民の交流の促進のために努力する」と定めているが、[22] 共産党一党独裁体制下の中国に日本企業が進出しても、「これはもうボッタくりでやられる」のは明らかであった。[23]

一九七二年の米中共同声明の当事者であったニクソンは、中国がソ連との同盟関係を再開することなく、[24] むしろ太平洋地域の安全を高めるためには、アメリカが中国の軍事力と経済力を強化することに戦略的意義があると考えていた。[25] このニクソンの認識がまったくの誤りであったことは今日の米中関係を見れば明らかである。中山は中国が覇権国として抬頭し、日米との間で新冷戦を繰り広げる次の世紀を見越していたのである。

一〇月一六日、第八五回臨時国会衆議院外務委員会では「日本国と中華人民共和国との間の平和友好条約の締結についての承認を求めるの件」が議題に付される。「外務委員会議録」によれば、この日の出席委員は委員長・永田亮一（自民党）、理事の大坪健一郎（自民党）、奥田敬和（自民党）、毛利松平（自民党）、井上一成（社会党）、土井たか子（社会党）、渡部一郎（公明党）、渡辺朗（民社党）ら八名、それに加藤紘一（自民党）、鹿野道彦（自民党）、木村俊夫（自民党）、鯨岡兵輔（自民党）、小坂善太郎（自民党）、竹内黎一（自民党）、谷川寛三（自民党）、中村直（自民党）、中山正暉（自民党）、羽田孜（自民党）、原田昇左右（自民党）、福田篤泰（自民党）、福永一臣（自民党）、森田欽二（自民党）、岡田春夫（社会党）、河上民雄（社会党）、高沢寅男（社会党）、安井吉典（社会党）、中川嘉美（公明党）、正木良明（公明党）、曽祢益（民社党）、寺前巌（日本共産党）、正森成二（日本共産党）、伊藤公介（新自由クラブ）、楢崎弥之助（社会民主連合）ら三三名である。

冒頭、福田は国務大臣の資格で、大坪や土井の質問に対して「全方位平和外交」の意義や、戦後日本が憲法に基づいて軍事大国への道を放棄して「平和経済大国」に徹してきたことを答弁する。そして、後半では園田外務大臣の答弁に合わせ、日中平和友好条約が日ソ関係や日米安保条約の運用に変化をもたらすことはないと繰り返し述べている。また、「日米中軍事同盟」に発展する説は誤りであり、中国側の理解でも日中平和友好条約と中ソ同盟条約は矛盾しないことを述べている。その後、各党を代表する委員がそれぞれ条約への賛意を表明した後、永田委員長により討論の終局と採決入りが宣言される。(26)

採決前、中山は自民党国会対策委員長・三原朝雄と内閣官房副長官・森喜朗に議席を取り囲まれ、全会一致を図るため、賛成に回るように強く促される。中山は党からの処分を覚悟の上で、「糟糠の妻の様な台湾を、若い女の様な中国を連れ込んで無残に女房を捨てるのか。日本人としてそれに反対した者が一人でも居たことを示したい」、「古女房が納屋の片隅でええから置いてくれ、と言ってるのに蹴とばして、若い女を引きずり込む気か」と述べ、彼らの要求を必死に拒否する。このため、森は中山に対し、委員会室の外で福田首相と話をしているところをテレビで全国中継させるので、その間に採決をさせてほしいと提案する。

この時、中山はかねてから好きだった三波春夫の歌謡曲「大利根無情」に登場する剣豪・平手造酒《ひらてみき》の台詞を思い出し、「止めて下さるな、妙信殿。落ちぶれたとは申せ、平手は武士でござる。行かねばならぬ、行かねばならぬ」と口走り、森の提案を一蹴する。一方、前列席にいた石原慎太郎は採決時、中山を一瞥し、「正暉さん、賛成するのは今しかないよ」と言って起立する。こうして日中平和友好条約は中山以外の起立多数で承認されることになる。(27)

この年初頭に発表した論文で石原は「日中ソという三極がらみは容易に解決されるものではなく、ソビエト自身が日中［平和］友好条約に彼らの保護をこめた一方的で強引な解釈を唱えている現況、単なる今日の時代的な雰囲気、空気といったものだけでこうした条約をともかく締結してしまうということ」が日本を「不利な状況に追い込んでいく可能性は充分にある」と警告していた。(28)その石原自身が外務委員会での採決において「時代的な雰囲気、空気」に迎合せざるを得なかったことは自民党政治家としての限界を示すものであった。

のちに石原は自著『国家なる幻影』で、「福田内閣の前閣僚ではあったが福田派ということではなし」と述べているが[29]、実際は一九七七年一一月まで環境庁長官であったので福田の意向に逆らえず、青嵐会の理念と矛盾する行動につながったのである。「なぜ、血判まで求めた青嵐会幹事長の彼が、本会議に上程される前の外務委員会において、日中平和友好条約に起立賛成したのだろうか」[30]と浜田幸一が批判しているのは当然である。

なお、中山は委員会採決終了後に単身で自民党本部の幹事長室に向かっていた。大平正芳に対し、「党議に反対したので処分は覚悟しております」と述べるが、「中山君、お父さんが亡くなられて大変だったね。又、明日から頑張ろうね」と言われたという[31]。戦前から戦後にかけて、通算二四年の議員生活を送った中山福蔵はこの三日前、九一歳で逝去していた。中山正暉が外務委員会で懸命に反対姿勢を貫いた時、その脳裏には大政翼賛会参加を頑なに拒否し続けた福蔵の姿がよぎっていた。「たった一人でも反対するという姿勢」を受け継いだことが外務委員会での行動につながったと述べている[32]。

一〇月一八日、日中平和友好条約は衆議院本会議では中山正暉、浜田幸一、林大幹、参議院本会議では玉置和郎、源田実が反対する中で国会承認されることになる[33]。

当時、玉置の秘書だった大江康弘は、「政治家になるんだったら、広い視野を身につけて来い」という玉置の意向に基づき、前年一〇月から渡豪し、この年一月から西オーストラリア工科大学に留学していた。当時を振り返り、「玉置が日中平和友好条約に反対したのは中共を認めないという一点でした。また、至情主義の面として、台湾への義理立て、思いがあったからでした。おそらく玉置や源田先生は当時の官邸にしても、党からしても、反対派として折り込み済みだったはずです」と述べている。(34)

同じく青嵐会代表世話人の一人だった渡辺美智雄は閣僚として日中平和友好条約の国会提出から公布までの流れに関与している。元秘書・稲葉卓夫は筆者の取材に対し、「渡辺は中途半端な態度は絶対にとらなかった。もともと全方位外交的な考えを持っていた上、当時、渡辺の総連合会長の松本勲さんが栃木県日中友好協会会長をやっていたため、中国の悪口は絶対言わなかったです」と答えている。(35)

青嵐会結成の背景を遡ると、本来であれば中山や玉置の考えが是となるべきだが、実際は福田内閣との関係や所属派閥の方針、選挙区事情などを反映し、青嵐会メンバーの多くは本会議で日中平和友好条約に賛成する意思を示した。中山の言葉を借りるならば、一九七八年一〇月一八日の国会承認をもって、青嵐会は「雲散霧消した」のである。(36)

中尾栄一は前年一〇月二七日の対談で、自民党内で日中平和友好条約「促進派」はごくわずかであり、「それに野党がのっかかっているから、多いみたいに新聞が書くだけ」と述べていた。中国にすれば、「福田さんがタカ派と言われているだけに福田内閣で友好条約を促進することに意味がある」ため、「その謀略にひっかかったようなやり方で結んでいくことは外交ではありません」とし、福田には「飽くまでも自主的に毅然たる態度でこれに臨まれることを期待もし、信頼もしております」と述べていた。[37] その中尾も結局は党内の大勢に従い、日中平和友好条約に賛成せざるを得なかったのである。

先行研究を見ると、「福田が親台湾派であったがゆえに、党内の説得はかえって容易だったと言われる」という説や、[38]「福田派や福田に政治的に近い条約慎重派も、これ以上強硬姿勢を続けて日中交渉を滞らせては、福田政権の弱体化につながり、総裁選で不利に作用することを恐れ始めていた」という指摘がある。[39] 当時の政治状況に照らし合わせると、いずれも妥当な見方であるように思う。それは同時に青嵐会の影響力弱体化を示すものに他ならなかったとも言える。こうして一九七八年一〇月二三日、日中平和友好条約は首相官邸で正式に批准されることになる。

翌月、石原慎太郎は論文「日中条約後のアジア情勢」で、「この条約は必ずしも日本政府のいう如くアジアの安定には繋らない」し、「中ソのヘゲモニイ争いに新たに拍車をかける怖れすらある」点で「極めて重大且つ危険な選択」であると評している。[40] その上で、「日米中三国によるアジアでの対ソ政略戦略」として、オーストラリアやニュージーランドも組み込む形で、日米両国が東南アジアの

経済的・技術的な近代化を支援すべきことを提唱している。(41)

中山正暉と異なり、石原は中国とソ連を別個の主体として捉え、ソ連の脅威に対抗する前提で日米中は連携可能であると認識していたことがわかる。こうした認識は一九八〇年代の中曽根内閣にも見られるが、今となっては極めて主観的な思い込みであったと言わざるを得ない。後年、特に東京都知事在任中の石原は対中国強硬論に徹した。その背景には日中平和友好条約締結時の自らの認識が誤っていたことへの負い目もあったのではないだろうか。

青嵐会解散を決定した赤坂会合

日中平和友好条約の批准から約一週間後の一九七八年一一月一日、自民党総裁予備選挙が告示される。立候補したのは福田赳夫のほか、自民党幹事長・大平正芳(大平派)、自民党総務会長・中曽根康弘(中曽根派)、自民党政調会長・河本敏夫(三木派)である。この総裁予備選は従来までの総裁公選と異なり、まず都道府県別に党員一五八万人、党友一九万人が郵送で投票し(一〇〇〇票を一点に換算)、上位二名を本選候補にする仕組みになっていた。

新聞社の情勢予測では福田が圧倒的に優勢であったことから、福田はこれに慢心し、予備選でトップになれなかった場合は本選出馬を辞退すると明言していた。しかし、田中角栄が大平の支援に回り、田中派秘書団を総動員した全国有力党員への電話作戦や、大票田である東京地区の党員への戸別訪問などにより形勢は逆転していく。そのため、同月二七日に開票された結果は情勢予測に反し、大平七四八点、福田六三八点、中曽根九三点、河本四六点であった。[42] 本来であれば、予備選で上位二位までに入っていた大平と福田が本選に進むはずであったが、福田が辞退する以上、勝負は予備選で決したことになる。

こうして福田内閣総辞職と大平内閣成立の可能性が現実味を帯びる中、政局は次の段階へ動き出していく。

この一一月二七日、赤坂の料亭には中川一郎、玉置和郎、石原慎太郎、浜田幸一、三塚博、佐藤隆が集まっていた。青嵐会の今後について協議するためである。浜田によれば、その席で三塚は、「青嵐会には極端な人がいるからと入会に二の足を踏んでいる人も多いんだよな」と述べ、ここに事実上、浜田を排除する流れが確定することになる。この時、浜田は中川に対し、「俺はいつでも身を引くよ、それが中川一郎のタメになるならな」と述べ、三塚には、「青嵐会は中山正暉と俺とで守っていく。だから三塚君、キミはかならず中川を守ってきちっとやってくれ。中川を派閥の大将にすることは、将来総理大臣にするということなんだから、きちっと守っていってくれよ」と述べたという。[43]

なお、この料亭には河内孝も取材に行っており、玉置と三塚の証言から会合の中身を次のように再現している。

中川「福田さんは派閥解消を唱えたが、結局、派閥に負けた。派閥がすべてになってしまった」
石原「中川さんも、もはや青嵐会という枠を一歩出て派閥結成に踏み切るべきだ」
三塚「単に青嵐会を派閥にしても意味がない。政治は力、力は数だ。中間派を呼び込んだ幅広い連合を図るべきではないか」
浜田「思想のない人間が何人集まっても、しょせんは烏合の衆だ」
三塚「そうだろうか……、中川さんを慕って政治行動をともにしたいという人は多いが、『青嵐会には極端な人がいるから……』と二の足を踏んでいる人も多い」
浜田「オレのことを指しているなら、オレはいつでも身を退くよ。中川がそれで派閥の領袖になれるというなら」
玉置・三塚（正座して深く頭を下げる）「ハマちゃん、ありがとう。そう言ってくれるのを待っていたんだ」(44)

浜田の回想と河内の取材では三塚の発言に若干の相違があるものの、このやりとりを見る限り、石原と三塚が新派閥の旗揚げに積極的であったことが読み取れる。すでに石原は一九七四（昭和四九）年に中川派の前北海道議会議員・高橋辰夫が第一〇回参議院議員選挙に立候補した際、中川との間で、高橋当選の暁には独立した派閥を作るという約束を交わしていた。そして、石原は一九七六年の

第三四回総選挙終了後、青嵐会は「私のこれからのキャリアのために何をしてくれる訳でもない」と考えるようになっていた。[45] 石原としては派閥結成の重要性を早くから分かっていたからこそ、青嵐会に見切りをつけることになったのである。

なお、河内孝著『血の政治』によれば、浜田は会合の途中で料亭の帳場から中山に電話をかけており、そこで中山は、「あんた連中に利用されている。そんなことを言うなら、三塚にせよ中尾にせよ、実家（派閥）を出てからにしろ、と言ってやれってね」と述べたという。[46]

筆者は三塚が浜田排除に固執した理由や、「連中に利用されている」という中山の言葉の意味が分からなかった。このため、中山にインタビューした際、該当部分を示して質問したものの、記憶にないとのことであった。

そこで河内にこの点を尋ねたところ、次のような事実関係を教えてくれた。そもそも浜田を排除する形での中川派結成を目指す動きは総裁予備選で福田が大平に敗北した直後から表面化していた。当時、首相官邸には青嵐会メンバー多数が押しかけ、「敗北を認めるな、解散で対抗しろ」と、四時間にわたって福田を缶詰にしていた。浜田もその中にいたが、福田内閣の後を見据えた戦略に転換したことで、親福田派との間に亀裂が生じていた。浜田の意図は、福田応援団のままでは福田、田中、大平の怨念に巻き込まれるだけなので、ストレートに中川政権を目指すことにあった。だからこそ、三塚らに派閥（福田派）を出てくるように求めていたのである。また、中山は以前から福田グループと

は距離を置いており、当面は浜田と中山の二人だけで動くつもりだったと思う、とのことであった。(47)

これまで述べてきたように、青嵐会は派閥横断的な政策集団であることに特色があった。しかし、そのことはメンバーそれぞれが関係する派閥間で対立が生じた場合、内部で不調和をもたらすことが避けられなかった。この福田内閣末期における「大福対立」とそれに根差した青嵐会の亀裂は、ある意味で一九七三年の結成時から予測できていたことであった。

さきの赤坂の料亭での会合後、しばらくしてからフジテレビ記者の山本之聞は赤坂の個人事務所に石原を訪ねている。山本は怒りやすい石原に皮肉を込めて、「青嵐会は血判までして憲法改正への強い決意と覚悟を誓った血盟集団ではなかったのか。こういう中途半端な終わり方は血盟集団なら三島由紀夫のように切腹するのが筋ではないですか」という挑発的な言い方で苦言を呈する。これに対し、石原はすごい剣幕で何か言おうとしたが、山本はこれを遮り、「実は私、学生時代、楯の会にいました」と明らかにする。すると、石原は、「君、そうだったのかい。楯の会だったのかい」と述べ、笑顔に変わったという。

当時、山本は石原の三島評に不快感を持っていたので、石原の前では三島との関わりを触れないでいた。山本の言葉を聞いた石原は立ち上がって事務所の奥からウイスキーボトルを持ち出し、オンザロックを差し出した。そして、一時間ほど自衛隊体験入隊当時の三島の様子について、懐かしそうに山本の話に耳を傾けたという。(48)おそらく石原にとっては、青嵐会が挫折を余儀なくされたことで、三

海宝院（神奈川県逗子市）にある石原慎太郎の墓。青嵐報国と刻まれている。2023年６月12日、筆者撮影。

島に対する思いが堰を切ったように溢れ出たのであろう。

一二月一日、第三五回自民党臨時党大会は大平を新総裁に選出する。同月六日、福田内閣は最後の閣議を開催し、総辞職を決定する。この時、中川は「総辞職には反対だ。署名はしない。どうしてもというのなら、オレを解任してから総辞職してくれ」と涙声で語り、署名を拒否した。これは憲政史上初のことであり、中川自身が草案として練り上げた総裁公選方式の実施が見送られたことへの怒りによるものであった。(49)

翌日、大平を首班とする新内閣が発足し、田中派に大きく依存した形で政権運営を進めることになる。

第二節　青嵐会以後

派閥の体をなしていなかった自由革新同友会

一九七九（昭和五四）年五月一五日、東京ヒルトンホテルにて自由革新同友会の設立総会が開催される。参加者は長谷川四郎（当選一一回、群馬県第二区、椎名派）、長谷川峻（当選八回、宮城県第二区。旧石井派）、松沢雄蔵（当選八回、山形県第二区、椎名派）、中川一郎（当選五回、北海道五区、無派閥）、石原慎太郎（当選衆院二回、参院一回、東京都第二区、無派閥）、中尾栄一（当選四回、山梨県全県区、中曽根派）、古屋亨（当選四回、岐阜県第二区、椎名派）、森下元晴（当選四回、徳島県全県区、中曽根派）、青木正久（当選三回、埼玉県第四区、旧水田派）、国場幸昌（当選三回、沖縄県全県区、福田派）、中村弘海（当選三回、長崎県第二区、椎名派）、山崎平八郎（当選三回、福岡県第三区、福田派）、林大幹（当選二回、千葉県第二区、福田派）、三塚博（当選二回、宮城県第一区、福田派）、鹿野道彦（当選一回、山形県第一区、福田派）、玉沢徳一郎（当選一回、岩手県第一区、福田派）、堀之内久男（当選一回、宮崎県第二区、中曽根派）、森清（当選一回、愛媛県第二区、福田派）、渡辺秀央（当選一回、新潟県第三区、中曽根派）ら衆議院議員一九名であった。座長に長谷川四郎、座長代行に長谷川峻、財務委員に森下元晴と青木正久、事務局長に三塚博、事務局担当に渡辺秀央を選出している。青嵐会メンバーのうち、中川一郎、石原慎太郎、中尾栄一、

森下元晴、国場幸昌、中村弘海、山崎平八郎、林大幹、三塚博ら九名が含まれている。(50)

この自由革新同友会は中川一郎を中心にして自主憲法制定を掲げていたが、青嵐会とは基本的な性格を異にしていた。中川は自由革新同友会が青嵐会のような行動集団ではなく、「政策を中心とした、派閥と言えば派閥、政策集団と言えば政策集団で、これが出来たからと言って青嵐会が解散したとか、しなければならんというものではない」と述べている。(51)また、政治評論家・今井久夫は青嵐会が「ただ暴れるためにこの世に出てきたようなもの」であり、「こわすだけで作ることを知らなかった」のに対し、「自革同は破壊と同時に建設を忘れない」点を指摘している。(52)

しかし、参加者を見ると福田派や中曽根派が目立ち、純然たる一つの派閥ないしは政策集団と言うには無理がある。「他派閥と二股かけている者たち」が多く、「確固とした党内派閥というにはいささかのモロさを内包していた」という浜田幸一の評価こそ、(53)言い得て妙であろう。この自由革新同友会結成をもって青嵐会の活動は終わりを迎えることになる。

浜田と中山正暉が自由革新同友会に含まれていなかったのは、将来二人が内紛の要因となるのを恐れた長谷川四郎と三塚の提言を中川が受け入れたためである。(54)ただ、この時期の中川には青嵐会結成時のような心の余裕はなかったようである。

のちに玉置和郎は「中川一郎の酒の飲みっぷりは、本来、朗らかそのものだった」が、この自由革新同友会結成の頃から「酔っぱらうと前後不覚になり、崩れるようになった。同時に愚痴っぽい酒飲みとなった」と証言している。[55] 中川の心身を徐々に病魔が蝕み始めていたのである。

米価問題と元号法制化

一九七九年になると、政治的争点は外交問題から農政問題に移行していく。当時、生産者米価への品質格差導入に理解を示す大平内閣農林水産大臣・渡辺美智雄に対して、中川一郎は北海道米の生産者を守るために反対し、党農林族を二分する事態になっていた。最終的に、この問題は中川の反対を押し切る形で、品質格差制が施行されることになる。[56]

のちに渡辺は一九九一（平成三）年の自民党総裁選挙に立候補した際の政策リーフレットで、「農林水産大臣として、『うまい米は高く、まずい米は安く』という銘柄格差を導入し、食管制度改革を軌道に乗せる」と記している。[57] 本来、「総合農政」の視点に立つならば、米価抑制は当然の要請であったが、中川にすれば、北海道米の価格引き下げ阻止は選挙区の利益を守るための使命であった。

当時、中川派の武部勤も北海道議会農務委員長として年間一〇〇回以上、この問題のために上京していた。時には自民党総務会に出席していた渡辺に対して、「ミッチー、北海道に来てみろ。石をぶつけて追い返してやるからな！」と野次を飛ばし、強制退去させられている。[58]

武部は当時を振り返り、「自民党総務会で米の品質格差導入を提案した渡辺農相に対し、北海道中から反対されて、中川先生も渡辺農相と激闘するようになりました。中川先生は米の品質格差導入に本心から反対ではなかったと思います」、「僕自身、北海道の米を安くしてもいいけど、不当な取り扱いは許さない。日本国民に安定して米を供給できるのは北海道しかないのであり、そのためにも北海道の米をうまい米にしなければならない。そのために土地改良、品種改良、水管理の改善をしなくてはいけないという意識は中川先生と共有していました」と述べている。(59)中川にしても、北海道の農業が現状のままではいけないという意識はあったものの、この問題により渡辺との対立は決定的なものとなる。

このほか、一九七九年の政治的争点として元号法制化問題が挙げられる。一九七〇年代に入り、自民党内では一九七六年の天皇御在位五〇周年を前にして元号法制化を求める動きが現れ、三木内閣期から争点化していた。福田内閣期の一九七七年になると、元号法制化運動は生長の家政治連合や日本青年協議会などを中心にして、全国各地で地方議会への働きかけや署名運動などが展開されていた。同年五月三日の「元号法制化要求中央国民大会」(サンケイホール)には青嵐会メンバーのうち、玉置、中川、藤尾が出席している。そして、一九七八年六月に元号法制化促進国会議員連盟(会長・西村尚治、副会長・玉置和郎)、七月に元号法制化実現国民会議(議長・石田和外元最高裁判所長官)が結成されていた。(60)

当時、福田は元号法制化を政権のコンセンサスとして位置付け、一九七八年一〇月一七日に元号法案の国会提出を閣議決定していた。しかし、野党の抵抗から成立の目途が立たず、臨時国会への法案提出は見送られていた。後継首班の大平はクリスチャンであり、元号法制化に積極的ではなかった。しかし、福田内閣からの継承事項だったため、一九七九年二月二日、元号法案の国会提出を閣議決定し、六月六日に可決成立する。[61] 一九七二年に自民党内閣部会で「元号に関する小委員会」が設置されてから、法制化までに要した時間は七年であった。

四〇日抗争

大蔵官僚出身の大平正芳は首相就任時から財政再建のための一般消費税導入を持論としていた。大平は一九七九年一〇月の第三五回衆議院議員総選挙のさなかに、この考えを撤回するものの、野党は増税を争点に据えて政府を批判する。その結果、自民党が確保できたのは二四八議席にとどまっていた。[62] のちに無所属議員一〇名を追加公認し、辛うじて過半数議席を維持するものの、大平の求心力低下は避けられなかった。

この総選挙惨敗の責任問題をめぐって、自民党内では一〇月八日になると、主流派である田中派・大平派と、反主流派である福田派・三木派・中曽根派・中川グループによる激しい派閥対立が始まる。所謂「四〇日抗争」である。

一一月一日、自民党では首班指名のための両院議員総会を翌日に開催することを所属国会議員に通達する。ところが、両院議員総会が開かれるはずの自民党本部九階の会議場は反主流派に占拠され、入り口には主流派の入場を阻止するためのバリケードが築かれていた。翌日の両院議員総会を予定通り開催させようとした浜田は、テレビカメラの前でバリケードを崩し、「いいか、断っとくけどな。かわいい子供たちの時代のために、自民党があるってことを忘れるな！　お前らのためにだけ自民党があるんじゃないぞ！」と叫ぶ。この台詞は前夜から準備していたものであり、四〇日抗争の醜悪さを国民に伝えることが狙いであった。(63)

この浜田の大立ち回りは現在でも各種動画サイトで閲覧できる。「政界の暴れん坊」という異名を定着させた有名な場面の一つだが、実際はテレビ局に前もって知らせた上での演出であった。

ちなみに、この時、浜田の前に立ちはだかったのが一九七九年の第三五回総選挙で初当選した高橋辰夫（自由革新同友会）である。高橋は一九七一（昭和四六）年に結成された北海道議会議員のグループ「新道政研究会」の幹事長就任以来、中川一郎を支えてきた地方議員の一人であった。(64)一九七四年に中川の勧めで参議院議員選挙に立候補するが、自民党からの公認は得られなかった。このため、青嵐会・北海道青年議員連盟公認候補として戦い、落選していた。(65)

この参院選の際、中川は高橋の応援演説で現職の河口陽一（三木派）と西田信一（大平派）を「老害」と批判し、石原慎太郎、浜田高知、中山正暉ら青嵐会の面々も支援に駆け付けていた。当初、「高橋は泡沫候補。一〇万票も取れるかどうか」と予想されていたが、実際に集めたのは三一万票であった。高橋が河口、西田に向かうべき票を食い荒らしたことで、自民党は参議院北海道選挙区での

40日抗争当時の浜田幸一（右）と中山正暉（中山正暉氏提供）

議席を失う。党内では中川の責任を問う声が上がり、青嵐会への批判も強まるが、北海道で中川グループの存在感が認知される契機になっていた(66)。

さて、バリケード入り口に立ちはだかった高橋に対し、浜田は「お前と話したってしょうがないから、お前の親分の中川一郎を連れて来いっちゅうの」と命令口調で煽り立てる。高橋から中川は関係ないと言い返されると、「扶養家族だから、おまえ関係あるんだよ」と一喝する。それに対し、「何が扶養家族なんだよ！」と高橋が怒鳴り返した場面はそのままテレビ放映されている。

自由革新同友会の控室に戻った高橋は中川に対し、「浜幸さんは田中角栄にくっついて行ったような男だから、天下に、浜幸さんはわれわれとは関係ないことを知らしめるために向かい合ったんです」と報告する。この時、中川は一言、「すまん」と礼を述べたという。[67]中川は高橋の体を張った行動は認めつつも、政界の勢力図として、浜田と対立する関係になってしまったことの辛さも含め、名状しがい思いにかられていたのであろう。

勿論、この浜田と高橋の怒鳴り合いで四〇日抗争が終結するわけはなく、一一月六日の衆議院本会議では大平と福田が首班指名を争う異例の事態になる。上位二人が対峙した決選投票の結果、大平は新自由クラブの支持も得て、福田の一二一票を大幅に上回る一八八票を集めて勝利する。

現職閣僚だった渡辺美智雄は所属派閥である中曽根派の方針に反し、二度にわたって大平に投票したため、中曽根派を除名されることになる[68]（のちに一九八三年一二月に復帰）。

一一月九日、第二次大平内閣は大平派、田中派、福田派、三木派にまたがる派閥均衡の形をとって成立する。ただし、三木派からは大平寄りの人物を入閣させる一方、三木と対立していた後藤田正晴（田中派）を自治大臣に就任させるなど、個人的な人間関係が際立っており、政策本位型とはほど遠い組閣人事であった。[69]

いずれにせよ、大平と福田の確執が消えることはなく、自民党にとって累卵《るいらん》の危うさを呈したのが四〇日抗争であった。自民党分裂を避けるため、大平が総理大臣として国務に専念する一方、福田が総裁として党務を司る総理・総裁分離論が登場したのもこの時期である。首相候補を一本化できなかったことに党内対立の深刻さがうかがわれる。

ハプニング解散

一九八〇（昭和五五）年五月一六日、社会党は衆議院本会議で大平内閣不信任案を提出する。この不信任案は三木派や福田派など、反主流派の自民党議員六九名が欠席したことで可決され、同月一九日、大平は衆議院解散に踏み切る。世に言う「ハプニング解散」である。当時、中曽根派も反主流派に位置していたが、不信任案の採決前に反主流派を離脱することになる。

福田派代議士だった亀井静香によれば、反主流派は議員会館内の会議室で集会を開き、大平内閣を退陣に追い込むため、採決を欠席しようと息巻いていた。中曽根もこの集会で、「君たちのやっていることは正しい。いい決心だ」と演説するが、議場に入るなり、不信任案に反対票を投じている。亀井は、「中曽根さんの変節ぶりに派内は皆唖然としていた。おそらく、次期総裁を睨む中曽根さんからすれば、大平さんを支える田中派に恩を売ろうと思っての行動だったのだろう」と述べている。[70]

一方、中尾栄一は中曽根派の一員でありながら、反主流派の議員たちと同じく本会議を欠席している。元秘書・松尾篤は筆者の取材に対し、「中尾先生は中曽根と福田の両方とうまく付き合い、尊敬していた。四〇日抗争の頃から、中尾先生は右も左も関係なく、ひたらす国益を意識するようになっていた」と述べている。[71] この時、中尾が中曽根と別行動をとったのは、大平内閣を支えているのが田中である以上、不信任案に反対票を投じることは自らの信念に照らして絶対にできなかったからである。

当初、このハプニング解散に伴う総選挙は自民劣勢と思われていたが、五月三一日に大平が狭心症により緊急入院し、六月一二日に死去すると、風向きは大きく変わっていく。大平死去に伴い、野党が政権批判を自粛するためである。六月二二日、第三六回衆議院議員総選挙と第一二回参議院議員選挙が同時実施され、自民党は衆議院で二八四（のちに追加公認で二八七）、参議院で六九（のちに追加公認で七九）の安定議席を確保することになる。

なお、大平は首相就任後、有識者を集めて複数の「政策研究会」を組織し、緊縮財政、自由貿易、規制緩和など、グローバリズムに立脚した政策を基本方針に据えていた。この路線は大平亡き後も、平成以降に至るまで影響を及ぼすことになる。(72)

大平内閣期に発足した政策研究会のうち、京都大学教授・高坂正堯、平和・安全保障研究所常務理事・久保卓也ら「総合安全保障研究グループ」により具体化されるのが「総合安全保障」という概念である。これは軍事的側面にとどまらず、政治や経済など、多面的な角度から安全保障を捉えようとするものであった。大平の安全保障政策はこの「総合安全保障」という概念に立脚していたが、大平の死去により、現実の政策に活かされることはなかった。(73)

小林興起が見た中川一郎

一九八〇年七月一五日、宏池会を継承した自民党総務会長・鈴木善幸が副総裁・西村栄一の指名に基づき新総裁に選出される。一七日成立の鈴木内閣に中川一郎は科学技術庁長官として入閣する。

この年六月に執行された衆参同日選挙後、自由革新同友会は二七名の規模に発展していたが、福田派や中曽根派との重籍者を除いた純然たるメンバーは一三名であり[74]、到底政局を左右するほどの力はなかった。

この鈴木内閣期、自民党憲法調査会の活動が再開されるものの、現行憲法施行から三〇年以上が経過していた中、国民主権、平和主義、基本的人権の尊重といった基本原則を見直すことには消極的空気が強かった。このため、結党時に掲げられた自主憲法制定を議論する雰囲気にはなかった[75]。

なお、鈴木内閣には渡辺美智雄が大蔵大臣、藤尾正行が労働大臣として入閣しているが、すでに両者の関心は青嵐会の理念とは別のところにあった。渡辺は大蔵大臣として新紙幣の改刷準備に取り組み、発表直前まで鈴木に伝えないという、徹底した情報保全で臨んでいる[76]。元秘書・稲葉卓夫は、「この時期には青嵐会的なもの、主張はありませんでした。厚生大臣が最初でしたが、国務大臣になれば国益、国民本位の政策が最優先ですから政治行動に青嵐会的なものはむしろ弊害になります。各大臣の時も公務優先でした」と述べている[77]。藤尾の元秘書・福地義行も筆者の取材に対し、「初入閣でしたが、当時は青嵐会のようなことは言っていませんでした。むしろ労使のことに重みを置いて大

2022年10月31日、新党やまと事務所（東京都千代田区）で筆者の取材に応じた小林興起。

臣としての職務に専念していました」と証言している[78]。

のちに一九八一（昭和五六）年一一月の内閣改造により森下元晴（中曽根派）が厚生大臣として入閣するが、管見する限り、青嵐会在籍時のような主張や行動をした記録はない。

では、この一九八〇年代初期、中川は後進に何を伝えようとしていたのか。第一次小泉内閣財務副大臣を務め、現在、新党やまと代表として永田町の十全ビルに事務所を構える小林興起（一九四四年生まれ）が筆者の取材に応じてくれた。

小林は一九六六（昭和四一）年に東京大学法学部を卒業し、通商産業省に入省している。父の意向により早くから政治家を志し、官僚生活はそのステップと位置付けていた。中川派で人材を探しているとの話を知人から聞き、一九八一（昭和五六）年、十全ビルにあった中川の事務所を訪ねている。

そこで中川は、「優秀な官僚出身なら、政策はできる。政治家になってから活躍できる。だけど、お前には地盤、看板、カバンがない。そのためには俺が面倒を見るけど、努力が必要だ。スポーツの才能がある人がオリンピックに出たいと思ったら、ものすごい努力が必要なのと同じだ。政治家もオリンピック選手になるようなつもりで選挙運動が必要だ。お前にそれができるか」と尋ねる。その場で努力を誓った小林に対し、中川は、「俺がすべて教えるから、滅茶苦茶に努力しろ」と述べる。そして、中川自ら通産省の官房長に電話を入れてくれたおかげで、翌年、小林は中小企業庁サービス業振興室長を最後にして円満に退職する。

中川は小林の前で青嵐会当時の話をすることはなく、ひたすら選挙運動のこと、特に地元である練馬区の中小企業の取りまとめを指導した。「中川先生はたとえ一〇名以下の会合でも来てくれ、『小林を頼む』と言ってくれました。その時、中川先生はものすごく忙しく、人気もあって、約束した時間に遅れてくることもありました。先生は人の応援に行くと夢中でやるので、予定時間をオーバーしちゃうんです。しかし、私たちが待っていると、必ず来てくれて、『遅れて悪かった。お待たせして申し訳ない。小林を頼む』と言っていかれましたね。先生は自分で拾った人間のため、会合がいっぱいあっても、お願いすれば必ず来ていただきました。これが親分と子分の関係なんだとね。そうすると、親分のために尽くそうと思いますよね」、「金のない新興派閥の指導者だったが、人の面倒をよく見る人だった。本当は田中派に入って田中角栄の跡を継ぐべき人材だった」というのが小林の評価である。(79)

第三節　一九八二年の自民党総裁選挙

「スルメになるな」

一九八二（昭和五七）年一〇月一二日、鈴木善幸は目前に迫っていた自民党総裁選への再出馬を辞退し、新しい指導者の下での人心一新を図ることを表明する。これにより自民党内の各派閥は後継総裁擁立に向けて動き出していく。

同月一六日、科学技術庁長官・中川一郎（中川派）、行政管理庁長官・中曽根康弘（中曽根派）、通商産業大臣・安倍晋太郎（福田派）、経済企画庁長官・河本敏夫（河本派）の四者が立候補を表明する。

中川が総裁選出馬の意思を表明したのは八月三一日、沖縄で開かれた自由革新同友会の研修会である。当時秘書だった鈴木宗男によれば、中川は沖縄に出発する当日の朝、世田谷区野沢にある福田赳夫邸に挨拶に出向いていた。この時、福田は「総裁予備選やるべし」と主張することはかまわないが、「君自身が総裁予備選に出る、なんてことは言っちゃいかん。煙だけ上げろ」と釘を刺していた。中川は沖縄に向かう飛行機の中で長谷川四郎や石原慎太郎から出馬を促された際も、慎重な構えを崩していなかった。ところが、沖縄の旧海軍司令部壕で太田実中将の電文「沖縄県民斯ク戦ヘリ県民ニ対シ後世特別ノ御高配ヲ賜ラムコトヲ」と刻まれた慰霊碑を見たことで気分が高揚し、出馬の意思を固めることになったのである。(80)

ただし、この時点で政界の反応は冷ややかであり、官房長官・宮沢喜一は「あの人は天下御免の旗本退屈男だからね」と語り、自民党幹事長・二階堂進に至っては「たった四人や五人で何が出来るのか」と述べていた。(81)

田中角栄は鈴木が退陣を表明した段階で中曽根を後継総裁として擁立する意思を抱いていたが、田中派内部には中曽根を支持することへの異論もあった。「中曽根は信用できるのか」と不満を述べる金丸信に対し、田中は「ほかに誰がいるか。いないじゃないか。心配するナ。中曽根はボロみこしだ。わるさをしたら放り出せばいい」と答えていた。こうして田中派の大勢は中曽根支持に固まっていくことになる。(82)

なお、当時の自民党総裁選挙規則では候補者が三名以内であれば、全国規模での総裁予備選は実施せず、国会議員だけの選挙のみで可ということになっていた。このため、中曽根は石原に電話で、「候補者三人で、議員だけによる選挙となってみんな余計な労力を費やさずにすむ」ためにも「君から説得して彼［中川］を降ろしてくれたまえよ」と依頼するが、石原は拒否している。(83)

一〇月一九日には伊藤忠商事会長・瀬島龍三（元関東軍参謀・陸軍中佐）が中曽根の使者という名目で中川に接触している。瀬島は中曽根内閣成立の暁にはどんな閣僚ポストも用意するとして、出馬辞退を求めるが、中川は「予備選はオレが作った制度だ。党の活性化のために断じてやる。オレには神様がついているのだ」と述べ、この要求をはねつける。(84)

中川の推薦人に名を連ねたのは長谷川四郎、長谷川峻、石原慎太郎、古屋亨、中村弘海、青木正久、林大幹、高橋辰夫、上草義輝、平沼赳夫（以上、衆議院中川派）、高木正明（参議院中川派）、石原一弥、大塚雄司、鹿野道彦、佐野嘉吉、玉沢徳一郎、塚原俊平、狩野明男、亀井静香、田名部匡省、友納武人、中川秀直、中村正三郎、吹田愰、宮下創平、森清、野上徹（以上、衆議院福田派）、加藤武徳、中村金五、小沢太郎、田中正巳、田原武雄、福田宏一、中村啓一（以上、参議院福田派）、灘尾弘吉、三池信、三原朝雄、中山正暉、近岡理一郎、桜井新、椎名素夫（以上、衆議院無派閥）、玉置和郎、平井卓志、鳩山威一郎、八木一郎、三浦八水、佐々木満、村上正邦（以上、参議院無派閥）、源田実、塚田十一郎（以上、参議院田中派）ら五〇名である。(85)このうち、福田派の二三名は福田が差配したものであり、福田からは名前を貸すだけで、実際に総裁選の応援はしなくていいという約束になっていた。(86)福田の本命は自派の安倍晋太郎であり、本来、中川の出馬は想定していなかったからである。ただし、中曽根と同じくタカ派と目されていた中川が出馬したことで、中曽根に向かうはずの票を分散できると考えていた節もある。

中川は九月一五日、出馬の挨拶という名目で軽井沢の別荘に田中角栄を訪ねている。二人の会話は以下の通りである。

中川「鯉は池の中でジッとしてないといかんですか」
田中「北海道も治められないでいて、おまえは何をいうか」
中川「鯉は池の上にとび上がってはいけないんですか」
田中「鯉は滝登りもするし、とび上がるのもいい」
中川「じゃ、とび上がっていいですか」
田中「いいけれど、とび上がれば必ずしもまた池に落ちるとは限らんよ。草むらにも落ちる。人の歩く砂利道にも落ちる。そこへおれが通りかかれば、池のなかに放り込んでやるけど、誰も通らなければ干乾しになるぞ。魚の干乾しならいいけど、熊の干乾しなんていうのは誰もくわない。スルメになるな」
中川「わかりました」

のちに田中はこのやり取りの真意について、「中川一郎君は自民党きっての逸材であって、国の将来を担う人物だと高く評価していた。だから、春秋に富む中川君が猪突猛進して、自ら政治生命を傷つけることのないよう、『好漢自重せよ』と、そういったんだ」と秘書・早坂茂三に語っている。(87)

浜田幸一も著書で、田中の言葉は「福田の思惑を読めないままに利用され行動している中川一郎の道化師ぶりを、池の鯉にたとえて忠告し、福田の真の戦略を読みとれ」と示唆するものだったと指摘している。[88]

一〇月一六日、中川は十全ビル内の事務所で開催した出陣式で、「政治に対する国民の信頼を取り戻すため、一部の勢力に支配されている自民党の体制を打破、選挙を通じて、真の挙党体制を作るよう頑張っていきたい」と表明している。中川が掲げた主張は、①日米関係を中心とする対外関係の修復、②危機の時代における防衛体制の整備、③現代教育の速やかな改革と家庭崩壊の予防、④高齢化社会への対策、⑤党是としての自主憲法制定、⑥責任政党としての大義と責任を半ば喪失し、派利派欲に陥った自民党の再活性化、⑦挙党体制確立のため、民主的方法である予備選挙の厳正な行使である。[89]④と⑦を除くと、いずれも青嵐会趣意書の内容と重なるところが多い。中川は最後まで青嵐会の思想を抱き続けていた。

さらに防衛費対ＧＮＰ（国民総生産）比一％枠が現状の国際情勢に対応していないことや、核を搭載したアメリカ艦船の寄港容認、教科書検定強化、公務員制度の合理化、天皇・首相による靖国神社公式参拝などの主張を打ち出し、野党や労働団体の間からは「反動政治家」として批判の声が上がる。[90]

しかし、この時の中川陣営には青嵐会以来の二人の同志が不在であった。それが浜田幸一と玉置和郎である。

浜田幸一とラスベガス事件の真相

一九八〇年四月一一日、自民党国民運動本部長だった浜田幸一はロッキード事件公判における検察側陳述を発端にしたラスベガス事件の道義的責任を取る形で議員辞職していた。これは一九七二年に浜田がラスベガスのカジノ「ベネチアン」でバカラゲームに興じ、一五〇万ドル（約四億六〇〇〇万円）の負けを作り、その返済に国際興業社社主・小佐野賢治がロッキード社から調達した二〇万ドルが充当されたというものであった。

当時、木更津の浜田事務所には全国から抗議電話が殺到することになるが、のちに浜田は事の真相を次のように告白している。

もともと賭博癖のない浜田がラスベガスで敢えて負けを作ったのは、ロッキード事件でアメリカから田中に渡った賄賂五億円分を清算することが目的であった[91]。当時、浜田は「日本にいられなくなるほど糾弾されることはしていない」と考えていたが、党内には四〇日抗争の火種がくすぶっており、かつ、国会は与野党伯仲状態であった。このため、国会運営の面で大平に迷惑がかかるのを防ぐため、議員辞職を決断する。青嵐会の一員として「言葉より行動」と主張してきた以上、「私の行動が庶民感覚を超え、政治家の品格を貶めたというのなら、辞職をもってケジメをつけようと思った」ことも辞職理由の一つであった[92]。このようにラスベガス事件は浜田の個人的スキャンダルではなく、実は田中の借りを返すためという密命を帯びたものだった。

中川一郎はのちの対談で、「浜田君もね、思想的によかったし、頭もいいし、情愛もあったんだけれど、まああれ〔ラスベガス事件〕は運が悪かったわね」[93]、「僕は浜幸が好きなわけですよ。彼がああいう事件であああいう事になったら、よけい好きになった。僕はよけい彼に対してしてしたしみを感じてきたね」、「一時期いろんなことがあったけれど、あの事件が起きてからね、特にじっこんにしてね、選挙区に行ったり、何とかもう一回帰って来てもらえると思っているんです」と述べている[94]。

もしもラスベガス事件が発覚せず、浜田が現職代議士のまま、この年の総裁選を迎えていたらどうなったであろうか。ワイシャツの袖をめくり、鼻息荒く中川陣営を仕切る浜田の姿が思い浮かぶ。

玉置和郎の衆議院鞍替え問題

玉置和郎は一九八二年の総裁予備選の際、宗教政治研究会代表として四候補に対して「競合調和」の体制をとることを呼びかけていた[95]。没後刊行された玉置和郎記録編纂委員会編『政党政治家玉置和郎』によれば、玉置の意図は田中と福田の対立解消、および世代交代の促進にあり[96]、将来的には河本総理、中曽根総裁、安倍幹事長、中川を重要閣僚とする線での収拾を考えていたという[97]。このため、中川が総裁予備選にエントリーしても、途中で降りれば予備選は中止となり、ニューリーダー主導の政治に移行できるというのが玉置の基本戦略であったと記されている[98]。

ただし、一九七九（昭和五四）年四月から和歌山県議会議員となり、当時、自民党和歌山県連合会青年部長だった大江康弘の証言はこの正伝とは異なる。大江によれば、玉置が総裁予備選で中川を積極的に支援できなかったのは自らの選挙事情も絡んでいた。すなわち、和歌山県第二区（定数三）では一九六七（昭和四二）年の第三一回衆議院議員総選挙で世耕正隆（田中派）が当選していた。衆議院への鞍替えを希望していた玉置は田中角栄に対して、世耕と自分を入れ替えるように要請していたが、一向に話が進む気配はなかった。

もともと和歌山二区選出の自民党政治家には内務官僚出身であり、三木内閣で労働大臣を務めた早川崇（一九八二年一二月七日逝去）がいたが、後継者を育てていなかった。このため、玉置は慎重な根回しをすることで、地元から玉置出馬の声を作らせようとしていた。その際、内務省で早川と同期であり、親友の間柄だった中曽根の協力も必要であった。

大江は筆者に対し、「玉置が自由革新同友会に参加しなかったのは、中曽根・早川との関係を総合的に判断したためです。中川さんが総裁選に出たときに、玉置が正面切って中川さんのところに行かなかったのは、中曽根さんに対する一つの配慮があったためです。当時、田中角栄さんからも玉置に対し、中川さんとの関係は時間を置くように、との忠告があったと思います。だからこそ、総裁選では明確にどの候補を応援するとは言えなかったんでしょう。でも、心情的には中川さんを支援したかったんだと思います」と述べている。(99)

玉置は中川の推薦人として一〇月一六日の出陣式で、「政局転換のため、憂国愛党の士として、中川君は現代の坂本龍馬として活躍してもらいたい」と挨拶している。(100) 筆者はこの言葉に偽りはなかったと思っているが、大江の証言にあるように、実際の玉置の活動は大きな制約が課されていた。中川の人柄と政治姿勢に強く共鳴しながらも、自らの信念を行動に移せなかったことには忸怩たる思いがあったはずである。

当時の『朝日新聞』によれば、中川陣営は「人気票の上積みで、十五万票も夢ではない」と見込んでいたが、中盤以降は一〇万票にまで目標を下げている。その理由として、「当ては外れたのが、タカ派的なセールスポイント。改憲論や防衛力増強論も『予想外に反応がなかった』と幹部らは嘆く」と伝えている。(101) 中川自身の意気込みに反し、劣勢は誰の目から見ても明らかであった。

中川一郎の焦りと落胆

中山正暉は日中平和友好条約成立後、中川と事実上絶縁していたが、一九六四（昭和三九）年の結婚式で仲人をしてもらった恩義に報いるため、無派閥議員の立場で総裁選の支援に駆け付けていた。ただし、中川に勝算がないことは当時から実感していた。

中山は筆者に対し、「そもそも中川が福田赳夫に乗せられて、総裁選挙に出たのが間違いでした。私はヘリに乗って中川と一緒に大分から青森まで、全国を飛び回ったんです。むなしい話ですよ。みんな、逃げてしまうたんですよ」、「福田が〔総裁選の形式を〕全国選挙に引きずり込むための材料にされたんですよ。それが彼［中川］の悲劇の始まりですよ」と述べている。[102]有力派閥の指導者ではない中川が総裁選に勝利できるはずがないことは明らかであった。

2022年８月10日、大阪市北区内の事務所で筆者の取材に応じた中山正暉。

一一月二四日、晴海の国際貿易センター西館で行われた予備選開票作業の結果は中曽根五五九六七三票、河本二六五〇七八票、安倍八〇四四三票、中川六六〇四一票であった。翌日、日比谷公会堂で行われた第四一回臨時党大会では得票数順に中曽根、河本、安倍の名前が読み上げられるが、予備選で最下位だった中川の名はなかった。この時、中山は前列に座っていた中川の首筋が充血し、「梅干しみたいな色になっていく」様子を凝視している。[103]

この二日後、中川は福田のもとを訪ね、総裁予備選に出馬の際、福田が約束していた福田派議員八名の中川派移籍について話し合っている。ところが、福田が提示したのは、①自由革新同友会に参加していた福田派議員のうち、中川派に移籍させるのは三塚博、亀井静香、国場幸昌、狩野明男の四名のみとする、②中川派は純粋な政策集団にとどまる、③福田派による中川派吸収、という三案であった。②と③は事実上の中川派解散を意味するものであり、到底許容できるものではなかった。[104] 中川が福田の掌中で玩弄されているのは明らかであった。

武部勤は一九八二年の自民党総裁選当時を振り返り、次のように述べている。

僕は北海道でしっかり中川先生の票をまとめようと頑張りました。東京にも行って、決起大会に出ました。しかし、数の力では如何ともしがたいものがありました。三塚さんが自革同の事務局長でしたが、見方によっては裏切られたわけです。それが一番ショックだったんではないでしょうか。私としては推薦人である五〇人の先生方が一生懸命やると信じていました。中川先生は非常に人望もあったし、裏表もなかった。その五〇人の先生方がただ名前を貸しただけとは思いたくなかった。結果として中川先生は敗れましたが、これを土台にして次のための戦略・戦術を考えるべきだと言う人が多かったです。だけど、中川先生は純粋な人だから、失意のどん底に落ち、また地元の有権者・支持者に対して、失望させてしまった申し訳なさや、強い責任感で耐えられなかったのだと思います。[105]

かつて自民党副総裁・大野伴睦の秘書から身を起こし、のちに政界の「ニューリーダー」の一人に数えられた中川にとって、この時ほど、政治の世界が厳然たる数の力と権謀術数に満ちたものであることを実感させられた瞬間はなかっただろう。その意味で、この武部の証言は中川の心境を察する上で余りあるものである。

第四節　祭りの後

中川一郎の自裁

中山正暉は一九八二年の自民党総裁選挙当時、「楽しくて　やがて悲しき　祭りかな」という一句を詠じている。これは松尾芭蕉の句「おもしろうて　やがて悲しき　鵜舟哉」がもとになっている。中山の句には「祭りのときはにぎやかやけど、祭りがすんだら静かな、さみしい世界に戻る」という意味が込められていた。(106) 総裁選という「祭り」が終わった後、中川派からは退会者が相次ぎ、中川一郎は寂寥感に包まれていくことになる。

一一月二七日、中曽根康弘を首班とする新内閣が成立し、中川派からは長谷川峻のみ運輸大臣として入閣する。ただし、中曽根が石原慎太郎に語ったところによれば、「長谷川を入閣させたのは、あくまで、総裁選の時の選挙管理委員長として公正だったから」であった。[107] 同日夜、中川は世田谷区野沢の福田邸で前後不覚になるまで泥酔し、福田に相当の悪態をついている。[108] 自らの入閣もかなわず、かつ、中川派が派閥として扱われない現実は厳しく胸に突き刺さっていたのである。

この年の暮れ、石原は中川派事務所で中川に対し、今後の去就については中川派の長谷川四郎と長谷川峻に相談済みであり、「次には三人してあなたと相談しようといっていたんです」と告げる。しかし、中川は子どものように泣きながら頭を振り、「いやだ、そんなことは絶対にいやだ。みんなが出ていっても俺一人でここに残る」、「なんだろうと俺はいやだ、いやだっ」と大声を上げ、話にならない状態であった。[109]

一二月三〇日夜、ラジオ番組で中川と対談した浜田幸一も、「この夜の中川一郎はそれまで一度も見たことのない憔悴し疲労しきった、生彩のない姿」であり、手の震えが止まらない様子だったと述べている。[110] 中川は政治家としての限界を悟り、精神面で相当の不安定さを来していたと思われる。実際にこの頃の中川はウイスキーの水割りを飲んでも眠ることができず、睡眠薬を服用するようになっていた。[111]

なお、同年一二月、中川は赤坂の料亭に中川派の北海道議会議員を集め、秘書・鈴木宗男を翌年夏の参議院議員選挙に出馬させる意向を示していた。この会合は鈴木からの強い要望に押されたものであったが、出席者全員から反対されていた。[112]

その一人だった武部勤は筆者の取材に対し、「中川先生は北修二さんや農業団体に対して不信感を持っていました。農業団体は色々な人に世話になっているため、八方美人的だと思っていた節がありました」、「北さんは農業団体出身であり、北海道五区の票だけで入っているわけではありません。道議会議員の中には、北さんの大ファンがいました。僕も中川先生に言われて北さんの遊説隊長をやりました。北さんを降ろして鈴木さんに代えろ、というのは次元が違うでしょ、ということです」と述べている。[113]

北修二は北海道空知郡の奈井江町農業協同組合で組合長を務めた元衆議院議員・北勝太郎の次男であり、北海道農協中央会副会長などを経て、一九七七年の第一一回参議院議員選挙で北海道選挙区から自民党公認で初当選していた。鈴木内閣期の一九八一年一二月から一九八二年一一月まで北海道開発政務次官を務め、一九九五（平成七）年に引退するまで、参議院議員を三期務めている。武部が述べるように、北は北海道選挙区の複雑な利害関係の中で議席を得ていた以上、中川派の道議一同が鈴木擁立に反対であったのは当然であった。次回参院選で北を公認候補から外せば、支持母体である農業団体側が反発し、地元に大きな混乱を招くのは必至であったからである。

のちに中川貞子夫人は一九八五（昭和六〇）年発表の手記で、総裁選敗北後の中川を最も苦しめたのは鈴木宗男との関係だったと述べている。鈴木による参議院議員選挙出馬の意向は年末に一旦立ち消えになっていたが、中川と鈴木の間に気まずさは残っていた。

一九八三（昭和五八）年元旦の夜、中川は新宿区中落合の自宅で、「鈴木、よくも、この俺を刺したな！　お前に、俺は殺された。俺は死ぬしかない」、「お前は、人間じゃない！　よくも長い間、この俺をだましたな」と怒鳴り、鈴木を二、三〇回も殴り続けたという。[114]この描写がどこまで正しいか、筆者はここで断定することはできない。ただし、当時の中川が情緒不安定な状態だったことは、さきに引用した石原慎太郎や浜田幸一の回想と符合するので間違いないだろう。

なお、この日の新年会には小林興起も出席していた。小林によれば、中川に変わった様子を感じることはなく、帰り際、「総裁選は世話になったな。しかし、今年はいよいよ衆議院議員総選挙があるから頑張れよ」と声をかけられており、これが今生の別れとなる。[115]小林が初当選するのは七年後の一九九〇（平成二）年のことである。以後、第二次橋本内閣労働政務次官、第一次小泉内閣財務副大臣などを歴任し、二〇〇五（平成一七）年、郵政民営化法案に反対して除名されるまで、自民党政治家として活動することになる。

中川は新年会から一週間後の一月八日、札幌パークホテルで開催された元秘書である高木正明参議院議員の新年交礼会に出席する。同夜、客室でラーメンを食べた後、睡眠薬を服用して就寝するが、一度起き上がって栄養剤を飲んでいる。ベッドルームに戻り、しばらくして再び貞子に睡眠薬を用意させている。貞子は隣のベッドルームから中川のいびきが聞こえることに安心して眠りにつく。翌日午前七時過ぎ、ベッドルームのドアが僅かに空いていることに気付き、そこで変わり果てた姿の中川を発見する。[116] 浴衣の帯で首を吊った状態であり、搬送先の札幌中央病院で死亡が確認される。

当初、中川の死因は急性心筋梗塞と発表されるが、二日後、自殺と訂正される。この「死因隠し」

札幌パークホテル（札幌市中央区中島公園）（2024 年 7 月 20 日、筆者撮影）

は鈴木宗男と貞子夫人の意向に応じる形で、高木正明が中川の名誉を守るために判断したものであった。[117] のちに高木と札幌中央病院院長・須田義雄はこの年一〇月二〇日、それぞれ虚偽診断書作成教唆罪、同作成罪で札幌地方裁判所に略式起訴され、一〇万円と五万円の罰金刑に処せられる。また、新宿区役所に虚偽の死亡診断書を提出したとして虚偽診断書行使罪で書類送検された中川の秘書・喜多竜一は起訴猶予処分となる。[118]

この中川の死については、死因の変転もあり、当時から数多くの憶測が交わされてきた。のちに朝日放送のドキュメンタリー番組「驚きももの木20世紀」（一九九七年四月一八日放映）に出演した元ソ連共産党中央委員会国際部副部長イワン・イワノビッチ・コワレンコは、中川が総裁予備選に立候補した直後の一九八二年九月一〇日に赤坂の料亭で接触し、中川から「すべての国々と平和関係を持つべきである。特にソ連と平和友好関係を持ちたい」という方針を聞いたと述べている。番組ではコワレンコと中川の会談内容が駐日ソ連大使館からクレムリンにも暗号電信で報告されていたことや、CIA（アメリカ中央情報局）が中川の死に関与した可能性があるかのように伝えている。

しかし、これは当時のコワレンコが対日工作活動の内容を本国に過大に報告していただけであり、ソ連が中川を首班とする親ソ政権樹立を本気で考えていたわけではない。コワレンコは青嵐会の「プログラム」（趣意書）に示された自主独立路線から日米離間を思いついたように述べているが、青嵐会はその三年前に消滅している。中川は総裁選に立候補した際、日米関係重視の姿勢を明確に表明しているので、コワレンコによる接触は探りを入れた程度と見るべきだろう。予備選で惨敗した中川をCIAがわざわざ暗殺する理由などない。(119)

筆者の取材に対し、関係者の多くは中川の人懐こさに加え、何事にも気配りを欠かさなかった繊細な人柄を証言している。そこに総裁選の過密スケジュールが心身の負荷として加わり、晩年の中川は双極性障害（躁うつ病）に苦しんでいたように思われる。予備選で最下位に終わった上、福田から派閥解消を迫られ、入閣枠からも外された屈辱は察するに余りある。さらに鈴木の参院選出馬の動きが重なったことで、中川の心労は計り知れないものになっていたはずである。こうした複合的な事情が自殺の動機になったと考えるのが自然だろう。

中曽根内閣に見るポピュリズム

一九七〇年代の歴代内閣と異なり、一九八二年成立の中曽根内閣は五年の長期政権となる。その背景の一つは日米関係にあった。

一九七九年、ソ連のアフガニスタン侵攻により、それまでのデタントは終焉し、米ソ関係は「新冷戦」の段階に突入していた。

一九八一年にレーガン共和党政権が成立すると、アメリカはそれまでの防衛費増額要求といった形での対日批判を抑制する。代わって、日本を欧米諸国並みに扱うことで新冷戦に対処する方針をとる。[120] これに対し、中曽根内閣は一九八五年のプラザ合意や、一九八七（昭和六〇）年における防衛費対GNP比一％枠撤廃の閣議決定など、広い意味での対米協調路線を展開していく。アメリカとの関係が政権維持の上で重要な意味を持つと認識していたからである。

この中曽根内閣については、今でも戦後保守政治を代表する政権と評価する向きが強いが、筆者はそうした見方に賛同できない。

そもそも中曽根康弘が総裁選に勝利できたのは田中派の支援によるものであり、その結果、内閣・党役員人事において田中派の影響を色濃く残すことにある。[121] かつて中曽根は民主党・改進党代議士時代、当時の首相・吉田茂と安全保障問題をめぐって激しく対決し、「青年将校」の異名をとっていた。右翼・民族派勢力からは改憲論者として期待されていたが、[122]政権発足当初から憲法改正には慎重姿勢をとり、自衛隊合憲論と「専守防衛」原則で対処する。

この専守防衛は日本の防衛力の質的・量的限界を前提とする点で憲法第九条と一体の関係にあり、以後、安全保障における中核的な基本政策として機能することになる。[123]中曽根内閣は憲法改正の政治日程化を退けて新冷戦に対処したのであり、決して憲法改正論議を前進させるものではなかった。[124]

蒲島郁夫の研究によれば、自民党の中でも「右翼に属する政治家」と言われた中曽根が首相在任中、その信念を貫徹できなかった理由の一つは「有権者の保守化」が必ずしも個々の政策すべてに対する賛同を意味するものではなかったことにある。一方、行財政改革や公営企業の民営化はイデオロギー的性格がない上、一九七〇年代後半から高まっていく公務員、公営企業労働者への反感により、多くの有権者から支持されやすいものであった。その意味で、「中曽根政治の誇りうる業績は、その信念を掲げてのリーダーシップの結果というよりも、国民の世論に沿ってそれを成功に導いたという政治技術の結果」であった。[125]

早い段階で改憲論を撤回し、世論の支持を得やすい政策で実績をアピールすることを選択した点で、中曽根内閣はポピュリズム的な性格が強かったと言えるだろう。

中曽根政治が残した禍根

一九八三（昭和五八）年一〇月一二日、東京地裁はロッキード事件をめぐって田中角栄に対し、追徴金五億円・懲役四年の有罪判決を下す。これを受け、中曽根康弘は閣議決定に基づき、一一月二八日に衆議院を解散する。所謂「田中判決解散」である。一九七〇年代後半以降、自民党の党勢は復調傾向に入っていたが、「田中判決選挙」にあたる一二月一八日執行の第三七回衆議院議員総選挙は政治倫理が前面に押し出された結果、自民党の大敗に終わる。(126)

自民党が確保できたのは解散時二八六議席から三六議席減の二五〇議席にとどまり、比較第一党に落ち込む。かたや無所属で出馬した田中は二二万七六一票を集め、新潟県第三区で首位当選している。また、解散時一〇一議席、三四議席であった社会党と公明党はそれぞれ一一二議席、五八議席に伸張している。

この惨憺たる結果を受け、自民党は一二月一九日に保守系無所属の鈴木宗男（北海道第一区）、額賀福志郎（茨城県第一区）、尾身幸次（群馬県第一区）、戸塚進也（静岡県第一区）、熊谷弘（静岡県第三区）、鍵田忠三郎（奈良県全県区）、東力（和歌山県第二区）、衛藤征士郎（大分県第一区）ら八名を追加公認し、辛うじて過半数割れを回避する。そして、二三日には党最高顧問会議が開催され、田中角栄の政治的影響力を一切排除する旨の総裁声明が発表される。

さらに中曽根は二六日に新自由クラブ代表・田川誠一と会談し、衆議院における統一会派「自由民主党・新自由国民連合」の結成で合意する。翌日、連立政権としての第二次中曽根内閣が成立し、田川が自治大臣兼国家公安委員長として入閣する。

もともと新自由クラブは野党共闘による中曽根内閣打倒、河本敏夫を首班とする連立政権樹立を目指していた。しかし、中曽根が田中批判の総裁声明を発表したことに伴い、三木武夫が河本擁立運動から離脱していた。その結果、山口敏夫が中曽根との間で連立に向けた交渉に動き、田川の入閣が実現されたのである。[127] こうして中曽根は新自由クラブを取り込むことで二六七議席という安定議席を確保し、政権延命に成功する。それは同時に、憲法改正を政治目標から可能な限り遠ざけることを意味していた。

また、中曽根内閣は対外政策の面でソ連と対立する中国との関係を重視していた。その結果、一九八五年八月一五日の靖国神社「公式参拝」問題以降、対中宥和路線に大きく傾斜したことも長く禍根を残すことになる。

のちに中曽根は中国共産党総書記・胡耀邦が「とても馬があう政治家で、家族ぐるみのおつきあいをする仲だった」が、自らの靖国神社参拝が中国内部で批判を招き、「胡総書記が、保守派の企てによって追放されそうになっている」との情報に接した。このため、「私は翌年から靖国神社参拝をやめた」とし、「風見鶏」と揶揄する声に反論している。[128]

しかし、胡耀邦は中曽根による靖国神社参拝見合わせと関係なく、中国共産党内部の路線対立により一九八七（昭和六二）年に失脚している。一方、わが国では二〇〇六（平成一八）年の小泉純一郎首相による参拝に至るまで、首相による終戦記念日の靖国神社参拝は途絶えることになる。元東京大学史料編纂所教授・酒井信彦は、中曽根の対応により靖国問題は「中韓から外交カードに使われるようになる」契機になったとし、「外国首脳の人事のために『豹変』したこと自体、重大な失政と言わざるを得ない」と指弾している。[129]

また、一九八六（昭和六一）年五月、「日本を守る国民会議」（現在の日本会議）編集の原書房版『新編日本史』が教科書検定の内閲本審査を通過し、韓国のメディアや中国外交部の反発を招くと、文部省側は中曽根の指示に基づき、執筆者に対して記述内容の修正を求める。その結果、『新編日本史』は満洲国建国についての部分で「王道楽土」を削除し、南京事件に「大虐殺」を加筆することで検定に合格する。[130]この第二次歴史教科書問題は過度の外交的配慮に基づき、首相自らが検定過程に介入することで、教科書検定の中立性を揺るがした大事件であった。五年間の中曽根長期政権はアメリカとの同盟関係強化という点では成果を残したが、憲法問題や対アジア外交への取り組みを見る限り、決して保守政治に徹していたわけではなかった。[131]

かつて青嵐会代表世話人に名を連ねた藤尾正行は自民党政調会長（一九八三～一九八六）在任中、山本之聞に対して、「中曽根は国士面しているが、口だけで、本気で憲法改正をするつもりはない」と述べていたという。[132]

その藤尾は第三次中曽根内閣文部大臣在任中、月刊誌『文藝春秋』一九八六年一〇月号のインタビュー企画「〝放言大臣〟大いに吠える」で、「韓国併合」には韓国側にも責任があると発言したことが問題視され、同年九月九日にその地位を追われる。[133] 藤尾発言が韓国側を非常に刺激したことから、中曽根は「藤尾を辞めさせせなければ、対外的にうまく関係修復はできない」と考え、罷免を即断する。最終的には藤尾が提出した辞表を中曽根が受理する形になったが、「対外的には罷免されたような印象」を与えることになった。[134] この出来事は歴史認識問題が国務大臣罷免権（憲法第六八条二項）の理由たり得ることを示した最初の事例であった。

第五節　政策集団青嵐会はなぜ消滅したか

米中接近も含め、日本を取り巻く国際環境が大きく変化していた一九七〇年代前半、青嵐会は田中内閣成立時に高まった中国ブームを牽制し、かつ、自民党政治を党内から改革するために誕生した。すでに「政治の季節」から「経済の季節」に移って久しい中、自立した主権国家の在り方を正面から追求し、憲法問題は保守基軸を形作るシンボルの一つになる。

青嵐会メンバーの共通認識は、主権を喪失した占領下に現行憲法が制定された事実と自衛隊が憲法上の根拠を欠いて違憲状態にあることの二点であった。加えて、諸外国の公正と信義に依存するという現行憲法前文の恒久平和主義を非現実的とし、共産主義に対抗する形で自由民主主義体制の擁護を主張するなど、権力政治論的な国際政治観を前提にしていた。さらに第二章以降で紹介したように、台湾が日本の安全保障の上で果たす重要性を強く訴えていた先駆性は高く評価されるべきである。

この一九七〇年代は自民党内での憲法論議が低調であった一方、復古的改憲論に代わる新しい改憲論の可能性が模索された時期であった。その状況下にあって、青嵐会は国家観、国防・安全保障、権利と義務の相対化など、広い面から憲法の在り方を問い、ナショナリズムの結集を呼びかけた点で異彩を放っていた。その運動の国内的背景には、革新勢力の躍進と「民主連合政府」誕生への危機感、河野グループへの対抗意識、三島事件の衝撃などが挙げられる。特に「保守の危機」をもたらした経済偏重路線や派閥政治の弊害に鑑み、立党の精神への回帰を打ち出した点は重要な意味を持つ。一九五五年の自民党政綱に現行憲法の自主的改正と自衛軍備の確立が明記されていた事実に鑑みれば、青嵐会こそ、戦後保守政治の理念を最も明確に表明した集団であったことになる。

そして、青嵐会の憲法、外交・安全保障認識を同時期自民党の派閥指導者、特に改憲論者だった中曽根康弘と比較すると、いくつかの興味深い相違点が分かる。中曽根が執行権強化を意図して首相公選論を提唱したのに対して、中山正暉は議院内閣制の構造に抵触する首相公選制を非現実的と考えていた。しかも革新政党が躍進する中で首相公選制を導入すれば、政局の不安定化は避けられない。

海外に目を向けると、イスラエルでは一九九二(平成四)年制定の首相公選法に基づき、その四年後から首相公選制が実施されたが、首相を支持する政党と議会多数派がずれる状態を生み出した。加えて、首相の依存する少数政党が外交面で首相と異なる路線をとっていたことから政策の遅滞を招き、二〇〇一(平成一三)年、イスラエル議会は首相公選制の廃止を決定した。[135] 現行憲法下の首相が戦前の内閣制度よりも多くの権限を有している点を踏まえ、その首相に事故があった場合を想定していた中山のほうが危機管理上、重要な問題提起をしていたと言えるだろう。

また、青嵐会は日米安保体制を基軸として日本の安全保障政策を構築しようとしていた点で中曽根と共通していた。ただし、「青嵐会の外交の基本政策」のほうが自衛隊の国連軍参加など、国連の安全保障措置への積極的関与を目指していた。中曽根が現行憲法下でも自衛隊のPKF(国連平和維持軍)および多国籍軍への参加、集団的自衛権の行使が可能と解釈していたのに対して、[136] 青嵐会は憲法改正と集団安全保障をめぐる問題を同じ次元で捉えていたことに違いが認められる。

このように青嵐会の主張は半世紀近く経過した今日にあっても、改めて精読すべき価値を持ったものが少なくない。ただし、青嵐会の参加者や院外勢力の思惑は様々であり、田中内閣後半期から足並みが乱れ始める。「三木おろし」の前哨戦とも言うべき政府主催憲法記念式典糾弾国民大会など、政局に左右された行動が目立ったのも特徴である。そして、日中平和友好条約が外交日程化していく中で分解していく。

以上の歴史が示すのは、中選挙区制を背景にした派閥全盛時代にあって、派閥を超える政策集団を作り出すことの難しさである。中山は、「青嵐会は福田派の別動隊であり、角福戦争の落とし子だった」と評した上で、「中川一郎一人をトップにすべきだった。他に四人をトップにしたのが失敗だった。みんな派閥の意向でバラバラになった」ことを失敗の要因として挙げている。[137] 平沼赳夫も筆者に対し、青嵐会は「中川先生に加え、中尾栄一先生、渡辺美智雄先生、湊徹郎先生、玉置和郎先生らが要職に就き、派閥の力に引っ張られた結果、求心力がなくなった」と述べている。[138] メンバーの大半が出身派閥の論理を優先した結果、青嵐会は趣意書の内容を実現できずに幕を閉じたのである。

そもそも青嵐会が掲げた主張のうち、自主憲法制定、反共、自主防衛、道義精神の発揚と唯物主義批判はもともと中曽根派の主張であった。中曽根派からは多くの議員が青嵐会に参加するが、中曽根の去就に左右される面が強く、他のメンバーと積極的な共同行動をとることができなかった。一九八〇年代の中曽根長期政権が一九七〇年代における青嵐会の思想と運動を切り離して実現されたことは、戦後日本政治史と憲法問題をたどる際に留意すべき事実である。

（1）今井久夫『反骨の宰相候補中川一郎』（経済往来社、一九七九年）一二〇頁。
（2）中尾栄一・細川隆一郎・中谷武世「国防問題を中心に（座談会）」（『民族と政治』一九七七年二月号）二九頁。
（3）これについては、渡辺美智雄「反・医師優遇税制論」（『諸君』一九七八年三月号）を参照。
（4）二〇二三年三月二三日、東京都千代田区内でのインタビュー。

（5）麻生良方「〝看板〟石原慎太郎も浮き上がった『青嵐会』四年目の正体」（『週刊サンケイ』一九七七年二月一七日号）三八～三九頁。なお、この記事三九頁では藤尾正行の「現役職」を「党文教常任委員長」と記載しているが、衆議院文教委員長の誤りである。
（6）二〇二〇年二月二七日、東京都内でのインタビュー。
（7）二〇二〇年五月二二日、電話でのインタビュー。
（8）鹿島平和研究所編『日本外交主要文書・年表』第三巻（原書房、一九八五年）五九四頁。
（9）富森叡児『戦後保守党史』（日本評論社、一九七七年）一四〇頁。
（10）鹿島平和研究所編『日本外交主要文書・年表』第三巻（原書房、一九八五年）五九四頁。
（11）これについては、竹内桂『三木武夫と戦後政治』（吉田書店、二〇二三年）五九四～五九五頁を参照。
（12）中尾栄一「極東情勢と日韓日中関係の基本」（『民族と政治』一九七五年九月号）三六～三七頁。
（13）福田赳夫『福田赳夫回顧録』（岩波書店、一九九五年）二二七～二二八頁。
（14）五百旗頭真監修『評伝福田赳夫―戦後日本の繁栄と安定を求めて―』（岩波書店、二〇二一年）五七六頁。
（15）衆議院・参議院編『議会制度百年史　国会史』下巻（大蔵省印刷局、一九九〇年）二〇〇頁。
（16）石原慎太郎・中尾栄一・中谷武世「日中問題を更めて俎上に（対談）」（『民族と政治』一九七八年六・七月号）一九頁、二六頁。
（17）中山正暉「日中条約を点検する―良識派の若手政治家の義憤―」（『月刊カレント』一九七八年一二月号）一一～一二頁。社会主義国との善隣友好条約の危険性については、中山正暉『わかりやすいソ連史―脅威の検証―』（日本工業新聞社、一九八二年）二七四～二七六頁でも示されている。
（18）二〇一九年八月二四日付・菅谷幸浩宛中山正暉書翰。なお、この時期の『朝日新聞』朝刊の首相動静を調査したが、首相官邸での意見陳述会の日時は特定できなかった。当時の官邸サイドが国会運営に与える影響に鑑み、メディアには一切伏せた形で行われたと思われる。
（19）服部龍二『日中国交正常化―田中角栄、大平正芳、官僚たちの挑戦―』（中央公論新社、二〇一一年）一九二頁。
（20）同前二〇二頁。なお、中川一郎も『国会通信』第七一二号（一九七三年七月五日）の取材に対し、「本来からいえば、日中国交正常化は法律違反である、日華条約を国会の承認を得ないで廃棄することはできないのである。条約の改廃については国会の承認を必要とする」と述べていた。
（21）これについては、浅野和生「日本と台湾の『国交』を超えた絆の構築」（浅野和生編〈日台関係研究会叢書9〉『「国交」を超える絆の構築』展転社、二〇二二年）二三～二八頁を参照。
（22）前掲『日本外交主要文書・年表』第三巻、一〇一〇頁。
（23）二〇一九年八月一四日、兵庫県芦屋市内でのインタビュー。
（24）リチャード・ニクソン（宮崎正弘訳）『リアル・ピース』（KKダイナミックセラーズ、一九八四年）二五頁。
（25）同前二三頁、一五八頁。
（26）「第八五回国会衆議院外務委員会議録第三号」（国立国会図書館「国会会議検索システム」、https://kokkai.ndl.go.jp/#/detail?minId=108503968X00319781016&current=1）。
（27）二〇一九年八月一四日、兵庫県芦屋市内でのインタビュー、二〇二一年四月一六日付・菅谷幸浩宛中山正暉書翰。
（28）石原慎太郎「日本人の思考方式の転換」（『民族と政治』一九七八年二月号）三三頁。
（29）石原慎太郎『国家なる幻影―わが政治への反回想―』（文藝春秋、一九九九年）三八〇頁。
（30）浜田幸一『石原慎太郎君へ　キミは「NO」と言えない』（ぶんか社、一九九九年）二二頁。
（31）二〇二一年四月一六日付・菅谷幸浩宛中山正暉書翰。
（32）二〇二二年八月一〇日、大阪府大阪市内でのインタビュー。
（33）前掲『石原慎太郎君へ　キミは「NO」と言えない』二一頁、二〇二一年四月一六日付・菅谷幸浩宛中山正暉書翰。
（34）二〇二二年三月二五日、東京都千代田区内でのインタビュー。
（35）二〇二三年三月二三日、東京都千代田区内でのインタビュー。
（36）二〇一九年八月一四日、兵庫県芦屋市内でのインタビュー。
（37）中尾栄一「迎合ムードの下で日中条約を結んではいけない」（『民族と政治』一九七七年一一月号）四一頁。
（38）福永文夫「一九七〇年代の日本の政治的・外交的再編」（同編『第二の「戦後」の形成過程―一九七〇年代日本の政治的・外交的再編―』有斐閣、二〇一五年）二四頁。
（39）前掲『評伝福田赳夫』五八五頁。
（40）石原慎太郎「日中条約後のアジア情勢」（『民族と政治』一九七八年一一月号）四七頁。

（41）同前四九頁。
（42）前掲『私の田中角栄日記』一六五～一六八頁、増山榮太郎『角栄伝説―番記者が見た光と影―』（出窓社、二〇〇五年）二一一～二一三頁。
（43）浜田幸一『弾丸なき抗争―権謀術数に生きる男の戦い―』（KKベストセラーズ、一九八三年）五〇頁。
（44）河内孝『血の政治―青嵐会という物語―』（新潮社、二〇〇九年）一七六～一七七頁。
（45）前掲『国家なる幻影』三〇三～三〇四頁。
（47）二〇二一年九月二八日、メールでの回答。
（48）二〇二三年一二月九日、東京都新宿区内でのインタビュー。
（49）『国会通信』第八七七号（一九七八年一二月五日）。同紙は毎月五の付く日に発行されていたので、この日付になっている。
（50）「自由革新同友会（中川派）が発足―自民党の革新と政治の再興を期して―」（『経済時代』一九七九年六月号）三八～三九頁。
（51）中川一郎「厳しい内外情勢への対応と党改革の推進―自民党の実態と私共同志の基本的立場について―」（『民族と政治』一九七九年七月号）二三頁。
（52）今井久夫「中川一郎と自革同」（今井久夫編『明日に挑む行動集団―自革同と中川一郎―』経済往来社、一九八一年）四三〇頁。
（53）前掲『弾丸なき抗争』五一頁。
（54）内藤國夫『悶死―中川一郎怪死事件―』（草思社、一九八五年）九九～一〇〇頁。
（55）同前八六頁。
（56）大泉一紀『人間・渡辺美智雄―待望久しい庶民派宰相への道―』（すばる書房、一九八七年）一八八～一九〇頁、前掲『国家なる幻影』四二六～四二七頁、前掲『血の政治』一九一頁、吉田修『自民党農政史（一九五五～二〇〇九）―農林族の群像―』（大成出版社、二〇一二年）二〇一頁。
（57）渡辺美智雄『「新世界国家」をめざして―わが日本の創造的改革―』（一九九一年）。
（58）自由広報センター企画・編集『愛と熱意と信念のあるところ　必ず道は開かれる』（武部勤政治活動三〇年・国会活

動一五年記念誌刊行委員会、二〇〇一年）三二頁、大下英治『武部勤の熱き開拓魂』（徳間書店、二〇〇五年）一五四頁。
（59）二〇二三年八月七日、東京都千代田区内でのインタビュー。
（60）堀幸雄『戦後の右翼勢力』増補版（勁草書房、一九九三年）二二五～二二八頁、玉置和郎記録集編纂委員会編『政党政治家玉置和郎』（学習研究社、一九九八年）二三七～二四一頁。
（61）前掲『評伝福田赳夫』五一二～五一三頁。
（62）福永文夫『大平正芳―「戦後保守」とは何か―』（中央公論新社、二〇〇八年）二四七～二四九頁。
（63）浜田幸一『YUIGON―もはや最期だ。すべてを明かそう。―』（ポプラ社、二〇一一年）五九～六一頁。
（64）高橋辰夫『日本・北海道を思う―中川一郎の政治と理念に学ぶ―』（須田製版、一九九九年）七〇頁。
（65）同前一〇〇～一〇二頁、前掲『武部勤の熱き開拓魂』一四五～一四六頁。
（66）月刊クォリティ特別取材班『検証・中川一郎の虚実』（太陽、一九八八年）一一五～一一七頁。
（67）前掲『日本・北海道を思う』一二七頁。
（68）大泉一紀『人間・渡辺美智雄―待望久しい庶民派宰相への道―』（すばる書房、一九八七年）七二頁。
（69）北岡伸一『自民党―政権党の三八年―』（読売新聞社、一九九五年）一九〇～一九一頁。
（70）亀井静香「亀井静香の政界交差点　第七九回　藤尾正行―福田赳夫に生涯を捧げ中曽根康弘を一喝した男―」（『週刊現代』二〇二〇年一一月一四・二一日号）七七頁。
（71）二〇二三年三月二四日、東京都千代田区内でのインタビュー。
（72）三橋貴明『自民党の消滅』（KKベストセラーズ、二〇一九年）四一～四三頁。
（73）佐道明広『自衛隊史―防衛政策の七〇年―』（筑摩書房、二〇一五年）一五七～一六二頁。ちなみに新自由クラブは総合安全保障という観点から、特に食糧・エネルギー安全保障、経済外交の重要性を提起していた（新自由クラブ編『我々の基本理念―新しい自由社会を創るために―』新自由クラブ事務局、一九七六年、一九～二〇頁。国立国会図書館憲政資料室所蔵「新自由クラブ関係文書」一〇一）。
（74）前掲『検証・中川一郎の虚実』一五五頁。
（75）松藤昭「憲法問題をめぐる諸相―憲法調査会と自由民主党との関係―」（国士舘大学『政経論集』第七号、二〇〇四年）二二三～二二五頁。

（76）伊吹文明・望月公一（聞き手）『保守の旅路』（中央公論新社、二〇二四年）七五～七六頁。
（77）二〇二三年八月一九日、メールでの回答。
（78）二〇二三年八月一三日、電話でのインタビュー。
（79）二〇二二年一〇月三一日、東京都千代田区内でのインタビュー。
（80）鈴木宗男『反乱』（ぶんか社、二〇〇四年）五一～五三頁。
（81）前掲『検証・中川一郎の虚実』一六五頁。
（82）早坂茂三『早坂茂三の「田中角栄」回想録』（小学館、一九八七年）三二六～三二七頁。
（83）前掲『国家なる幻影』四二〇～四二一頁。
（84）前掲『検証・中川一郎の虚実』一七二～一七三頁。
（85）『読売新聞』一九八二年一〇月一六日夕刊。
（86）前掲『弾丸なき抗争』二二二頁。
（87）前掲『早坂茂三の「田中角栄」回想録』三三一～三三二頁。
（88）前掲『弾丸なき抗争』三三三頁。
（89）『読売新聞』一九八二年一〇月一六日夕刊。
（90）前掲『検証・中川一郎の虚実』一五五～一五六頁。
（91）前掲『YUIGON』一二六頁。
（92）同前六五～六六頁。
（93）中川一郎・竹村健一「中川一郎を裸にする（対談）」（前掲『明日に挑む行動集団』）四一頁。
（94）同前四三～四四頁。
（95）前掲『政党政治家玉置和郎』二一三頁。
（96）同前二〇五頁。
（97）同前二一一頁。
（98）同前二〇七頁。

（99）二〇二二年三月二五日、東京都千代田区内でのインタビュー。
（100）『読売新聞』一九八二年一〇月一六日夕刊。
（101）『朝日新聞』一九八二年一一月一九日。
（102）二〇二二年八月一〇日、大阪府大阪市内でのインタビュー。
（103）二〇一九年八月一四日、兵庫県芦屋市内でのインタビュー。
（104）前掲『弾丸なき抗争』四六～四七頁。
（105）二〇二三年八月七日、東京都千代田区内でのインタビュー。
（106）二〇一九年八月一四日、兵庫県芦屋市内でもインタビュー。
（107）前掲『国家なき幻影』四六一頁。
（108）前掲『弾丸なき抗争』四二～四三頁。
（109）前掲『国家なる幻影』四六四～四六五頁。
（110）前掲『弾丸なき抗争』一七頁。
（111）前掲『検証・中川一郎の虚実』二〇九頁。
（112）前掲『武部勤の燃える開拓魂』一六二～一六三頁。
（113）二〇二三年八月七日、東京都千代田区内でのインタビュー。
（114）中川貞子「夫・中川一郎『死の真相』」（『文藝春秋』一九八五年新年特別号）二八四頁。なお、前掲の内藤國夫『悶死』と月刊クォリティ特別取材班『検証・中川一郎の虚実』はこの手記に事実関係の面で複数の問題点があることを指摘している。前者は中川自死の最大要因として夫婦仲の悪さを強調し、後者はロッキード事件をめぐって中川が検察当局から「灰色高官」として捜査対象になっていたことを自死の一因として重視している。また、鈴木宗男「中川一郎先生の名誉のために―今、初めて明かす『自殺の原因』―」（『新潮45』二〇一〇年一一月号）は一九八三年元旦に中川から拳骨が数回飛んできたことはあったが、貞子夫人の手記にある二、三〇回の殴打ではなかったとしている。晩年の中川を最も苦しめたのは全日空からの裏献金問題であり、中川との間では鈴木の次回参院選出馬を見合わせることで円満な解決ができていたと述べている。
（115）二〇二二年一〇月三一日、東京都千代田区内でのインタビュー。

（116）前掲「夫・中川一郎『死の真相』」二八八～二九〇頁。

（117）溝口敦「『中川縊死事件』の検証」（『文藝春秋』一九八五年新年特別号）三〇〇頁。

（118）前掲『悶死』二〇五頁。

（119）イワン・コワレンコ（清田彰訳）『対日工作の回想』（文藝春秋、一九九六年）における説明は「驚きもの木20世紀」の内容とやや異なる。コワレンコによれば、中川政権樹立による日本の中立化・日米離反を目指す構想が実現しなかった理由は、当時のソ連内部では中川のような「右翼反動分子」に接触しても意味がないという考えが大勢を占めていたからであった。中川はコワレンコと会談した際、在日米軍の完全撤退や日ソ軍事同盟締結を主張したが、「この時、すでに相当酒気を帯びていたから、酒の勢いで発言していたのではないかという気もする」と述べている。また、中川の死因としてCIA暗殺説を主張したのは中川・コワレンコ会談を設定したテレビ朝日社員・三浦甲子二であると述べている（二七〇～二七九頁）。

（120）佐道明広『戦後政治と自衛隊』（吉川弘文館、二〇〇六年）一四三頁。なお、一九八〇年代における冷戦構造の展開と日米の防衛戦略については、西村繁樹『SDI・戦略防衛構想―〝スターウォーズ〟とは何か―』（教育社、一九八五年）、同『防衛戦略とは何か』（PHP研究所、二〇一二年）を参照

（121）これについては、石川真澄『戦後政治史』（岩波書店、一九九五年）一五五頁、竹内桂編『三木武夫秘書備忘録』（吉田書店、二〇二〇年）一三九～一四一頁を参照。

（122）これについては、瀬戸弘幸『国士・中曽根康弘先生―昭和維新の志士・戦後初の右翼宰相―』（自由公論社、一九八四年）七～八頁、七六～八六頁を参照。

（123）畠基晃『憲法九条―研究と議論の最前線―』（青林書院、二〇〇六年）一八四頁。元陸上幕僚長・冨澤暉によれば、専守防衛という用語は一九七〇年に佐藤内閣防衛庁長官・中曽根康弘が提唱した「戦略守勢」を起源とし、『防衛白書』同年版を刊行する際、ある一等空佐がわかりやすい表現として発案したという（冨澤暉『逆説の軍事論―平和を支える力の論理―』バシリコ、二〇一五年、二五四頁、同・田原総一朗『矛盾だらけの日本の安全保障―『専守防衛』で日本は守れない―』海竜社、二〇一六年、二九頁）。

（124）当時、自民党全国組織委員会職員だった田村重信は中曽根のタカ派イメージを解消するため、自民党婦人部の活動家研修会で、「外交・安全保障だけではなく、癌の撲滅、花と緑の保護、家族の団欒の大切さなど」を盛り込んだ講演をさ

せた。これを契機として、党員の間で中曽根の人気は高まったとし、「就任直後は不人気だったにもかかわらず、長期政権を築いたことに、私のイメージ戦略が少しでも役立ったと自負している」と述べている（田村重信『秘録・自民党政務調査会―一六人の総理に仕えた男の真実の告白―』講談社、二〇一九年、二八〜三〇頁）。

（125）蒲島郁夫『戦後政治の軌跡―自民党システムの形成と変容―』（岩波書店、二〇〇四年）一二五〜一二六頁。

（126）同前一〇五頁、一二三頁。

（127）衆議院事務局編『正副議長経験者に対するオーラル・ヒストリー事業　第七一代・七二代衆議院議長河野洋平』（衆議院事務局、二〇二三年）八五頁。

（128）中曽根康弘『保守の遺言』（角川書店、二〇一〇年）一〇二〜一〇三頁。なお、平沼赳夫によれば、当時の官房長官・後藤田正晴（田中派）は靖国神社参拝が反鄧小平派に力を与えることになるので、内政面で強固な基盤を持たない鄧小平体制を守るためにも中国の要望に答えざるを得ない、と述べたという（平沼赳夫『国を憂えて―国家基本問題同志会とは何か―』岡山日報社、一九八八年、六七頁）。だとすれば、中曽根による靖国神社参拝見合わせの裏には後藤田の意向が働いていた可能性がある。

（129）『産経新聞』二〇二〇年一月五日。

（130）菊池一隆「教科書問題の歴史と共通歴史教科書」（『愛知学院大学文学部紀要』第四一号、二〇一二年）一一頁。

（131）若宮啓文『戦後保守のアジア観』（朝日新聞社、一九九五年）は中曽根が「民族主義者」（一五七頁）でありながら、対アジア外交では「東西冷戦下の戦略意識からくる柔軟さを併せ持っていた」（一七三頁）と述べているが、主観的な評価である。また、服部龍二『中曽根康弘―「大統領的首相」の軌跡―』（中央公論新社、二〇一五年）は首相在任中も含め、中曽根の「改憲への執念」（三三九頁）を指摘しているが、藤尾発言問題への対応など、中曽根内閣期における妥協や後退の側面にほとんど目を向けていない。

（132）二〇二〇年五月二二日、電話でのインタビュー。

（133）藤尾発言問題については、野村拓司監修『剛直怒濤の現代政治家藤尾正行―それからの一〇〇日―』（近代政経研究会、一九八七年）を参照。なお、この問題では当時の総務庁長官・玉置和郎が中曽根の意向を受けて水面下で藤尾との折衝に当たっていた（樋口恒雄『玉置和郎の遺言』（飛鳥新社、一九八七年、六二〜八二頁）。

（134）中曽根康弘『中曽根康弘が語る戦後日本外交』（新潮社、二〇一二年）四四七頁。

（135）江場純一「『首相公選制』についての若干の考察」（『中京大学大学院生法学研究論集』第二四号、二〇〇四年）二三四～二三六頁。
（136）中曽根康弘・宮沢喜一『対論　改憲・護憲』（朝日新聞社、一九九九年）八三頁、九〇頁、一〇七～一〇八頁、一一一頁。
（137）二〇一九年八月一四日、兵庫県芦屋市内でのインタビュー。
（138）二〇一九年九月七日、岡山県岡山市内でのインタビュー。

補論　『日本列島改造論』と青嵐会に見る国土開発の思想

第一節　問題の所在

一九七二（昭和四七）年七月、第六四代首相となった田中角栄は庶民派政治家のイメージから高い支持率を記録した。しかしながら、『日本列島改造論』が全国的な地価高騰を引き起こし、翌年の第一次石油危機とともに日本経済に大きな混乱を招いた。加えて、党内最大派閥である田中派の金権政治体質は一九七四（昭和四九）年一二月の田中退陣に道を開いた。その意味で、「自民党衰退は田中内閣をもってはじまり、その衰退の第一期は田中内閣から中曽根内閣までをもって前期と考える」[1]という小林英夫の区分は一理あると言えよう。

では、戦後保守政治の中で田中の存在はどう位置付けられるのか。元朝日新聞社政治部記者・石川真澄は、「田中氏は日本国憲法をほとんど疑っていなかったと考えられる。彼は保守党のまぎれもない権力者であり、『日本列島改造論』に代表される開発志向や『通年国会』『小選挙区制』などの自民党にとっての利益を図ろうとする傾向は露骨であった。しかし、国家とか民族とかをとかく持ち出したがる保守政治家によくある傾向は弱い人であった」と評している。[2]

首相在任中の田中が憲法改正を優先的な政策課題として認識せず、通年国会や小選挙区制導入に関心を持っていたのは事実である。[3] しかし、『日本列島改造論』を単に利益誘導政治の論理として矮小化するのは正しくない。のちに詳論するように、反田中路線を掲げていた青嵐会も国土開発の面では『日本列島改造論』と同じ発想に立脚していたからである。

これまで『日本列島改造論』については、同時代の田中金権政治批判と相俟って、長らく否定的なイメージが定着してきた。経済成長と公害問題解決を同時並行的に捉える点では住民運動の視点に欠けた行政国家的発想にして「官僚的技術信仰」にとらわれたものであり、[4] 中央省庁に代表される「中枢管理機能の地方分散」を伴わない工業再配置では過密・過疎問題の解決につながらないという批判である。[5] 加えて、「公共事業による分配の政治」は長期的に見れば地方の自立を失わせるものであり、財政問題が特に深刻化したバブル崩壊以降の日本には適さない、[6] という評価が主たるものであろう。

しかし、近年では旧来と変わる見方も現れている。日本政治外交史研究者の服部龍二は、「列島改造論には地価高騰など負の要素が大きいものの、田中は東京一極集中を抜本的に是正しようとしたほとんど唯一の政治家である。出生率が全国最低の東京に地方の若者が巻き込まれ、人口減少のスパイラルに陥った今日、田中の構想力は再検討に値する」と述べている。(7)

また、国土計画を専門とする藤井聡は、都市から地方に至る均衡ある発展を志向し、日本国民の期待を集めた象徴として田中を位置付けている。(8) 二〇二〇年代の現在にあって、東京―大阪間でのリニア新幹線開業や、その他、新幹線、高速道路、港湾、都市・地域交通の整備など、地方分散化への取り組みは防災・国土強靭化に加え、地方の再生、デフレ脱却からの促進、国際競争力の増進、少子化の抑止といった効果が期待できると指摘している。(9) 令和の時代に『日本列島改造論』を読み直す価値は小さくない。

毎日新聞社政治部記者として青嵐会を取材した河内孝は、青嵐会参加者の選挙区に農漁村が多かったことに注目し、戦後の高度経済成長が都市部に偏ってきたことに対する「農本主義的な情念」を特徴の一つに挙げている。(10) また、下村太一と吉田修の研究により、中川一郎、渡辺美智雄、湊徹郎らが農政問題で果たした役割については、詳しく明らかにされている。(11)

そもそも国土政策・地域開発政策は市場メカニズムにより顕在化する地域間格差を是正し、多様性のある地域社会を作ることで力のある国づくりにつなげるというバランス性が求められる。(12) 東京一極集中と地方の衰退が加速した現状に鑑みた時、高度経済から安定成長に転換する過渡期にまで遡り、自民党政治家たちが国土政策や地域開発政策の在り方をどう認識していたのかを検証してみる必要があるだろう。

第二節 『日本列島改造論』とその背景

第一章で述べたように、佐藤内閣末期、日本は二つの「ニクソン・ショック」に直面していた。また、国内では高度経済成長の負の側面としての公害問題・都市問題が一九六〇年代から表面化し始め、一九七〇年代初頭には革新勢力の躍進と自民党支持率の低迷を指す「保守の危機」が進んでいた。このような状況下にあって、田中角栄著『日本列島改造論』は一九七二年七月の自民党総裁選挙に合わせ、同年六月二〇日に刊行された。

もともと田中は一九四七（昭和二二）年の初当選以来、「表日本」（太平洋側）に対する「裏日本」（日本海側）振興の遅れ、東京一極集中の是正を政治の重要課題として位置付けていた。四四年に及ぶ代議士生活の中で田中が手がけた議員立法は一一七本である。そのうち、二六法案は三一歳から三六歳までの時分に手がけたものである。[13] 一九五二年の電源開発促進法、道路三法を皮切りにして、インフラ整備を重視していた。また、第二次吉田内閣期の一九五〇（昭和二五）年に成立した国土総合開発法は政府提出法案でありながら、実際は田中ら衆議院国土開発委員会メンバーにより作成されたものであった。この国土総合開発法により、太平洋側大都市圏に偏った産業集積を地方に分散させることが日本の方針となり、全国総合開発計画など、各種開発計画の策定につながっていく。[14]

戦後日本の国土政策は、高度経済成長に伴う三大都市圏の発展とそれに並行した全国各地の過密・過疎現象を背景にしていた。池田内閣期の全国総合開発計画（一九六二年）、佐藤内閣期新全国総合開発計画（一九六九年）はいずれも「地域間の均衡ある発展」という考えに基づくものであった。[15]ただし、池田勇人が太平洋ベルト地帯の「日本の縦軸」を意識していたのに対し、田中は太平洋側と日本海側をつなぐ「日本の横軸」を意識していた点で相違がある。[16]

新川敏光の評伝によれば、戦前の田中に影響を与えた重要人物の一人が同じく新潟県出身で、第三代理化学研究所所長・大河内正敏である。田中は一九三六（昭和一一）年に中央工学校土木科（夜間部）を卒業し、当時、理化学研究所に出入りしていた中村勇吉建築事務所に就職したことで、大河内との関係を築いていた。[17]大河内は純朴で忍耐力のある農業精神に注目し、大都市にある工場を地方に分散させることが「日本の工業化」につながると考えており、都市と農村の格差は否定していなかった。このため、都市と農村の格差解消を目指した田中の発想とは異なるものであり、田中は「大河内理論を援用したとしても、換骨奪胎して用いた」というのが正確である。[18]

田中の代議士生活は芦田均を党首とする民主党から始まるが、一九四七年の時点で、農村振興、大都市への人口集中の排除など、『日本列島改造論』につながるビジョンを示していた。[19] 池田内閣期には自民党会長として全国総合開発計画に関与し、東京―新潟間の国道一七号線開通を実現している。佐藤内閣期には自民党幹事長として新全国総合開発計画の一環として本州四国連絡橋予算を盛り込んでいる。[20]

『日本列島改造論』の原案となったのは一九六八(昭和四三)年に田中を会長とする自民党都市政策調査会が作成した「都市政策大綱」である。この大綱が抽象的で難解であったため、一九七一(昭和四六)年末、第三次佐藤内閣通商産業大臣だった田中は秘書官・小長啓一に指示し、国民向けにまとめ直すことになったのである。[21] 小長に加え、通産省の池口小太郎(筆名・堺屋太一)、浜岡平一、自治省の武村正義が分担執筆し、経済企画庁の下河辺淳らの考えも盛り込まれたと言われている。[22]

一九七二年当時、岩波新書の定価が一冊一八〇円だったのに対し、定価五〇〇円の『日本列島改造論』は発売から一年間で九一万部を売り上げるベストセラーになっている。[23] 日本国民の人気をさらった「角さんブーム」の凄さをうかがい知ることができる。

田中は同書の序文で、「昭和三十年代にはじまった日本経済の高度成長によって東京、大阪など太平洋ベルト地帯へ産業、人口が過度集中し、わが国は世界に類例をみない高度社会を形成するにいたった」が、「明治百年[一九六八年]をひとつのフシ目にして、都市集中のメリットは、いま明らかにデメリットへ変わった」。「過密と過疎の弊害の同時解消」のためには「都市集中の奔流を大胆に転換して、民族の活力と日本経済のたくましい余力を日本列島の全域に向けて展開することである。工業の全国的な再配置と知識集約化、全国新幹線と高速道路自動車道の建設、情報通信網のネットワークの形成などをテコにして、都市と農村、表日本と裏日本の格差は必ずなくすことができる」と述べている。(24)

都市部から地方への企業移転を促進する手段としての禁止税制と誘導税制の活用、太平洋ベルトに集中した二次産業の全国的平準化、東京が大地震に襲われた場合の被害規模予測、財政均衡主義から積極財政主義への転換による成長活用型経済の実現、新幹線整備が地方の成長にもたらす影響、地方に定住しやすい環境づくり、食料自給率強化のための資本集約的農業経営など、同書が提起する論点は多岐にわたる。東京一極集中の弊害と地方の衰退が深刻化している現在、『日本列島改造論』が半世紀前に示された内容はまさに傾聴に値するものばかりである。

第三節　『日本列島改造論』の挫折

青嵐会から見た『日本列島改造論』

河内孝が指摘しているように、青嵐会の特徴の一つは「農漁村出身の地方議員、もしくは青年運動などから自力で這いあがってきた党人派が中心メンバー」だった。(25) したがって、石原慎太郎のように作家としての知名度を背景にして参議院全国区から国政に進出し、のちに都市部（衆議院東京都第二区）に鞍替えした政治家はむしろ異例と言っていい。

石原は一九七三（昭和四八）年、自らが会長を務める「日本の新しい世代の会」の大会で講演した際、「日本列島改造論、私はこんなもの絶対反対だ。これは通産省の役人の考え方がほとんど入っている。考え方自体が古い」と批判していた。(26) しかし、この石原の言葉だけに目を奪われると、青嵐会の実像を正確に捉えることはできない。青嵐会結成当初に参加者が寄稿した文章や、インタビューへの回答を見ると、『日本列島改造論』への肯定的評価を散見するからである。

島田安夫は、「国土の均衡ある発展は絶対に必要である」とし、過疎対策のためには産業道路、上下水道整備や工場の分散配置が必要と述べている。(27) 江藤隆美に至っては、都市への人口集中を防ぐためには工場・官庁街の積極的な地方分散が必要であり、「これからの新しい国づくりの方向としては、『日本列島改造論』はあたりまえのことだと思います」と明言している。[28]加藤六月は「日本列島改造の尖兵という新幹線であってはなりません」とことわりながらも、「総合的な立場で日本の均衡ある発展」を実現するためには鉄道、新幹線整備が必要と述べている。[29]つまり、地方選出の議員ほど「国土の均衡ある発展」、「地方への分散」という視点は共鳴しやすく、国レベルの取り組みが不可欠と考えていたのである。したがって、青嵐会がすべての政策面で田中の政治路線を批判していたと捉えてしまうと、両者の関係は見えにくくなる。

当時、フジテレビ報道局政治部記者として青嵐会を担当していた山本之聞も筆者に対して、「青嵐会は反田中を言いつつも、田中の『日本列島改造論』には共鳴していた。地方に国の予算を配分する考えは支持し、彼らはミニ田中派として地方との利害関係を重視していた。外交問題で田中を批判しつつも、内には田中角栄的感覚を持っていた」と証言している。[30]

なお、中尾栄一はのちの著書で、地域振興のためには「交通体系の整備充実」が必要であり、「地方振興を積極的に図り、その格差是正に努めるとともに、多極分散型政策を遂行して、バランスのとれた国土造りを目指していかねばならない」と述べている。[31]これは一九八七（昭和六二）年に中曽根内閣が閣議決定する第四次全国総合開発計画が東京一極集中の是正と「国土の均衡ある発展」をもとに「多極分散型」の国土形成を基本目標にしていたことに対応する。[32]中尾は選挙区の事情から反田中派の急先鋒であったが、[33]「国土の均衡ある発展」を志向する意識は青嵐会解散以降も持ち合わせていたのである。

自民党内と業界団体の反対

このように国土政策の面では青嵐会側も『日本列島改造論』の内容を認めていたが、なぜ田中の宿願であった「国土の均衡ある発展」は挫折してしまったのか。これは田中と青嵐会の間で浮上する争点を理解する上でも重要な問題であるため、先行研究をもとに挫折の要因を整理したい。

第一は田中の経済政策が大企業に配慮した経済政策にならざるを得なかった点である。下村太一の研究によれば、もともと田中が掲げた工業再配置政策は農村部への大規模な工場進出や、内需拡大を求める経済界の要望に基づくものであった[34]。『日本列島改造論』では首都圏に密集した工場に対して「工場追い出し税」を課税することを掲げていたが、業界団体と密接な関係にあった田中は業界団体や自民党内から反対論が起きると、直ちに放棄する。また、法人への土地課税強化にも慎重姿勢をとったことで、『日本列島改造論』に示された構想は不徹底に終わる[35]。

石原慎太郎は青嵐会結成直後、「田中総理は商社の活動をあまり強く規制することは資本主義の原則に反し、同時に憲法に違反するおそれがあるといった」ことを「語るに落ちた保守的なものの考え方」と批判している。その上で、「現在の経済機構の不公平さを表象している土地の問題の解決についても、ある意味で憲法上の財産権に抵触するような、思い切った規制」が必要であることや、「アメリカをあの経済恐慌の中から救ったルーズベルトのニューディール政策という、非常に思い切った、ある意味で社会主義的要素の濃かった政策」によって「アメリカの社会がよみがえったということを銘記すべき」と述べている。[36]

石原の口から社会主義的政策への共感が語られていることは驚きであり、のちに東京都知事として規制緩和や中央集権打破を主張した姿を思い起こすと、まさに隔世の感がある。

ちなみに現在の経済学ではニューディール政策が実際のアメリカ経済に及ぼした影響は不十分であったことが明らかになっているので、[37]ここに引用した石原の発言を額面通りに受け取ることは適切ではない。ただし、政府による企業活動の規制や私権制限を求める主張は、青嵐会趣意書における富の偏在是正とつながる部分がある。

当時、読売新聞社解説部長・渡辺恒雄は、中川一郎と渡辺美智雄の二人が物価・土地政策の面で「自民党左派」と言っていいほど進歩的だったと指摘している。[38]石原も含め、青嵐会は憲法、外交、防衛問題では「右派」的な立場をとっていたが、資本主義経済の問題点をいかに解消するか、という点を重視する点で「左派」と問題関心を共有していたのである。座長であった中尾栄一も富の偏在是正という主張について、「資本主義防衛というよりも或る意味に於いて社会主義的な要素さえも感じさせる表現だろうと思います」と述べている。[39]

新川敏光によれば、「『日本列島改造論』には、総論レベルとはいえ内需拡大による経済成長を目指すフォード主義、ケインズ主義に基づく『大きな政府』論、さらには福祉国家論も盛り込んでおり、従来の生産第一主義を克服しようという明確な方向性が示されていた」という。[40]高度経済成長に伴い、都市と地方の格差が広がり始めていた当時、まさに『日本列島改造論』は青嵐会の政治家たちを惹きつける魅力があったのである。

問題は『日本列島改造論』が鉄鋼など基幹資源型産業の立地に関して、北東地域の苫小牧東部、むつ小川原、秋田湾、西南地域の周防灘、志布志湾を大規模工業基地の候補地に挙げていたことである。[41]このように具体的地名を記載したことが不動産業者による土地の買い占めにつながったことはよく知られている。[42]

都市交通政策の上で注意すべきは、都心部と郊外の開発をバランスよく進めることであり、そのためにも市街地での民間投資を促進すると同時に、土地利用の規制と誘導策を適切に実施することが必要である。[43]田中は「国土法の網をかければ、地価や用地費を上げないで公共投資を進めることができる」と考えていた。[44]一九七三年から新土地税制を導入し、国土計画利用法に基づいた土地取引規制に着手することで地価高騰に対処しようとするが、[45]すでに時機を逸していた。

『日本列島改造論』では、①農業、中小企業、サービス業など低生産部門の近代化・合理化、②流通コストの引き下げ、③産業や人口の地方分散による地値負担軽減の三つが総合的に展開することで物価上昇は抑制できると想定していた。[46]また、土地政策として開発業者への開発許可制の適用や、[47]私権よりも公共の福祉を優先した土地利用、そのための国土総合開発法改正と全国的な土地利用計画作成により投機的土地保有は防げると謳っていた。[48]田中が経済界との関係に配慮した結果、土地取引の規制に初期段階で取り組まなかったことは自民党政治への信頼を大きく低下させたと言っていい。

そもそも『日本列島改造論』は内需拡大と輸出拡大を同時進行させることを意図していた。しかし、急速な輸入拡大に伴って流入したドルが日本国内で物価と地価の高騰を引き起こすことになる。サラリーマン家庭にすれば、急速な物価上昇は生活不安につながり、都市部の有権者が自民党から共産党にシフトする結果になる。[49]野党躍進により保革伯仲状態が出現する中、青嵐会が田中内閣の経済政策を批判するようになるのは当然であった。

田中角栄と日ソ関係

さらに青嵐会の一部にあった田中に対する不信感として、共産圏との関係があった。そもそも青嵐会の反田中路線については、日中国交正常化とそれに伴う台湾との断交がクローズアップされがちであるが、実はソ連要因も大きく作用していた。

のちに青嵐会事務局長となる浜田幸一によれば、「青嵐会の誕生のきっかけは、昭和四七年、訪ソを終えて帰国後の田中角栄首相と、中山正暉の論戦だった」という。当時、浜田は一九六九(昭和四四)年当選の新人議員が首相と意見交換をする会合の座長役を務めていた。田中がその会合で「チュメニ油田開発を日ソ共同で行う」と発言したのに対し、中山は「総理、チュメニ油田開発は日ソだけでやるものではありません。それではアメリカの世界戦略と競合してしまいます。どうしてもやられるなら、アメリカの後についていったほうがいいと思います」と述べ、田中と激論になる。この会合後、浜田と中山は田中の外交政策が共産圏に深入りしすぎており、日中国交回復に向かう中で日本国民が共産主義への警戒感を失っていく恐れがあるとして、「思想的に行動できる政治集団」を結成することで一致したという。[50]

確かに『日本列島改造論』では日ソ協力によるシベリア開発や、[51]「新潟港とウランゲル港を定期航路で結びシベリア鉄道で欧州まで輸送するという構想」が盛り込まれている。[52]前述のように、田中は太平洋側に偏った経済成長を是正したいとの思いを早くから抱いていた。日本国内から見た北陸地方は「裏日本」だが、ユーラシア大陸との関係で見れば、まさに新潟は日本の玄関である。

田中は日ソの善隣友好、互恵平等、経済交流拡大を持論にしており、[53]日本がシベリア開発に協力することで「日本の価格の三分の一ぐらいの材木」が調達できて、「住宅の単価は安くなる」と考えていた。[54]それを踏まえると、『日本列島改造論』に盛り込まれた日ソ共同での資源開発論は通産官僚ではなく、田中自身の発想であったと言っていい。

なお、田中内閣期の対ソ外交については、北方四島返還を実現するために田中がブレジネフ政権と交渉に臨んでいたことが現在では明らかになっている。[55]このため、当時の田中外交を社会主義陣営への親和性という面から捉えるのは誤りである。ただし、同時代の認識としては、台湾切り捨てを前提にした日中国交回復に象徴されるように、共産圏に深入りした外交と映っていたのである。

第一次石油危機と高度経済成長の終わり

一九七三年一〇月、第四次中東戦争が勃発し、これに伴う第一次石油危機の到来により日本経済はスタグフレーションに突入していく。すでに同年夏頃から福田赳夫は地価凍結、物価抑制を求める立場から田中への批判を強めていた。同年一一月二三日、愛知揆一大蔵大臣が急逝し、二五日に福田が後任として入閣する。当時、福田派内部では入閣への反対意見が強かったが、福田は田中から経済運営一任の約束を取り付けることで、自派閥の反対を押し切っていた。[56] ここに『日本列島改造論』は政策の上で排除され、日本は高度経済成長から安定成長へ移行することになる。

一九七四年一二月九日、田中内閣は与野党伯仲状態と金権政治批判の中で総辞職するが、福田が入閣した時点で政権としての求心力は大きく低下していた。

ただし、田中内閣はその後半期、エネルギー政策の上で重要な取り組みを見せていた。それが「資源ルートの多角化」と原子力発電の推進である。田中は一九七三年九月から一〇月にかけて、フランス、イギリス、西ドイツ、ソ連を歴訪し、資源問題の交渉を進めている。フランスとの間では石油資源の共同開発、年間一〇〇〇トンの濃縮ウラン購入、第三国でのウラン鉱山開発で合意しており、特に濃縮ウランの購入はアメリカの「核の傘」からの自立を意味していた。それに加えて、一九七四年六月制定の電源三法（電源開発促進税法、電源開発促進対策特別会計法、発電用施設周辺地域整備法）は日本における原子力発電の比重を高める契機となる。(57)

資源の乏しい日本にとって、エネルギー輸入先の多様化と電力の安定供給は重要な課題である。田中角栄が一九七〇年代に果たした役割はエネルギー安全保障の観点から再評価されるべきであろう。

第四節　中川一郎

北海道と国の媒介役を目指して

中川一郎は一九二五（大正一四）年、北海道広尾郡広尾村に生まれ、一九四七年に九州帝国大学卒業後、北海道庁に入庁している。開拓部職員として農業指導に従事し、一九五一（昭和二六）年から北海道開発庁の開拓担当官になっている。第二章で述べたように、一九五五（昭和三〇）年に大野伴睦の秘書官に抜擢されたことが、のちに政治家に転身する契機となる。

中川によれば、一九五〇（昭和二五）年創設の北海道開発庁では初代長官・増田甲子七と次長・岡田包義が国の機関として北海道開発局の設置を目指していたが、北海道知事・田中敏文（日本社会党）

は北海道開発の行政権が政府に奪われることを恐れて強く反発していた。翌年、増田の尽力により北海道開発局設置が実現するが、一九五四（昭和二九）年に長官となった大野伴睦は、開発予算のすべてが他の省庁に移し替えられている現状を改善するため、北海道開発庁の実施官庁化を目論むようになる。その考えは後任の緒方竹虎にも引き継がれるが、同年一二月の第五次吉田内閣総辞職により、法案の国会提出は実現しなかった。(58) 中川はこうした事情を知っていたからこそ、北海道振興の上で国との関係が重要な影響を持つと認識するようになるのである。

そもそも中川が生まれたのは貧しい開拓農民の家であった。中川は北海道開発庁時代、開拓農民のための予算獲得に奔走した経験から、農林行政の上で政府からの補助金は不可欠であると認識していた。しかも農林族議員となれば、米作農家の組織票に依存する事は当然であり、地元選挙区の発展のため、国との媒介役を果たすことが強く求められる。

吉田茂（東京帝国大学卒業、外務省勤務）、池田勇人（京都帝国大学卒業、大蔵省勤務）、佐藤栄作（東京帝国大学卒業、鉄道省勤務）ら典型的な官僚出身政治家と比較すると、九州帝国大学出身、北海道庁・北海道開発庁勤務という履歴を持つ中川を彼らと同等に位置付けることには無理がある。むしろ独力で選挙区を開拓した実績を考えれば、中川は大野伴睦のような党人政治家に近かったと言うべきだろう。

大野は地元（岐阜県第一区）からの陳情を重視し、ダム建設や道路・上下水道整備、村役場・小学校建設などを実現している。[59] このように地元選挙区の要望に機敏に対応していたスタイルは中川と共通するものがある。政治評論家・戸川猪佐武は、「中川の政治行動の中には、常に大衆の側に立つという姿勢がみえる」、「れっきとした官僚出身でありながら、党人育ちより党人派らしい行動が目立つ。大野譲りであろう」と評しており、[60] 筆者もこの見方が妥当であると考える。

北海道第五区と中川一郎後援会

中川の選挙区であった北海道第五区（釧路、帯広、北見、網走、紋別、根室）は北海道東半分を占める国内最大の選挙区であり、有権者は七〇万人余りであった。定数五のうち、常に自民党と社会党がそれぞれ二議席を占めていた保革伯仲の選挙区でもあった。[61]

中川が三八歳で第三〇回衆議院議員総選挙（一九六三年）に出馬した際、選挙区で最大のライバルは現職の本名武だった。本名は名門の旧制帯広中学校出身であり、地域の有力者を支持基盤にしていた。これに対し、十勝農業学校出身の中川は旦那衆ではなく、叩き上げの勢力に依存して選挙戦を展開する。[62] 中川の支持者になったのは農民や新興土建業者、婦人たちであった。[63]

この総選挙で中川は第二位（六八二三一票）で初当選し、以後、第三一回総選挙（一九六七年）で第二位（九〇七三三票）、第三二回総選挙（一九六九年）で首位（九〇〇七四票）、第三三回総選挙（一九七二年）で首位（一一五〇四〇票）、第三四回総選挙（一九七六年）で第二位（一〇三九六五票）、第三五回総

北海道広尾町にある中川一郎記念館（2021年８月９日、筆者撮影）

選挙（一九七九年）で首位（一五八〇二七票）、第三六回総選挙（一九八〇年）で首位（一四五八〇一票）の記録を残している。このうち、第三五回総選挙での得票数は生前の中川にとって最多の記録である。当時、中川は前年結成の自由革新同友会メンバーの応援に回っていたが、日本一と言われた中川一郎後援会十勝連合会に支えられた結果、一日も選挙区に帰ることはなかったという[64]。

戦後、わが国では中選挙区制が自民党を与党とする一党優位政党制を支える制度的要因となり、その下で個人後援会が発展してきたことはよく知られている[65]。中川にとっては、この個人後援会のネットワークがしっかりと張りめぐらされていたからこそ、自らが地元にいなくても、強力な集票機能を果たしていたのである。中川に対しては地方議員が上京して陳情を行うことが多かったが、選挙区への配慮を常に怠らなかったことが中川の強みであった。

一九七四（昭和四九）年一月二六日、日本武道館で開催さ

れた「青嵐会は主張する国民集会」に日本学生同盟から会場警備要員として派遣されていたのが中央大学法学部三年、全日本学生国防会議五代目議長（当時）だった中西哲（一九五一年生まれ。のちに高知県議会議員四期を経て、参議院議員一期、菅内閣外務大臣政務官を歴任）である。中川の後援会関係者を乗せた釧路ナンバーの大型バスが四〇台から五〇台ぐらい日本武道館に到着する様子を目撃し、「すさまじい動員力と資金力だと思った」と語っている。(66)中川が築き上げた地盤の一端が国民集会に表れていたと言えよう。

北海道振興への視点

青嵐会時代も含め、中川は北海道振興をどのように捉えていたのだろうか。かつて中川派の道議会議員の一人として活動し、現在、公益財団法人東亜総研の代表理事として東アジア諸国との人材交流事業に携わる武部勤が筆者のインタビューに応じてくれた。

菅谷：武部先生は青嵐会の活動に関わる機会はありましたか。青嵐会に対する当時の印象も含めてお聞かせください。

武部：私は青嵐会の活動に直接関わってはいませんが、改革志向、現状打破勢力という印象が当時は強かったです。中川先生自身は開拓農民として苦労され、官僚になったとはいえ、官僚機構に随分と苦しんだ印象があります。反骨精神が旺盛であり、正義感にあふれる人でした。

先生が青嵐会の代表世話人になったことで、私としては日本の中川、総理大臣になってほしいと思っていましたからね。若い政治家の代表格の一人として、新しい政治を、時代を、新しい日本を切り開くために体を張っているという強い印象があり、共感を覚えました。私が二九歳で田舎に戻り、政治家を志したのも中川先生と同じ開拓者魂です。

菅谷：中川一郎記念館で上映されているニュース動画には武部先生ら地方議員が陳情のため、上京された時の様子が映っています。中川氏への陳情は主として地元ではなく、上京しての形が多かったのでしょうか。陳情内容はどのようなものが中心だったのでしょうか。

武部：私は網走管内の中川一郎選対本部長であり、市町村長の団体の皆さんが東京に陳情に行く際は我々道議会議員も一緒に行きました。中川先生が地元に帰ってこられなかったので、私たちを通じて中央折衝をしました。私は道議会で農務委員長でしたが、私の意見としては、北海道の米が一俵一万六〇〇〇円だった時代に、一俵一万円でもいいから残り六〇〇〇円分を土地、水の管理、品種改良に使わせてほしいと言ったことがあります。

中川先生は、「君が言うのは正論だが、しかし一対四六で通らないんだよ」と言われました。これ以外に、乳価の補給金はいらないので、その代わり、補助金の分を乳質改善や草地基盤整備に使わせてほしいし、加工原料乳ではなく北海道の牛乳を日本中の人々に飲んでもらえるようにお願い

したこともあります。「それも正論だが北海道対他県は一対四六で通らないんだよな」と嘆いていました。（中略）

やはり青嵐会の人々には官僚機構、経済団体、利益団体の癒着により生まれた既得権と戦うという意識があったのだと思います。それは大企業対中零細企業の戦いでもあったし、地方と都市の戦いでもあったという見方をしています。思想的な考え方、政治家としての原点という点では、田中角栄と青嵐会は同類項だったと思います。

しかし、田中さんは政権を取った途端に既得権者になったわけです。自らの政権を守るため、大企業と癒着していきました。政治家としての原点を忘れ、数の力で何でもできるという考えになり、自ら既得権者の最前線に立ってしまったわけです。

菅谷：そうすると、中川氏の発想は『日本列島改造論』のように、地方は国との関係を強化することで発展していくべきだったと捉えてよろしいでしょうか。それとも北海道主導で発展していくべきと考えていたのでしょうか。

武部：中川先生の原点としては北海道主導の発展という意識があったのでしょうが、手間暇をかけていられないから、自分が総理・総裁になって中央から改革をやるしかないと考えていました。自分たちが権力を握ることで世代交代を進め、悪い権力、古い権力に代わって新しい政治と行政をつくろうとしていたのでしょう。当時、中川先生の口から道州制なんていう話を聞いたことはありま

せん。（中略）

中川先生や渡辺［美智雄］先生は空理空論で大都市偏重、大企業優先に反対していたのではなく、拠点開発や農作物の自給率向上、農業の構造改革の総合農政を考えていました。僕は列島改造論と中川先生たちの考えはまったく同一のものだと思います。矛盾するものではないと思います。[67]

武部も述べているように、中川の原点は開拓農民の家に生まれたことによる苦労にあった。中央と地方の間に歴然たる格差がある以上、国との協調関係なくして地方の発展はあり得ない、と考える点で田中と共通していたのである。それと同時に、「自分たちが権力を握ることで世代交代を進め、悪い権力、古い権力に代わって新しい政治と行政をつくろうとしていた」ことに青嵐会のもう一つの側面があったと言えよう。

中川は北海道が国に大きく依存したままの現状を肯定したわけではない。鈴木内閣科学技術庁長官在任中の一九八一（昭和五六）年に行われた対談では、北海道が政府からの補助金に頼り続けることの限界に触れ、「公共投資とその関連でどうにか北海道がもっているというのが現状でしょうねえ」と述べている。[68]

翌年、中川は自民党総裁選で行政改革・財政再建と並んで、「三割自治」の問題を挙げ、「大幅に権限を地方に移すとともに、地方財源の充実を積極的に進めていきたい」と訴えている。[69] 大平内閣期以降、財政再建の要請が高まっていた中、政府から北海道への権限・財源の移譲を早めに実現しておく必要があると考えていたのである。

北海道議会議員を三期・一二年（二〇〇三～二〇一五年）務めた小野寺秀（一九六三年生まれ）によれば、中川は公共工事や農業の基盤整備に寄与したことなどから、今でも地元では「惜しい政治家を亡くした」と評価されているという。父の小野寺勇は中川の推薦で道議会議員になっており、小野寺自身は中川の長男である中川昭一（二〇〇九年没）から強い信頼を得ていた一人である。

小野寺は筆者に対し、「中川一郎先生は日本の中の十勝という視点だった。これに対し、中川昭一先生は国際社会の中で日本はどうあるべきかというグローバルな視点であり、一郎先生の上を行っていた。農業政策では北海道や十勝の農業生産者が不利にならないよう、WTOの交渉などで力を入れていたが、農協の在り方には厳しい考えを持っていた。保護すべきところは保護するが、ぬるま湯に浸かるのではなく、国際的な競争に耐えられる性格を求めていた」と語っている。(70)

旧北海道五区は小選挙区制への移行に伴い、現在は北海道第一一区となっている。かつては「中川王国」と言われたが、二〇二四（令和六）年現在は野党代議士を選出する選挙区となっている。

第五節　浜田幸一

党人政治家への道

青嵐会で事務局長を務め、「ハマコー」の愛称で慕われた浜田幸一は一九二八（昭和三）年、千葉県君津郡で浜田甚三郎の次男として生まれている。

最後の著書によれば、父方の家系は大地主であったものの、甚三郎が成人する頃に零落《れいらく》している。母親は行商や新聞配達、アサリ掘りをして働き詰めの毎日であったため、浜田にとっては「貧乏からの脱出」が生涯のテーマになる。母親は一個の饅頭を四つに切り分ける際、長男と次男には両端の二切れを、弟と妹には餡子の詰まった真ん中部分の二切れを与えていた。そこから浜田は「力の強い者が、力の弱い小さい者に分け与える」ことを学んだという。戦時中は木更津航空廠で学徒動員に従事し、隣接する飛行場から飛び立っていく特攻機を見送っている。自らも海軍飛行予科訓練生に志願するが、「筋骨薄弱」という理由で不合格となっている。学校推薦により一九四五年九月一日付で南満洲鉄道株式会社への入社が決まっていた。「もし終戦が一カ月遅れていて満州に渡っていたら」、「今ここに私は存在していなかったでしょう」と追憶している。(71)

浜田は母親の勧めで進学した日本大学農獣医学部を中退後、紆余曲折を経て、政治の道を志すようになり、地元で商店会、青年団の活動を始める。一九五五年、二七歳で富津町議会議員選挙に首位で当選し、その五年後には第二九回衆議院議員総選挙に立候補するが、落選している。この経験から「足場を固めることの大事さを学んだ」浜田は自民党に入党し、千葉県議会議員二期を経て、一九六九（昭和四四）年の第三二回総選挙で初当選を果たす。[72] 以後、当選七回、通算二〇年間代議士を務め、二〇一二（平成二四）年八月、八三歳で逝去している。地方議員から身を起こし、自ら選挙区を開拓して国政に転じた党人政治家であった。

高畠通敏著『保守の王国』は自民党における利益誘導政治の構造について、地方選挙区の現地調査をもとに描いた研究である。田中角栄と浜田は学歴もなく出世した「成り上がり者」であり、地元の庶民には「誠実な利害の仲介者としてふるまう」点で共通していたことや、「浜田は千葉の中でもっとも新潟三区的側面、中央や県の公共事業導入を期待する辺地の心情を集中的に表現している政治家」と位置付けている。[73]

確かに浜田は選挙区への利益誘導に力を注いだという点では田中との共通性が垣間見られる。しかし、高畠の場合は千葉県の金権体質を強調し、その中に浜田を埋没させてしまっている感が強い。また、浜田と田中の関係は時期によって微妙に異なり、青嵐会結成以降は田中への批判が際立っている。よって、両者を簡単に一括りにできないように思う。

東京湾アクアライン（2021年６月14日、筆者撮影）

東京湾アクアラインと房総半島振興

浜田が関与した業績として今も残るのは一九九七（平成九）年開通の東京湾アクアラインである。これは三浦半島（神奈川県川崎市）と房総半島（千葉県木更津市）をつなぐ全長一五・一キロの自動車専用有料道路であり、首都圏中央連絡自動車道と共に首都圏幹線道路網の一翼を担っている。一九六六（昭和四一）年の調査開始から開通までに三〇年近くの期間と、総事業費一兆四四〇〇億円が費やされた一大事業であった。以前、筆者は川崎から東京湾アクアラインに入り、木更津までの情景を車窓から確認したことがある。パーキングエリアのある人工島「海ほたる」の展望デッキからは木更津方面に延びる橋梁部入り口に加え、洋上に浮かぶ多くの貨物船や、房総半島側に位置する日本製鉄東日本製鉄所、ＪＥＲＡ富津火力発電所を眺めることができた。

浜田が逝去前年に刊行した著書によれば、東京湾アクアライン建設計画は当初から「収支バランスが明らかにおかしい」と指摘されていたが、道路公団を株主に入れ、民間企業である東京湾横断道路株式会社が資金調達と建設工事の両方を行う体裁を整えたという。最終的な建設費は当初予算を約三〇〇〇億円超えた一方、収入見込みは四割にとどまるなど、「国家財源の『食いつぶし』」に終わったが、「房総半島の活性化のためには仕方がなかった」とし、「地元利益誘導型政治」の実践と総括している。[74]では、党人政治家である浜田は地元選挙区との関係をどう構築していたのであろうか。次男の浜田敏之（一九五八年生まれ）がインタビューに応じてくれた。

菅谷：高畠通敏氏は浜田幸一と田中角栄という二人の政治家の共通性を指摘しています。既成の支配層、エリートへの挑戦者という位置付けです。この地域で浜田先生の支持層はどのような方々が中心だったのか、そこからお聞かせください。

浜田：中選挙区時代の千葉三区は名門政治家が多く、大手建設企業はそうした政治家を支持していました。これに対し、浜田幸一は旧制木更津中学校（現・千葉県立木更津高校）の同窓生ネットワークに加え、青年団・消防団活動のネットワークに支えられていました。また、役人へのコンプレックスが強く、政治家になってからは官僚と正面から対立するのを避けていました。青年団活動で返還前の沖縄に行き、愛国心が沸いたことが国会議員を志した動機だと語っていました。昭和焼け跡派としてのナショナリズムが強かったです。
菅谷：浜田先生は田中角角栄、それに「国土の均衡ある発展」という考えをどう評価していましたか。
浜田：当時は官僚出身政治家をのぞき、みんな田中角栄のような政治家を目指していたと思います。もともと浜田幸一には富津の貧しさが子供の頃から沁み込んでおり、この地域を何とかしなければならないという意識がありました。千葉県議時代から県内の開発が進んでおり、そういう流れの中でみんな同じ考えになったのではないでしょうか。

2021年９月１日、浜田靖一後援会事務所（千葉県木更津市）で筆者の取材に応じた浜田敏之。

菅谷：選挙区との関係、特に陳情対応はいかがでしたか。
浜田：千葉県では公共事業はあまりありません。このため、建設省関連よりも、農業土木など、農水省関連の陳情を多く受け付けていました。木更津の橋上駅建設は実現しませんでしたが、陳情はいっぱい受け付けており、新日鉄前の道路整備など、道路関連は結構頑張っていました。漁港整備は大した予算をかけずにできました。

菅谷：東京湾アクアラインの建設に尽力されたことで知られていますが、この地域の振興とどう結びつけようとされていたのでしょうか。

浜田：東京湾アクアライン完成後は房総半島に三〇万都市を複数つくるのが自分の目標だと語っていました。この地域の経済の柱は砂であり、当時は埋め立て事業で砂利の需要があった時代です。アクアライン建設と同時に、館山まで高速道路をつくらせる運動もしていました。

菅谷：現在、東京湾アクアラインは千葉県側にどんな影響を与えていますか。

浜田：木更津を中心とする千葉県南部が有名になり、企業の進出を促したことは事実です。しかし、ストロー効果のほうが強く、千葉県にとっての恩恵は少ないです。浜田幸一は人口が増えると思っており、人口減少に向かうとは認識していませんでした。(75)

すなわち、政治家である浜田は強いナショナリズムを持ちつつも、国土開発という視点よりは地元選挙区の振興に強い使命感を持っていた。また、東京湾アクアライン開通にこだわったのは、地元単独での経済成長が難しいので、他地域との接続を強化することで成長に結びつけようという狙いがあった。そのためにも、国を動かす必要があったのである。

なお、浜田はさきの著書で、小泉改革は格差の拡大と地方の疲弊をもたらした面もあるが、「官から民へ」、「小さくて効率的な政府」という発想は間違っていなかったという立場を示している。「自民党は構造改革の旗を降ろすのではなく、その旗をもっと高く掲げながら、同時に景気対策のための財政出動も積極的に進めるという姿勢を明示する必要があった」と述べている(76)。

しかし、構造改革と積極財政を同時並行的に進めるという議論には無理がある。東京湾アクアライン開通を実現した事実に鑑みると、小泉改革への肯定的評価には矛盾を感じる。この点を浜田敏之に尋ねたところ、その背景には二〇〇五(平成一七)年の郵政解散・総選挙があったようである。当時、浜田は小泉純一郎首相の顔を立てることに気を遣っており、長男の浜田靖一が郵政民営化反対の立場をとっていたのを説得し、賛成に回らせたという。また、「財政再建の重要性は認識していたが、消費増税により選挙で負けては元も子もないので、支出を下げざるを得ないと考えていた。国家予算の理想の内訳までは語っていなかった」という(77)。

晩年の浜田は小泉内閣との関係から「小さくて効率的な政府」論を理想論に据えていたが、現在の千葉県南部の現状を見れば、政治の果たす役割として異なった見方を我々に提示していたのではないだろうか。

第六節　玉置和郎

宗教界からの政界進出

青嵐会代表世話人の中で唯一の参議院議員だった玉置和郎は一九二三（大正一二）年に兵庫県神戸市で生まれ、和歌山県で育った後、一九四五（昭和二〇）年、関東軍見習い士官として満洲で終戦を迎えている。復員後は妻と共に苦労して生計を立てるが、その玉置が国政に進出する上で重要な意味を持つのが宗教界との関係であった。

玉置は一九五三（昭和二八）年、当時浪人中だった前衆議院議員・早川崇の知遇を得て、一九五六（昭和三一）年から自民党本部職員となっていた。早くから参院選出馬を希望し、有力な後援組織を探し求めていた。こうした中で、党本部事務局で宗教問題を担当していた同僚の紹介により、生長の家を知ることになる。(78)

第三章で述べたように、生長の家は一九五〇年代以降、明治憲法回帰の路線を掲げ、政治との接点を強めるようになっていた。一九六二（昭和三七）年、自民党青年部中央常任委員会議長であり、生長の家教務である玉置を参議院全国区候補に擁立するが、結果は三〇万一八二二票、第六七位で落選していた。その三年後、玉置は参議院全国区から再出馬し、八五万四四七三票、第三位で当選している。この初当選を支えたのが日の丸掲揚運動、優生保護法改正、自主憲法制定、日教組教育反対を掲げる生長の家政治連合（一九六四年設立）であった。以後、玉置は生長の家を支持母体にして参議院全国区から立候補し、以後、一九七一年に七一万九〇一七票、一九七七年（昭和五二）年に一一一万九五九八票を獲得し、議席を維持することになる。[79]

玉置は一九七一年の第九回参院選では「日本民族の伝統に基づく、日本のための日本の正しい憲法をもとう」、「偏向教育を排し、大切な子弟を革命教育から守ろう」を公約に掲げるとともに、共産主義批判を展開していた。[80] こうした玉置の思想信条に鑑みれば、二年後に結成される青嵐会への参画は当然であった。

ちなみに玉置は田中内閣初期の対談では、「日本列島改造論が地方の自治体でかなり好感を以て迎えられている事実、これは私も知っております。しかし、日本列島改造論というものの、考え方の中心を成すものは、物を中心の考え方なんです。ここに精神的なもの、道義的なもの、民族的なもの、これはないわけです」と評している。むしろ「氏神様を中心にした郷土作り」こそ、「日本の大きな精神的支柱」であり、「こういった問題を改造論の中に生かしていかないといけない」と述べている。[81] 生長の家を支持母体にして参議院全国区で勝ち抜いてきた玉置の信条を強く感じさせる主張である。少なくとも、この時期の玉置には国と地方をつなぐ利益誘導政治の発想は見られない。[82]

当初、自民党で三木派に属していた玉置は田中内閣成立以降、無派閥を貫き、一九七七年には青嵐会の行動原理を継承する形で参議院に宗教政治研究会（玉置グループ）を設立する。[83] そして、この六年後に衆議院への鞍替えという大きな転機を迎えることになる。

半島振興法の制定

一九八三（昭和五八）年、玉置が衆議院和歌山第二区に鞍替えすることになったのは、前年一二月に早川崇が死去し、新たな候補者を立てる必要性が生じたためである。それまで参議院全国区での選挙戦しか経験してこなかった玉置は、衆院選への出馬を契機として、和歌山県の県民所得が極めて低いことや、発展から取り残された紀伊半島の現状を初めて知ることになる。[84]

和歌山県は紀伊半島南西部に位置し、温暖な気候と狭い平野で林業と果実栽培が盛んに営まれている。同時に、現在でも自民党が強い地盤を誇る「保守王国」の一つとして知られているが、他県と比較すると戦前から開発の面で後れをとっていた。作家・塩田道夫の表現を借りるならば、当時の和歌山県民が待望していたのは「国政レベルの問題を行なう政治ではなく、生活に直接結びつく身近な問題の推進」であった。そして、「地元レベルで動くことの出来る政治家の存在であり、田中角栄的な強力な政治家の存在を和歌山県下にも期待する単純な発想であった」[85]。

さきに引用した田中内閣初期の対談に見られるように、もともと玉置は『日本列島改造論』に批判的であり、国土開発への明確な関心もなかった。ところが、一九八三年の第三七回衆議院議員総選挙出馬に際し、半島振興法制定を公約に掲げている。当時、地域振興に関する法律として過疎地域振興法、離島振興法、山村振興法、小笠原・奄美郡振興法が施行されていたものの、いずれも自治体単位にとどまり、広域的な地域振興に結び付いていなかった。そのため、玉置は半島全体の振興と地域活性化にはトータルな形での半島振興法が必要であり、国土開発の面からも実現すべき課題と捉えていた。(86)

2022年３月25日、ザ・キャピタル東急（東京都千代田区）で筆者の取材に応じた大江康弘（現在、和歌山県白浜町長）

玉置の元秘書であり、一九七九（昭和五四）年から二〇〇〇（平成一二）年まで和歌山県議会議員を務めた大江康弘は筆者の取材に対し、「参議院全国区当時の玉置は、生長の家が選挙を丸抱えしていたので、選挙の心配をしなくていい立場でした。和歌山の事務所には警察、自衛隊、消防、税務職員に感謝しよう、という看板を掲げており、県内振興という発想はなかったです。むしろ国家という舞台の中で何を自分がやらなければならんかということを絶えず考えておられた。政治家としての大きな分岐点になったのは、衆議院議員になってからだと思います。そこから和歌山県という選挙区を意識し、公共事業を媒介として土木、建設業の人たちとの付き合いも生まれてきました」と証言している。その上で、半島振興法はもともと和歌山県議会議員・西本長浩が発案し、当時の県知事・仮谷志良から玉置に対して法制化の要望がなされていた、というのが実際の流れだったと述べている(87)。

以上のことから、半島振興法制定に向けた玉置の取り組みは地元の意向を反映し、選挙戦のために用意されたアピール・ポイントという性格が強かったことは事実である。ただし、玉置は青嵐会時代、「田中総理の提唱する日本列島改造論が、その思惑からはずれ、かえって自由民衆党の支持率まで落としたのも、根本的な甘さがあったからではなかろうか(88)」と述べており、「国土の均衡ある発展」という理念は評価していたと思われる。玉置が半島振興法の必要性を紀伊半島にとどまらず、国土開発の文脈から理解していた点は軽視すべきではない。

第二次中曽根内閣期の一九八五(昭和六〇)年六月に成立する半島振興法は「半島地域の自立的発展、地域住民の生活の向上及び半島地域における定住の促進を図り、あわせて国土の均衡ある発展に資すること」(第一条)を目的にした一〇年間の時限立法である。かつて半島地域は船舶が交通手段の中心だった時代は港を中心に繁栄したが、陸上交通に比重が移ると、高速道路体系の幹線軸から外れた地域になってしまった。かつ、平地や水資源に乏しく、産業基盤や生活基盤の整備が遅れていたことが半島振興法制定の背景にあった。[89]

ただし、行財政改革を掲げる中曽根内閣の下、中央からの財政支出を伴う法案を議員提出により国会通過させるのは至難の業であった。当時、官邸側は廃案に持ち込もうと執拗に圧力をかけるが、自民党半島振興委員会事務総長・衆議院建設委員長である浜田幸一の協力に加え、玉置が表面的な法案修正に応じたことで成立に至る。[90] すでに衆議院転出から一年半が経過していたが、この半島振興法制定は玉置にとって自らの政治生命を賭した大仕事であった。

玉置は一九八五年六月に癌で入院しており、本人も病状は承知していた。一九八六（昭和六一）年七月、第三次中曽根内閣総務庁長官に就任し、農協への行政監察導入などに辣腕を振るうが、同年一二月に再入院し、翌年一月、直腸癌により逝去する。享年六四。現職閣僚の死去としては戦後三番目の事例であった。

半島地域の現状と「地域主権」という幻想

国土交通省によれば、わが国の半島地域は依然として厳しい状況にあり、二〇一三（平成二五）年四月一日時点で二三地域（二二道府県・一九四市町村）が半島振興対策実施地域に指定されている。そして、二〇一五（平成二七）年三月には三度目の期限延長（二〇二五年三月まで）と内容充実がなされている。[91]

国土面積の九・八％を占める半島地域は高齢化率と第一次産業の就業割合が高い一方、住民の所得は極めて低い。工業集積度、基礎自治体の財政力指数は以前より改善したが、低位にとどまっており、半島と全国の格差は拡大傾向にある。[92] 半島振興法は「国土の均衡ある発展」を目的に掲げる点で『日本列島改造論』の理念を引き継いでいる。もしも玉置が生きていれば、この現状を放置してきた政治の責任を厳しく追及したはずである。

長文にわたるが、かつて玉置の秘書を務めた大江康弘の著書の一部を引用する。

> 国土強靭化策の根本にある考えは、「国民の生命と財産を守り、安心を確保するのは国の責任であり、国家の義務である」ということだ。そのための組織や権限を侵すことは絶対に間違っていると、私はずっと言いつづけている。（中略）
>
> そもそも、民主党が広めた「地域主権」なる概念は存在しない。本来、主権というものは国と国家に与えられるべきもの。地域に主権を与えるということは、国の形と国家観を否定することになる。（中略）まずは、国の形をしっかりと機能する組織としてつくり上げることが大切である。けっして国の弱体化につながるような地域主権に走ってはいけない。
>
> 根本的に、いまの日本は中央集権制でうまく機能している。私は、中央集権制度が悪いとはけっして思わないし、中央の力学のなかで地方が切磋琢磨して自治に取り組む構図に問題があるとも思

わない。また、補助金行政が悪だという考えにも反対だ。戦後七十年が過ぎたいま、都市部と地方、あるいは地方間でも格差が広がっている。地方分権の四文字だけでは、その格差を埋められないのが現状だ。

国土の均衡ある発展を考えれば、地方に権限を移すのではなく、国や中央の目線で地方の現状をとらえ、地方間格差をなくしていくことが最も肝要だと思う。同時に、地方出身の国会議員や関係する議員が中央官庁との信頼関係を築き、中央に物申す力をつけること。そのうえで、地域間格差を是正していくのが望ましい。この構図は今後も変わらないし、このやり方こそが、日本の歴史と土壌に合っている。(93)

光源寺（和歌山県日高町）にある玉置和郎の墓（2022年８月11日、筆者撮影）

これは和歌山県政と国政の双方で活動し、長く中央と地方の関係を見てきた大江の文章であるからこそ、重みが感じられる。もしも玉置が生きていたら、同じことをを述べたのではないか。大江も指摘しているように、主権は国家を統治するための不可分の力であって、それを地方に分割することなどありえない。地域を取り巻く実情は全国一律ではない以上、発展の遅れた地域に自助努力を求めることには限界がある。平成以降の政治はこの点を十分に顧慮してこなかったように思う。

第七節　渡辺美智雄

インフレ抑制と地方分散を目指して

さきに引用したように、渡辺は青嵐会結成当初から『日本列島改造論』に基づく分散型の国土政策を支持していた。第二章で述べたように、渡辺は一九七二年の自民党総裁選で田中を支持した一人だったが、当時は地域振興の在り方をどう捉えていたのだろうか。

約二〇年間秘書を務めた稲葉卓夫によれば、「渡辺美智雄はゴリゴリの右寄りの政治家と思われているが、むしろリベラリストであり、悪いものは変えていこうという意味での改革主義者」であったという。「栃木県議会の爆弾男」と言われた渡辺が周囲に押されて国政をめざした「当時は地方が置きざりにされていた時代であり、渡辺には郷土栃木を豊かにしたいという思いがありました。政権与党・自民党でなければ物事は解決できない。社会主義では日本を豊かにすることはできない」という考えの持ち主であった。「われわれは四六時中、渡辺のそばにいましたが、田中批判的なことは一切聞いたことがなかった。地元にいかに予算を持ってくるかっていうことを渡辺は田中角栄さんから学んだ。地元に予算を持ってきているのは僕が田中角さんに次いで二番目だと言っていました」と証言している。(94)

では、青嵐会結成時に渡辺が経済や国土開発の面で考えていた内容を論文「公害、インフレ、土地問題への解決策」からたどることにしたい。渡辺は同論文の冒頭で、池田内閣の所得倍増計画以降、物質文明と精神文明の不均衡が生じ、「田中内閣になってからは、いっそう物質万能の風潮で、例の『日本列島改造』――工場をつくってあげましょう、鉄道を引いてあげましょう、港を直してあげましょう、道路をつくってあげましょうというイメージになってきてしまった」と批判している。その上で、経済政策においては物質万能に基づく考えを修正し、「恵まれない人々、老いた人々、貧しい人々、不幸な人々に対しては、思い切った福祉政策と、物心両面の福祉政策をとっていかなければならない」と述べている。(95)

この部分は青嵐会趣意書にある「物質万能の風潮を改め」(第二条)、「恵まれぬ人々をいたわり、新しい社会正義確立」(第三条)を志向する精神と一致する。(96) ちなみに青嵐会座長の中尾栄一は若年層よりも高齢者を優遇する過剰な福祉政策に強く反発していた。それに比べると、渡辺は福祉国家的な発想が強かったと言える。

渡辺はこの論文の前半で、「インフレ抑制」を国内政策上の重点課題として位置付け、物価安定緊急措置法、重要物資需給安定法の制定、銀行による貸し出しを規制する「貸し出し準備率」の新設、大蔵大臣への預金金利引き上げ権限の臨時付与、低所得者層に配慮したインフラ調整減税と大企業対象の法人税率引き上げ、生活関連輸入物品の関税減免(97)、優先度に応じた公共事業への設備投資を提言している(98)。国民生活の改善に向け、経済・税制を専門分野にする渡辺の知見が遺憾なく反映された網羅的な提言と言えよう。

また、物価安定策の一環として、東京などの大都市で野菜の生産増強を図り、「それが余って暴落するという場合には、政府の責任において農家に補償するという形で、潤沢な供給のため、いろいろな行政措置を講じていくこと」も提案している(99)。

一九七〇年代は世界的に食糧安全保障への関心が高まっていく時期であり、渡辺が物価問題と食糧問題を一つのパッケージで捉えていたことは興味深い。もともと余剰農産物を政府が買い取ることで農家の生活を保護する手法は、ニューディール政策における農業調整法でも採用されている。この一九七〇年代半ば、日本の農業就業人口は七〇〇万人以上であり、農林族議員である渡辺としても、農家の所得補償は無視できない問題であった。

次に渡辺は論文の後半で、土地問題に関する国全体の利用計画を作り、「利用指定以外の利用は原則として認めない」ようにすることや、③政府または公共団体の指定した以外の土地利用に対しては重税や強制買い上げなどの制裁を行うことなどを提言している。[100] こうした強制力を伴う土地利用規制は、さきに引用した石原の主張と軌を一にするものである。

その上で、宅地問題については、①三大都市圏への人口流入抑制措置を講じること、②「やはり日本列島改造に従って、『地方分散』というものを促進する必要がある。工場、大学といったものをそれぞれの地方に分散して、しかも受入体制ができるような、税制上、財政上の措置をとる」ことや、「地方中核都市の建設をして、それらの大学、工場等の受入整備を図る」こと、③三大都市圏における一定規模以の農地は区画整理事業を義務付け、宅地用と都市農業用に半分ずつ分けることで、「社会のために半分財産を提供して宅地をつくった人が恵まれるという形で、農民にも納得していただく措置」にすべきと提言している。[101]

③はさきに触れた物価安定策としての食糧増産に重なるが、ここで注目すべきは②のほうである。渡辺は論文の冒頭で『日本列島改造論』が物質万能の風潮に拍車をかけたと批判しながらも、三大都市圏に偏った成長を是正するためにも、政府主導により地方への人口・企業移転を進めるべきと考えていた。つまり、地方と都市の格差を踏まえ、「国土の均衡ある発展」を目指していた点で渡辺と田中は問題関心を共有していたのである。

中曽根内閣と国鉄民営化

第四章で述べたように、一九八二（昭和五七）年一一月の自民党総裁選は田中派の支援を受けた中曽根康弘の勝利に終わる。政権成立当初は「田中曽根内閣」、「田中角影内閣」と揶揄されていたが、翌年一〇月、ロッキード事件をめぐって田中角栄の有罪が確定したことを奇貨《きか》として長期政権に向かうことになる。

なお、「ロッキード選挙」と呼ばれた一九八三年一二月の第三七回衆議院議員総選挙に自民党公認で初出馬し、京都府第一区で首位当選を果たしたのが伊吹文明（一九三八年生まれ）である。伊吹は京都大学経済学部卒業後、大蔵省に入省し、渡辺美智雄が鈴木内閣大蔵大臣在任中に秘書官を務めた後、一九八二年、二二年間勤務した大蔵省を退官している。

伊吹が出馬を予定していた京都府第一区（定数五）はロッキード問題に関する調査特別委員会委員長を務めるなど、田中金権政治に批判的だった田中伊三次（元佐藤内閣・田中内閣法務大臣。一九八〇年に自民党を離党）の選挙区であった。当時、メディアでは田中伊三次を落選させるため、田中角栄の差し金で伊吹が立候補したのではないか、という報道まであったが、実際には田中伊三次が自ら引退を決め、その支持者の多くは伊吹を応援する側に回った。

伊吹は筆者の取材に対し、「当時、私に対しては自民党だからという批判はほとんどありませんでした。むしろ新人であったがゆえに、自由に物が言えたので得をした面があったと思います」、「中選挙区時代は自民党の支持者も色分けされており、田中伊三次先生を応援していた組織や団体は田中先生の引退で行き場がなくなるので、私を応援してくださった」と述べている。また、渡辺美智雄からは選挙の心構えとして、「選挙は人に一番迷惑をかけた者が当選する。遠慮なく支持者に対して、こうしてほしい、ああしてほしいと厚かましくお願いしろ。ただし、お世話になったことを忘れて、その後の報告・連絡・相談を欠いた者は必ず次の選挙で落ちるぞ」と教わったという(102)。

2024年５月７日、東京都千代田区内の事務所で筆者の取材に応じた伊吹文明。

無派閥の新人候補だった伊吹が中央の政局に影響されることなく、地域特有の構図を反映して首位当選した経緯は中選挙区制における一つの事例として興味深い。党首の人気度に左右されがちな現在の小選挙区比例代表並立制とは対照的である。それだけに党人政治家である渡辺の言葉は、政治家が地元有権者との関係をいかに築くかを考える上で重要な意味を持つと言えるだろう。

伊吹は初当選後、一九九〇（平成二）年二月に渡辺が中曽根から派閥を継承するまでの期間、渡辺系の政策集団である温知会の事務局長として活動する。その後、橋本内閣労働大臣、森内閣国家公安委員長、第一次安倍内閣文部科学大臣、自民党幹事長、福田内閣財務大臣、衆議院議長を歴任し、二〇二一（令和三）年、一二期に及ぶ代議士生活に幕を閉じている。

「戦後政治の総決算」を掲げた中曽根内閣の主たる業績としては、日米同盟強化や内需拡大路線と並んで、新自由主義的な行財政改革が挙げられる。増税なき財政再建を基調とする第二次臨時行政調査会の提言に基づいて実施された三公社民営化はその象徴である。

一九八五年四月、日本専売公社と日本電信電話公社がそれぞれ日本たばこ産業とＮＴＴとして民営化され、一九八七年四月には日本国有鉄道がＪＲ七社として分割民営化されている。

第二次中曽根内閣で通商産業大臣を務め、一九九〇年二月に中曽根から派閥（政策科学研究所）を継承した渡辺は翌年九月二一日の議員研修会で、「激動する世界への対応―国際国家日本の建設―」と題する講演を行っている。その中で、「中曽根内閣では国鉄の民営化、電々公社の民営化というような画期的な行政改革の実を挙げたということは大きな歴史上の問題でありましょうし、市場開放についてもかなりのことをスタートさせたことも事実であります」と述べている。(103)

しかし、渡辺が歴史的偉業の一つとして評価した国鉄民営化から三五年以上を経た今日、北海道、四国、九州では維持の困難になった路線が続出している。地域間格差を考慮すれば、各社の業績に差が出るのは当然であり、十分な収益の見込めないローカル線も含めて民営化したことの弊害が今になって表れている。

稲葉卓夫は、「あの当時、三公社五現業の民営化についてはみんな疑義を持っておらず、中身についてもあまり議論されていませんでした。もともと国鉄は分割民営化する際、同一運賃だと言っていたのに、実際はそれが崩れてしまった。渡辺は、全国でつながっていてこそ国鉄だ、という考えの持ち主でした。渡辺が生きていれば、国鉄改革は今とは違った形になったと思います。渡辺美智雄のように原理原則の分かる政治家がいま必要です」と述べている(104)。

もともと国鉄民営化の必要性は田中角栄も早くから認識していたが、赤字路線の切り捨てや、地方住民の夢と期待を考慮しない国鉄改革には批判的であった(105)。特に北海道の鉄道は人口が一〇〇〇万人を越えるまでは赤字が続くため、「北海道の鉄道は民営にはできない。北海道鉄道公社をつくるべきである」と考えていた(106)。地方が持つハンディを熟知していた田中だからこそ、全国一律での分割民営化は必ず行き詰まることを見越していたのである。

武部勤も筆者の取材に対し、「北海道なんかは北日本鉄道にすればよかったんです。JR北海道とJR東日本に一本化すべきだったと思います。東日本や東海は莫大な資産価値のある土地を持っている。しかし、資産のない北海道・四国・九州の三島の民営化は最初から無理があったのではないか。

しかし、僕はいずれ鉄道に対する価値観は見直されると思っています。それにつけても北海道だけでは厳しいです」と述べている。(107)

広域行政への視点

平成に入ると、バブル景気に伴う都内の地価高騰や、大規模災害が発生した場合のリスクなどを反映し、政治の場でも東京一極集中の是正に向けた議論が高まっていく。政治家として昭和と平成の時代を生きた渡辺は日本の国土政策に関連して、どのような将来像を抱いていたのか。断片的な検証にとどまるが、一九九三(平成五)年まで秘書を務めた稲葉卓夫の証言を手始めにして考察を試みたい。

まず、衆参両院では一九九〇年一一月に「国会等の移転に関する決議」が採択され、一九九一年八月、国会等移転に関する特別委員会が設置される。翌年一〇月には議員立法として「国会等の移転に関する法律」(国会等移転法)が制定され、こうした流れに対応する形で、国会誘致のための様々な運動が各地で活発化する。

この時期、稲葉は渡辺文雄栃木県知事のもとに国会等移転に関する特別委員会の資料を送付しており、そこから那須地区への国会誘致に火が付くことになる。当時、富士山の麓である山梨が最有力地と見られていた。しかし、地震予知連絡会の茂木清夫会長が国会で、活断層があるので不適地だと証言したため、渡辺美智雄は消去法で行けば那須が最有力地であるという自信を深めていく。他の候補地からマークされることを避けるため先頭に立って騒ぐことはしなかったが、那須への国会移転には大いに賛成だったという(108)。

前述のように、渡辺は一九七〇年代から工場と大学の「地方分散」を提唱していたが、この国会移転論議はまさに予想外のものだった。だからこそ、表向きは静観を装いつつ、国と地元の動きを凝視していたのである。

渡辺は一九九一年一〇月、宮沢喜一、三塚博との間で自民党総裁の座をめぐって争うが、結果は宮沢二八五票に対し、渡辺一二〇票の次点であった。同年、渡辺は宮沢内閣に副総理兼外務大臣として入閣するが、膵臓癌が体を蝕み始めており、一九九三年四月に辞任を余儀なくされる。

この三か月後、自民党は第四〇回総選挙で過半数割れの大敗を喫し、八月五日、宮沢内閣は総辞職する。細川護熙（日本新党）を首班とする非自民連立政権に交代し、ここに五五年体制は幕を閉じる。この間、渡辺は七月三〇日の自民党総裁選で河野洋平官房長官（宮沢派）と一騎打ちになるが、結果は河野二〇八票、渡辺一五九票であった。政治改革論議を通じて派閥に否定的な風潮が強まっていた中、派閥を率いる渡辺は最初から不利な立場にあった(109)。

翌年、渡辺は側近代議士の柿澤弘治（元宮沢内閣外務政務次官）、伊吹文明（元自民党副幹事長）との共著『新保守革命』を刊行している。同書は渡辺の次期総裁選出馬を見越して、高齢化社会の到来やアジアの成長などを見据えた多様な政策提言を盛り込んでいる。

国土開発に関わる内容として、①光ファイバーによる情報通信網の整備などへの積極投資[110]、②「ゆとりある暮らし」を目的にした地方分権と首都機能分散[111]、③都道府県廃止と「道州制国家」への移行[112]、④将来の州都となる地方中枢都市間、および地方中枢都市と周辺地方都市を結ぶ高速道路網の完備[113]、⑤産業の地方分散を促すための特定地域限定の優遇税制[114]、⑥過疎地対策として、高度情報システムを活用した医療診断、農地法の制限緩和による開発自由化である[115]。

このうち、最も目を引くのは③であり、具体的には日本を「北海道」、「東北」（青森・秋田・岩手・宮城・山形・福島）、「関越」（新潟・長野・山梨・群馬・栃木・茨城）、「南東」（埼玉・千葉・東京・神奈川）、「東海」（富山・石川・岐阜・愛知・静岡・三重）、「近畿」（福井・滋賀・京都・奈良・和歌山・大阪・兵庫）、「中国」（島根・鳥取・岡山・広島・山口）、「四国」（香川・徳島・高知・愛媛）、「九州」（福岡・佐賀・長崎・熊本・大分・宮崎・鹿児島・沖縄）という九つの「道州」に再編することを提言している[116]。

平成初期、道州制は地方分権や規制緩和の一環として俎上に載せられたものであり[117]、その根底には戦前以来の中央集権的性質への批判があった。しかしながら、渡辺自身が道州制への意向をどこまで現実視していたかは疑問である。

中山正暉は青嵐会消滅後、しばらくして中曽根派に入会し、のちに渡辺派で最後の事務総長を務めている。中山は竹下内閣郵政大臣在任中、全国的な情報通信網の整備に対応して広域行政化が進むことを予測し、道州制を検討課題に据えることを主張していた[118]。

中山によれば、渡辺は過疎化によって地方が衰微する中、「もっと大きなスケールで国会議員を選ぶべき」という「広域行政派」であり、道州制にも積極的な印象を受けたという。ただし、地方分権を正面から主張していたわけでなく、国主導の開発という姿勢に変わりはなかった。地方の首長が持つ権限には留意していたが、『新保守革命』に盛り込まれた「道州制国家」論を渡辺から直接聞いたことはなかったという。[119]

共著者として名を連ねた伊吹によれば、渡辺はこの『新保守革命』の原稿執筆には関わっておらず、実際は伊吹と柿澤が書いた原案を渡辺が通読し、議論をして修正したものが出版されたという。「この本は渡辺先生が総理大臣なったらこんなことをやってみたいという宣伝の書であり、率直に言って、道州制の部分に深い思い入れはありませんでした。中曽根内閣による三公社民営化以来、中央による国家統制を緩和すべきだというのが時代の雰囲気でした。当時は新党さきがけなども道州制を提唱しており、将来の渡辺政権成立を考えると、この時代における一つのテーマとして言及しておいたほうが良いのではないかということでした。道州制論は地方自治における国家主権の分権論のようなものだったのではないでしょうか」と述べている。[120]

一方、さきに列挙した国土開発の提言のうち、⑥にある農地開発の自由化は渡辺自身の主張に重なる。渡辺は一九九一年の自民党総裁選当時、「農地法などを改正し、小規模地主の権利を守りながら農地の流動化を一層促進する」ことを提唱していることから、[121]農政問題の面では旧来の考えを転換していたと言える。

一九九四（平成六）年四月二五日、細川内閣は総辞職し、同月二八日、羽田内閣が成立する。この過程で、小沢一郎は渡辺の自民党離党を条件にして渡辺内閣の樹立を画策し、中山は渡辺派事務総長として派内の意見集約に奔走する。最終的に、小沢が提示した渡辺擁立構想は羽田孜の了解を得ていないことが発覚して幕を閉じる。中山は渡辺に対し、「渡辺先生は総理大臣以外になるものではありません。晩節を汚さないでおきましょう。この辺りでやめましょう」と進言し、渡辺もこれに従うことになる。[122]

日本社会党委員長・村山富市を首班とする連立政権が末期にさしかかっていた一九九五（平成七）年九月一五日、渡辺は東京女子医科大学病院で七二年の生涯を終える。晩年、渡辺の胸裏には自らと同じように総裁の座を目指して挫折した中川一郎の姿がよぎっていたかもしれない。かつて秘書だった牧明弘は、「うちの先生が体を壊してまで、最後まで総裁選挙に

光真寺（栃木県大田原市）にある渡辺美智雄の墓（2023年７月10日、筆者撮影）

執念を燃やしたのは中川先生への思いもあったはずです」と追憶している。[123]
党人政治家として昭和を生き抜いた渡辺の死は、田中角栄の死と並んで、日本政治における一つの時代の終わりを象徴するものであった。

第八節　小括―国が果たすべき役割と責任―

田中角栄の国土開発構想を集大成した『日本列島改造論』は高度経済成長の負の遺産を背景に誕生したものであり、東京一極集中の是正と地方への分散を目標に掲げていた。「社会経済圏が拡大するにしたがって、国土全体の発展と切り離された地域の発展はありえない」[124]という一節は今読んでも含蓄に富む。

ただし、田中が大企業に配慮して土地規制や税制措置の手を緩めた結果、地価高騰をもたらし、地方への工場移転は進まなかった。さらに第一次石油危機の到来により日本経済はスタグフレーションに突入し、高度経済成長時代は田中内閣と共に終わりを迎える。

そもそも田中と青嵐会は「国土の均衡ある発展」を志向する点では共通の認識を抱いていた。しかしながら、田中の開発政治が大企業中心となり、全国的な地価高騰を防げなかったことは経済至上主義の弊害を強烈に印象付けるものとなる。また、田中の場合は新潟がユーラシア大陸と近いため、安全保障上の脅威よりも日ソ経済交流に関心を置く傾向があった。そのことも青嵐会の一部からすれば、共産圏への接近を図る外交と映っていた。

この補論の後半では中川一郎、浜田幸一、玉置和郎、渡辺美智雄を事例として取り上げ、彼らが地域振興の上で重視していた事柄を検証した。勿論、昭和の政治家たちが抱いていた発想はそのまま現在に通用するわけではない。『日本列島改造論』は人口の増加に対応した国土の効率的利用を目的としたものであり、[125] 人口減少時代に突入した現在とは前提が異なる。[126] 中川、浜田、玉置にしても、遠くない将来に北海道、千葉県南部、紀伊半島は地域主導の発展に移行し、国への依存度が高い状態から脱却できると考えていた。しかし、いずれの地域も現状は決して明るいとは言えない。小泉内閣期の「三位一体の改革」に象徴されるように、こうした一連の流れが地方にもたらした負の遺産にも目を向けるべきである。

そもそも財源の乏しい地方公共団体がインフラ整備などの施策を独自に進めるには政府による予算支出や税制措置が不可欠であり、地方や民間の力だけに委ねておけばいいという問題ではない。[127] 地方の衰退が加速し、日本が国として生き残っていけるのかという岐路に差しかかっている中、『日本列島改造論』が適した論点や、失敗の要因を分析することの現代的意義は小さくないだろう。

また、『日本列島改造論』は東京が大災害に見舞われた際の被害予測に基づき、国土強靱化の視点も提起している点も重要である。青嵐会の一員だった中山正暉は筆者から『日本列島改造論』への評価を問われた際、長年の宿願として第一次森内閣建設大臣・国土庁長官在任中の二〇〇〇年五月に制定された「大深度地下の公共的使用に関する特別措置法」（大深度法）を挙げ、「もう一つの国土軸を作らにゃいかんという意味で東北を開発するのはいいことだと思っていました」と答えている。[128]東北地方は二〇一一（平成二三）年の東日本大震災により未曾有の打撃を受けた。東北復興を前に進め、かつ、将来の大規模災害時における被害軽減のためにも、複数の国土軸形成に向けた具体的論議が必要である。その際、交通ネットワークの果たす役割も顧慮されなくてはならない。

鉄道史家・小牟田哲也が指摘しているように、赤字路線の撤去によって地域の産業が衰退し、都市に人口が流出すれば、過密と過疎を一段と深刻化させ、鉄道の赤字額を大きく上回る国家的な損失を招く。[129]しかも大規模災害などの非常時への対応や、東京一極集中の解消といった課題を考えると、鉄道は市場原理のみで捉えるべきではない。その維持には一定の公的な関与や支援が不可欠であり、「地方自治体レベルではなく、中央政府として日本全国の鉄道網、道路網、そして航空網を含めた総合的な交通ネットワーク全体を俯瞰する視点が欠かせない」ことになる。[130]近代以降、中央集権の仕組みで日本の国土が発展してきた実績を顧みるならば、地方の成長を実現する上で国が果たすべき役割は重要である。

岸田文雄首相は二〇二〇（令和二）年の自民党総裁選挙出馬に際し、大平正芳の「田園都市構想」

を踏襲した「デジタル田園都市構想」を掲げ、アベノミクスの恩恵が十分でない中間層への支援や、富の再分配、新自由主義からの決別を主張した(131)。

現在の岸田内閣による取り組みは別の場所で論じる機会があるだろうから、ここでは触れない。平成の時代は政治と経済の両面で「改革」という言葉が多用されたが、地方や中小企業が成長から取り残されるなど、多くの課題や弊害を次の時代に残した。今、令和の日本を活力ある国にするためにはどのような政策が必要なのか、我々は歴史に学ぶことから議論を始めるべきである。

(1) 小林英夫『自民党と戦後史』(KADOKAWA、二〇一四年)一四三頁。
(2) 石川真澄『人物戦後政治―私の出会った政治家たち―』(岩波書店、一九九七年)九三頁。
(3) 田中の元公設秘書・佐藤昭子によれば、「田中が小選挙区制の導入をめざしたのは、派閥解消と政治資金規正法の問題がからんでいたから」であり、むしろ小選挙区制の弊害として、有権者の選択の自由が狭められることや選挙費用が中選挙区制以上に膨張することなどを危惧していたという(佐藤昭子『私の田中角栄日記』新潮社、一九九四年、一一五～一一六頁)。
(4) 和田静夫『国土計画と自治―反「日本列島改造論」―』(勁草書房、一九七三年)一七頁。
(5) 同前二一～二二頁。
(6) 米田雅子『田中角栄と国土建設―「列島改造論」を越えて―』(中央公論新社、二〇〇三年)一五九～一六一頁。
(7) 服部龍二『田中角栄―昭和の光と闇―』(講談社、二〇一六年)四～五頁。
(8) 藤井聡「強靱な国土づくり、地域づくりを考える」(北海道開発協会『開発こうほう』第五八四号、二〇一二年)五～六頁。
(9) 藤井聡『令和版公共事業が日本を救う―「コロナ禍」を乗り越えるために―』(育鵬社、二〇二〇年)八〇頁。

（10）河内孝『血の政治―青嵐会という物語―』（新潮社、二〇〇九年）三九頁。
（11）下村太一『田中角栄と自民党政治―列島改造への道―』（有志舎、二〇一一年）、吉田修『自民党農政史（一九五五-二〇〇九）―農林族の群像―』（大成出版社、二〇一二年）。
（12）小磯修二『地方が輝くために―創造と革新に向けての地域戦略一五章―』（柏艪舎、二〇一三年）二二六～二二七頁。
（13）大下英治『田中角栄の新日本列島改造論』（双葉社、二〇一六年）二五頁。
（14）前掲『田中角栄と国土建設』三五～三六頁。
（15）山田光矢「日本の地方公共団体の実態」（福島康仁編『地方自治論』第二版、弘文堂、二〇一八年）一二四頁。
（16）早野透『田中角栄―戦後日本の悲しき自画像―』（中央公論新社、二〇一二年）一六一頁。
（17）新川敏光『田中角栄―同心円でいこう―』（ミネルヴァ書房、二〇一八年）一七～二〇頁。
（18）同前一〇七～一一〇頁。
（19）前掲（服部）『田中角栄』四二～四三頁。
（20）同前八六～八七頁。
（21）前掲『田中角栄の新日本列島改造論』二一頁。なお、「都市政策大綱」については、田中角栄『日本列島改造論』（日本工業新聞社、一九七二年）一二～一三頁、早坂茂三『早坂茂三の「田中角栄」回想録』（小学館、一九八七年）九九～一〇五頁、前掲『田中角栄と自民党政治』五三～八二頁を参照。
（22）前掲『田中角栄と国土建設』六九～七一頁。
（23）小牟田哲彦『「日本列島改造論」と鉄道―田中角栄が描いた路線網―』（交通新聞社、二〇二二年）一八頁。
（24）前掲『日本列島改造論』一～二頁。
（25）前掲『血の政治』三九頁。
（26）『国会通信』第七三四号（一九七四年三月二五日）。
（27）島田安夫「どこへ行く大国日本」（湊徹郎ほか『青嵐会からの直言』浪曼、一九七四年）八一～八二頁。
（28）江藤隆美「このような無為な農政では大飢餓がくる」（前掲『青嵐会からの直言』）九〇頁。
（29）加藤六月「二兆円減税の真の狙いとは何か」（前掲『青嵐会からの直言』）一七三～一七四頁。
（30）二〇二〇年五月二二日、電話によるインタビュー。

（31）中尾栄一『二一世紀日本をデザインする』（ぴいぷる社、一九八八年）一一二頁。
（32）前掲「日本の地方公共団体の実態」一二五頁。
（33）山本之聞によれば、「中尾栄一は田中派の金丸信と同じ選挙区であり、田中と金丸は学歴のない地方出身者として人生哲学が似ていた。中尾と金丸が不倶戴天の間柄だったのはそうした選挙区の事情があったため」だという（二〇二〇年五月二二日、電話によるインタビュー）。なお、青嵐会は結成直後に金丸の地元である甲府市内で田中や田中派を糾弾する大講演会を開催し、金丸を驚かせている（竹内陽一『玉置和郎・その生と死』行政出版局、一九八九年、九三頁）。
（34）前掲『田中角栄と自民党政治』一七六頁。
（35）同前二〇五頁。
（36）石原慎太郎「新しい文明を先取りする政治を」（石原慎太郎ほか『青嵐会』浪曼、一九七三年）一〇～一一頁。
（37）これについては、河内信幸「ニューディールの転換と1937年恐慌」（『アメリカ経済史研究』第一号、二〇〇二年）、池田信夫『希望と捨てる勇気―停滞と成長の経済学―』ダイヤモンド社、二〇〇九年）、脇田成「世界大恐慌とニューディール政策：現代マクロ経済学の視点から」（帝国書院『高等学校世界史のしおり』二〇一二年三学期号）を参照。
（38）渡辺恒雄「『青嵐会』を論ず―〝血判と憂国〟の論理と心理を生み出した土壌―」（『文藝春秋』一九七四年七月特別号）九七～九八頁。
（39）中尾栄一「青嵐会に対する批判にこたえる」（『民族と政治』一九七三年一一月号）五二頁。
（40）前掲（新井）『田中角栄』九八頁。
（41）前掲『日本列島改造論』八四～八五頁。
（42）前掲（新井）『田中角栄』九七頁、前掲『田中角栄の新日本列島改造論』三九頁、前掲『「日本列島改造論」と鉄道』三九頁。
（43）前掲『令和版公共事業が日本を救う』一五一頁。
（44）前掲『早坂茂三の「田中角栄」回想録』八七頁。
（45）前掲『田中角栄と国土建設』一一六～一一七頁。
（46）前掲『日本列島改造論』六五頁。
（47）同前一九〇頁。

（48）同前一九六頁。
（49）伊藤昌哉『自民党戦国史—権力の研究—』（朝日ソノラマ、一九八二年）一〇一～一〇二頁。
（50）浜田幸一『弾丸なき抗争—権謀術数に生きる男の戦い—』（KKベストセラーズ、一九八三年）一七三～一七五頁。
（51）前掲『日本列島改造論』九四頁。
（52）同前一四二頁。
（53）前掲『早坂茂三の「田中角栄」回想録』一九四頁、二四六頁。
（54）同前二四五頁。
（55）これについては、前掲『田中角栄の新日本列島改造論』六〇～六六頁、前掲（服部）『田中角栄』一七九～一八八頁を参照。
（56）田中宏編（福田赳夫述）『保守革命に賭ける』（読売新聞社、一九七四年）一八一～一八二頁。
（57）前掲（早野）『田中角栄』二六八～二七四頁。
（58）中川一郎「開発庁時代の想い出—惜しいことをした開発庁の実施官庁化—」（北海道開発庁二〇年史編集室編『北海道開発庁二〇年史』北海道開発庁、一九七一年）二六三～二六五頁。
（59）丹羽文生『評伝大野伴睦—自民党を作った大衆政治家—』（並木書房、二〇二一年）一九〇～一九三頁。
（60）戸川猪佐武「中川一郎と保守の新風」（『民族と政治』一九七三年九月号）一〇六頁。
（61）今井久夫『反骨の宰相候補中川一郎』（経済往来社、一九七九年）二〇九～二一〇頁。
（62）月刊クォリティ特別取材班『検証・中川一郎の虚実』（太陽、一九八八年）三六頁。
（63）同前九四頁。
（64）中川一郎記念館の展示による（二〇二一年八月九日閲覧）。
（65）中選挙区制と個人後援会については、北岡伸一『自民党—政権党の三八年—』（読売新聞社、一九九五年）一一四～一一六頁、一三七～一三九頁を参照。
（66）二〇二一年一一月一一日、電話でのインタビュー。
（67）二〇二三年八月七日、東京都千代田区内でのインタビュー。
（68）中川一郎『明日に挑戦する—科学技術立国——日本—』（講談社、一九八一年）一四三頁。

(69)高橋辰夫『日本・北海道を思う―中川一郎の政治と理念に学ぶ―』(須田製販、一九九九年)七九頁。

(70)二〇二一年九月二日、電話でのインタビュー。なお、浜田幸一も農協については、生産者米価引き上げ要求が消費者負担につながっていることを厳しく批判していた(前掲『自民党農政史(一九五五・二〇〇九)』二二五~二二七頁)。

(71)浜田幸一『YUIGON―もはや最期だ。すべてを明かそう。―』(ポプラ社、二〇一一年)二一~二八頁。

(72)同前三五頁。

(73)高畠通敏『地方の王国』(潮出版社、一九八六年)六六~六七頁。なお、同書は中川一郎も反エリート、公共投資促進による地元への利益誘導という点で田中や浜田と共通していたと指摘している(九九頁)。

(74)前掲『YUIGON』一二九~一三二頁。

(75)二〇二一年九月一日、千葉県木更津市内でのインタビュー。

(76)前掲『YUIGON』二〇三~二〇五頁。

(77)二〇二一年九月一日、千葉県木更津市内でのインタビュー。

(78)玉置和郎記録集編纂委員会編『政党政治家玉置和郎』(学習研究社、一九八八年)三〇頁。

(79)堀幸雄『戦後の右翼勢力』増補版(勁草書房、一九九三年)二二三~二二四頁。なお、同書では一九七七年の第一一回参議院選挙における玉置の得票を分析した結果として、「生長の家の基盤は農村でなく都市にあることがわかる。もっとも大都市より中小都市の方が支持者は多いように思われる」(二四三頁)と指摘している。

(80)前掲『政党政治家玉置和郎』七五~七六頁。

(81)玉置和郎「日中正常化後のアジアと日本」(『民族と政治』一九七二年一一月号)五七頁。

(82)玉置和郎『政党組織論―その近代化構想―』(学習研究社、一九六九年)では自民党「近代化」のための派閥政治解消、中選挙区制見直しの必要性が繰り返し述べられているが、選挙区への利益誘導や地域開発といった問題への言及はない。なお、玉置は一九六六年に拓殖大学大学院を修了しており、同書は修士論文の内容を基調にしたものと思われる。

(83)前掲『政党政治家玉置和郎』一一三頁。なお、宗教政治研究会については、宗政研事務局編『黙想の心―宗政研六年の歩み―』(宗教政治研究会、一九八三年)を参照。

(84)これについては、玉置和郎・中谷武世「半島振興、特に紀伊半島の振興について(対談)」(『民族と政治』一九八四年一〇月号)を参照。

（85）塩田道夫『命燃ゆる政治家玉置和郎』（グラフ社、一九八八年）二一六頁。
（86）前掲『玉置和郎・その生と死』一七〇頁。
（87）二〇二二年三月二五日、東京都千代田区内でのインタビュー。
（88）玉置和郎「青嵐会の将来と日本」（前掲『青嵐会』）一七三頁。
（89）小山陽一郎「半島地域の振興について」（土地総合研究所『土地総合研究』二〇一〇年秋号）四〇頁。
（90）半島振興法の成立過程については、前掲『政党政治家玉置和郎』二七〇〜二九二頁を参照。
（91）国土交通省ホームページ「半島振興対策の推進」（https://www.mlit.go.jp/kokudoseisaku/chisei/crd_chisei_tk_000013.html）。
（92）前掲「半島地域の振興について」四〇〜四一頁。
（93）大江康弘『ボクは紀州のトムソーヤ』（フジサンケイビジネスアイ、二〇一六年）一八六〜一八九頁。
（94）二〇二三年三月二三日、東京都千代田区内でのインタビュー。
（95）渡辺美智雄「公害、インフレ、土地問題への解決策」（前掲『青嵐会』）一四九〜一五〇頁。
（96）矢島鈞次「自民党研究──『政策集団』を裸にする4　青嵐会　夏の嵐のような常識派たち」（『月刊自由民主』一九七八年四月号）一六八〜一六九頁。
（97）前掲「公害、インフレ、土地問題への解決策」一五二〜一五五頁。
（98）同前一五九頁。
（99）同前一六二頁。
（100）同前一六四頁。
（101）同前一六五〜一六七頁。
（102）二〇二四年五月七日、東京都千代田区内でのインタビュー。
（103）政策科学研究所編『激動する世界への対応』（政策科学研究所、一九九一年）三七頁。
（104）二〇二三年三月二三日、東京都千代田区内でのインタビュー。
（105）前掲『早坂茂三の「田中角栄」回想録』一一七頁。
（106）同前一一九頁。
（107）二〇二三年八月七日、東京都千代田区内でのインタビュー。

(108)二〇二四年二月一四日、電話でのインタビュー。
(109)伊吹文明・望月公一(聞き手)『保守の旅路』(二〇二四年)一一八頁。
(110)渡辺美智雄・柿澤弘治・伊吹文明『新保守革命』(ネスコ、一九九四年)一〇四頁。
(111)同前一六三頁。
(112)同前一六八頁。
(113)同前一七八頁。
(114)同前一八一頁。
(115)同前一八二〜一八三頁。
(116)同前一六九頁。
(117)代表的なものとして、大前研一『平成維新』(講談社、一九八九年)、山口敏夫『山口敏夫　政治家としての遺書―不死鳥日本神話の終焉―』(ジャパン・ミックス、一九九五年)。なお、道州制をめぐっては、田村秀『暴走する地方自治』(筑摩書房、二〇一二年)、同『地方都市の持続可能性―「東京ひとり勝ち」を越えて―』(筑摩書房、二〇一八年)、西田昌司『総理への直言』(イースト・プレス、二〇一三年)がその問題点を指摘している。
(118)中山正暉『明日を聴く―先端分野に挑む郵政―』(NTT出版、一九八八年)一六〇〜一六一頁。
(119)二〇二四年二月二五日、兵庫県芦屋市内でのインタビュー。
(120)二〇二四年五月七日、東京都千代田区内でのインタビュー。
(121)渡辺美智雄『「新世界国家」をめざして―わが日本の創造的改革―』(一九九一年)。
(122)『日本経済新聞』二〇一〇年六月一〇日。この細川内閣末期の渡辺擁立構想については、前掲『保守の旅路』一二〇〜一二二頁も参照。
(123)二〇二三年三月二三日、東京都千代田区内でのインタビュー。なお、伊吹文明・渡辺喜美『シナリオ日本経済と財政の再生―いま、改革する保守の時―』日刊工業新聞社、二〇〇一年)二三七〜二三八頁では道州制という表現は用いていないものの、日本を東京都と九つの「道」に再編すべきことを提言している。
(124)前掲『日本列島改造論』七頁。
(125)前掲『早坂茂三の「田中角栄」回想録』一一二頁。

（126）田中内閣は老人医療の無償化などに代表される社会保障制度の充実を実現したことで、一九七三年は「福祉元年」と称されている。これは「右肩上がりの経済成長」、「人口の成長」、「高齢者＝弱者」を前提にして設計されたものであるが、この三つの前提はすでに崩れている（前掲『シナリオ日本経済と財政の再生』一七二～一七三頁）。

（127）藤井聡は戦後日本で港湾の大型化が遅れてきた一因として地方分権化の弊害を挙げ、「『地方分権にはメリットしかないのだ』という考えは、『地方分権にはデメリットしかないのだ』という考えと全く同様に、ナンセンスで愚かなものに過ぎない」と指摘している（前掲『令和版公共事業が日本を救う』二〇九頁）。一方、杉山慎策『愛しのイギリス』（日本経済新聞社、一九九四年）はソ連崩壊などにより、国際政治が「中央集権」から「分権の時代」に入ったので、日本も「東京一極集中時代」から「地方分散型」に変化したとし、「バブルが弾けたのも、神が人に考える機会を与えた」と述べている（二二八頁）。しかし、東京一極集中は現在に至るまで解消されておらず、地方の成長と国の関与を切り離して捉えることはできない。バブル崩壊を口実にして地方の自立を強調するのは不見識の極みである。

（128）二〇一九年八月一四日、兵庫県芦屋市内でのインタビュー。

（129）前掲『「日本列島改造論」と鉄道』一三一頁。

（130）同前二〇二～二〇三頁、二〇五頁。

（131）岸田文雄『岸田ビジョン――分断から協調へ――』（講談社、二〇二〇年）。

終章　現代政治が失った青嵐会の精神性と行動力

一九七〇年代の教訓

本書では一九七三（昭和四八）年に誕生した保守政策集団・青嵐会を通じて、日本の戦後史を描いた。一九七〇年代、日本の現状に危機感を覚えた少壮気鋭の政治家たちが派閥の枠組みを越えて結成した青嵐会の理念や活動はいかなるものだったのか、現実の政治過程や対外政策、国際関係と関連付けて再検討した。そのことで五五年体制期の自民党政治がいかなる展開をたどったのか、その問題点も含めて明らかにした次第である。

そもそも五五年体制下の自民党政治は、党内諸派閥の動向が党組織の運営を左右し、党総裁たる首相のリーダーシップを制約する「日本型多元主義」という性格を有していた(1)。その中でも一九七〇年代は戦後日本政治史の上で極めて複雑な様相を呈した時期であり、それゆえ、平成初期の政治改革論議にまで影響を及ぼすことになった。

一九六〇（昭和三五）年の岸内閣総辞職以降、わが国では吉田茂の衣鉢《いはつ》を継いだ池田勇人、佐藤栄作が政権を担当した。一九七二（昭和四七）年、佐藤が沖縄返還を実現して退陣を表明した時、自民党は三木武夫、田中角栄、大平正芳、福田赳夫、中曽根康弘ら諸派閥の領袖、所謂「三角大福中」が合従連衡《がっしょうれんこう》を繰り広げていた。

そして、一九七四（昭和四九）年一二月の田中内閣総辞職から一九八二（昭和五七）年一一月の中曽根内閣成立に至るまでの六年間、わが国では三木内閣、福田内閣、大平内閣、鈴木内閣という四代の内閣が続くことになる。このうち、政権担当期間が辛うじて二年を超えたのは三木内閣のみであった。このように短命政権が連続した理由は、田中が首相退任後も隠然たる影響力を持ち続け、党内諸派閥の動きを大きく規定することになったためである。

一般に議院内閣制は行政府と立法府が協働・連携関係にあるため、党議拘束の強さや政府提出法案の迅速な成立など、政権運営上の利点が指摘されることが多い。しかし、この時期の自民党のように与党内が派閥対立によって不安定な状態にある場合、むしろ短命政権の連続をもたらすことになる。青嵐会はそうした派閥全盛時代の中で誕生したのである。

かつて日本政治外交史研究者の五百旗頭真は戦後日本の政治路線を社会民主主義路線、経済中心主義路線、伝統的国家主義路線の三つに類型化し、鳩山一郎や岸信介を伝統的国家主義路線の代表的存在として位置付けた[2]。この類型に照らし合わせると、青嵐会は米ソ冷戦に対処するための自由主義陣営結束や、自主憲法制定を掲げた点で、まさに伝統的国家主義路線の延長線上に登場したものであった。

しかし、この時期の自民党内で青嵐会がキャスティング・ボートを握ることはなく、趣意書に掲げた内容を一つも実現できずに消滅した。中川一郎が一九七八（昭和五三）年一一月二七日、赤坂での会合で、「派閥がすべてになってしまった」と漏らしたように、結局は派閥の壁を乗り越えられなかった。その意味で、青嵐会は一九七〇年代における自民党政治の内実を象徴する集団であった。

厳密に一元化されていなかった青嵐会の対外認識

青嵐会は田中内閣による対外政策への反発を直接の動機として結成された。この時期、中国がアメリカや日本に接近した背景には中ソ対立があり、田中角栄も日中関係と日ソ関係をそれぞれ別の次元で捉えることで日中国交正常化を決断した。これに対し、青嵐会は共産主義国家である中国への過度の傾斜が台湾との関係を損ない、ひいては日本の安全保障に重大な脅威をもたらすと捉えていた。

さらに小括で述べたように、青嵐会誕生の国内的背景としては、革新勢力の躍進と「民主連合政府」への危機感、河野グループへの対抗意識、三島事件の衝撃などが挙げられる。特に中尾栄一、玉置和郎、森下元晴の場合は三島由紀夫に影響された部分が大きく、石原慎太郎も批判的な感情を交えながらも三島を意識していた。

さて、青嵐会は反共・親台湾を基本的性格にしていたが、対外認識の面では必ずしも強固な一致を保っていたわけではなかった。

たとえば、中山正暉、浜田幸一、中尾栄一、藤尾正行、近藤鉄雄は日米安保体制堅持と反ソの傾向が強かったので、そこから青嵐会を米ソ冷戦の所産と見ることも可能である。玉置和郎もソ連には強い警戒感を抱いていたが、日米安保体制を懐疑的に捉え、自主防衛論を志向する点で彼らとは一線を画していた。

一方、中川一郎と渡辺美智雄は日米安保体制を日本の安全保障の基軸と捉えつつも、中ソ対立という枠組みの中でソ連には宥和的姿勢をとっていた。両者としては日本が武力で北方領土を奪還できない以上、ソ連との間に交渉チャンネルを持つことが当然と考えていたからである。特に中川の場合、選挙区の漁民がソ連の国境警備隊によって拿捕された際、東京の駐日ソ連大使館にその釈放を働きかけなければならない事情があった(3)。そのことが没後に中川とソ連の関係を強調する陰謀論を生んだことは皮肉である。

ただし、渡辺の場合、駐日ソ連大使館とのやりとりは警戒心と表裏一体のものであった。元秘書・稲葉卓夫によれば、渡辺はソ連の社会主義体制が人間の自由や経済、特に農産物の生産性に及ぼす影響に極めて批判的な見方をしていた。このため、ソ連から学ぶべきものがあるとは考えていなかった。接触を求めてきたのは駐日ソ連大使からであり、自由主義を標榜する渡辺は国益を損なわないよう、また会話が盗聴されないよう細心の注意を払っていたという(4)。

武部勤も筆者の取材に対し、渡辺は日米安保体制の堅持、アジアの一員であることを持論としつつ、「共産主義に対する緊張感」も兼ね備えていたと証言している。初当選した一九八六(昭和六一)年、渡辺のインドネシア訪問に同行した際、「インドネシアはシーレーンのど真ん中だろ。インドネシアがどっちに付くかで日本の運命は変わるぞ。インドネシアについて、しっかり勉強したまえ。二億数千万の人口を有するアジアの大国じゃないか」と諭されている。

さらに渡辺は一九九四年のベトナム訪問時、武部に対して「いずれベトナムの人口は一億を超える。インドシナ半島が安定・成長すれば、日本にとって大きなマーケットになるばかりでなく、大国の覇権を牽制できるだろう。だから、ベトナムを勉強しろ」と述べている。「アジアの安定・成長は世界平和の試金石と言われていた時代であり、渡辺先生としては、中国やソ連の覇権主義への警戒心があった」という(5)。

このように渡辺におけるアジアへの関心の根底に覇権主義の牽制があり、その中でインドネシア、ベトナムの地政学的重要性を認識していた。早くから中国の脅威を見据えていた点に青嵐会時代の影響が感じられる。

渡辺は冷戦終結後の一九九〇年代に入ってからも、「米国を基軸とする先進民主主義国の一員」たる立場を守るが、[6]「日米安保条約の片務性の是正などを目的として、アジア集団安保体制と日米安保体制の併存による地域的安保体制の確立について検討する」[7]ことや、日本が中心となって人材育成・技術協力を図る「ＡＰＥＣ基金」創設を提言している。[8]アメリカのみに依存する現状維持的な態度ではなく、新しいアジア太平洋時代の到来に関心を寄せていた点に渡辺の革新的な姿勢や先見の明が垣間見える。

なお、武部はベトナム訪問から三年後の「八九年、渡辺先生に極東ソ連に連れて行ってもらい、ソ連極東軍司令官の飛行機でサハリンなどを視察しました。これからは対岸との経済交流を活発にしなければならないと言っていました。渡辺先生の世界観は極めて明確であり、合理的でした」と述べている。[9]この一九八〇年代後半期、ソ連はゴルバチョフ政権の下で市場経済の導入や西側諸国との関係改善が進んでいた。元来、社会主義経済に批判的であった渡辺がこの時期に日ソ経済交流促進の必要性に言及したのは、そうした背景があってのことである。

渡辺は一九九一（平成三）年の自民党総裁選当時の政策リーフレットで、ソ連との間に平和条約が結ばれていないため、経済分野での交流が制限されている現状に触れ、「北方領土四島の全面返還については、ソ連の国内事情の大変化に対応し、ねばり強い多角的な新しいアプローチが必要です」と述べている。[10]

以上のことを踏まえると、青嵐会時代も含め、渡辺の対ソ認識には軍事的な対決を避けつつも、一定の警戒感を維持し、必要な範囲内で交渉の窓口も確保するという戦略性が見られる。その点では武部の証言にあるように、合理的な感覚に裏打ちされた世界観の持ち主だったと言えよう。

このほか、青嵐会の派閥横断型の政策集団としての性格を象徴するものとして、中国への認識が挙げられる。青嵐会は田中内閣成立と同時に高まった「中国ブーム」を牽制するために誕生したが、そもそも中国との関係をどう捉えるか、という点で参加者間に立場の相違があった。日中平和友好条約に最後まで反対した中山、浜田、玉置などは中国とソ連を一体関係として捉え、強く警戒していた。ところが、運輸族議員を多く抱えていた福田派の場合、日中航空協定による国際航路の新規開拓などを肯定的に捉える向きが強かった。そして、その傾向は中曽根派から参加していた中尾栄一にも当てはまる。

元秘書・松尾篤によれば、一九八三（昭和五八）年の第三七回衆議院議員総選挙で落選後、中尾は中曽根の指示で対中交流に携わるようになり、この頃になると、青嵐会の頃のイメージは薄らいでいく。「中尾先生は中国とはうまくやるときはやるという考え」であり、のちに竹下内閣で経済企画庁長官に就任した際は対中関係を重視していたという。[11] このように〈国家〉としての中国と〈市場〉としての中国を別個に捉える認識はその後の日本外交に大きな影響を及ぼすことになる。

なお、中山正暉はある代議士のパーティーで首相退任から数年後の福田赳夫と出会っている。そこで福田は「中山さん、やっぱりあれ［日中平和友好条約］は間違いだったから」と述べたという。[12] 中国が日本の経済や安全保障にとって無視できない大国にまで成長した現在、福田の言葉が持つ意味は慎重に噛みしめなければならない。

「侍」がいなくなった時代と自民党の行方

中曽根内閣が当初の予想に反して長期政権たり得た理由は、国際政治の面では新冷戦の到来と日米関係強化、国内政治の面では田中角栄の影響力後退が挙げられる。一九八三一〇月一二日、東京地裁はロッキード事件に関し、懲役四年、追徴金五億円の有罪判決を田中に言い渡す。いかなる政治家であろうとも、汚職事件での有罪判決は致命的であった。

一九八五（昭和六〇）年二月七日、竹下登ら四〇名は政策勉強会として創政会を旗揚げする。事実上の派中派閥であり、この日から田中は自宅でウイスキーを煽るように飲む。田中が脳梗塞で倒れ、緊急入院するのはその二〇日後である。[13] 元秘書・早坂茂三の言葉を借りると、この瞬間に「日本政治を震撼させた〝田中時代〟は基本的に終わった」のである。[14]

同じく田中の秘書だった佐藤昭子によれば、首相就任時の中曽根康弘は組閣人事も含め、様々な局面で田中の意向を確認していた。しかし、田中が病気で倒れた後は見舞いどころか、ただの一度も電話をかけてくることさえなかったという。[15]

八月六日、千代田区麹町の料亭では田中派代議士の内海英男、高鳥修、佐藤信二が呼びかけ人となって反創政会の会合が開かれるが、出席者は僅か一二名であった。これ以後、創政会は拡大の様相を見せ、一九八七（昭和六二）年七月四日には衆参両議員一一三名を擁する経世会に改称する。正式派閥としての竹下派誕生であり、ここに田中派は消滅する。(16)

一九九三（平成五）年七月、宮沢内閣の下で執行された第四〇回衆議院議員総選挙で自民党は惨敗し、新たに細川護熙を首班とする非自民連立政権が誕生する。多くの国民が新しい政治の幕開けに心躍らせる中、一二月一六日、田中は新宿区内の慶應義塾大学病院で七五年の生涯を終える。退陣後もメディアから「目白の闇将軍」と偶像化されてきた男の寂しい死であった。

これまで筆者は五五年体制の崩壊前後に政治の世界で活躍していた人々に取材を重ねてきた。その際、異口同音に指摘されるのが一九九四（平成六）年の公職選挙法改正に伴う小選挙区比例代表並立制導入の影響である。

宮沢内閣末期、自民党を離党して新生党結成に参画した小沢一郎は著書『日本改造計画』において、「戦後日本の政治は、対外政策の大枠をアメリカにまかせ、国内の配分に専念してきた」ことで、特定政党が与野党の地位を占める「総談合政治」を生み出してきた。(17)しかし、小選挙区制であれば、選挙戦は「それぞれの政党の代表者間で争われ、各党が政策を競うこと」になり、やがて「国の基本理念を同じくする二大政党制が確立しやすくなる」と述べている。(18)

では、この時期の政治改革論議で示された政党本位・政策本位型選挙、政権交代可能な二大政党制への移行といった目標は平成以降の日本政治に何をもたらしたのか。

第一はマニフェストに偏った選挙戦略である。その結果、浮動票の増加やばらまき政策に加え、従来以上に高齢者世代への迎合と抜本的な社会保障改革の棚上げが進むことになった。[19]

第二は当選条件の厳格化である。小選挙区制で当選する場合、選挙区で最多の得票数が必要であり、候補者は特定の地域・階層・組織にとどまらず、あらゆる層と接触しなければならない。その結果、代議士が国会活動に専念できず、選挙区との関係に縛られる悪循環を引き起こす。[20]

同時に若手政治家の中には与党からの公認や有力団体からの推薦を得たことに慢心し、地元への対応が後手に回る風潮を生んだのは皮肉である。政党支持率を見た時、一つの選挙区で現職代議士同士が競合した中選挙区制の時代に比して、平成以降の自民党支持率が下がっている事実は厳粛に受け止めるべきである。

第三は派閥の衰退である。党執行部は公認候補の決定や政党助成金の配分といった面で権限を強める一方、[21] 党所属議員は自らの政治信念を貫徹するための行動ができなくなった。[22] この影響は自民党において顕著であり、派閥はそれまで持っていた政策立案能力や、個性的な人材を輩出する力を喪失していくことになる。[23]

かつて筆者は小林興起に対し、日本の小選挙区制が英米型二大政党制につながらなかった理由を尋ねたことがある。「中選挙区制は地域の権力と結び付いた人間が党から公認をもらい、かつ、努力してきた人物も候補者になることで競争が働く日本的な選挙制度だった。ところが、小選挙区制になると、自民党内で競争がなく、情実で公認候補が決定してしまう。侍がいないわけですよ。今の政治が劣化したのは全部、小選挙区制が原因じゃないですか」というのが小林の答えだった。(24) 小選挙区制の導入により党執行部の権限は強化されたが、政治指導者となるべき人材の育成・補充機能は十分とは言えない。自民党の中に「侍がいない」という小林の言葉が今でも印象に残っている。

二〇〇九（平成二一）年九月に麻生内閣が総辞職し、民主党への政権交代が実現した時、有識者やメディアからは二大政党制の始まりと絶賛された。しかしながら、民主党政権における官邸主導の迷走は国民の間に強い危機感を醸成し、そのことが序章で述べた安倍晋三の再登板や、自民党の政権復帰を促すことになった。以後、「自民一強」の構図が定着し、今日に至っている。しかし、その自民党も現在では政治資金問題を受け、各派閥が相次いで解散を表明している。党執行部としても派閥を二度と復活させない方針を掲げているが、その先にどのようなモデルの政党を目指しているのか。

渡辺美智雄の薫陶を受けた一人であり、のちに派閥としての志帥会を率いた伊吹文明は、「どんな制度や法律にも必ず長所と短所があります。短所をできるだけ抑え、長所を引き出すことができるかは本人の意識、法律等を抑制的に使う矜持、謙虚さにかかっています」と述べている。「派閥の長所は人材を発掘し、政治家としての立ち居振る舞いをしっかり教えていくこと等にあります。同時に、政策や志を同じうする者が切磋琢磨するという役割もあります。逆に、短所としては、数を集める、数による権力の行使やその為の資金集めで無理が生じることが挙げられます。派閥の裏金問題は当事者に政治資金規正法を守る意識や、お天道様に恥じない行動をするという意識が欠けていたからこそ起きたのであり、派閥が即悪いということではない」とした上で、むしろ「不祥事が起きないための法改正等」を考えるべきと指摘している。

そして、派閥解消を目指す現在の流れをどう見るかという筆者の問いに対し、「派閥はなくなりません。衆参合わせて四〇〇人を超える自民党国会議員への情報伝達や、当選二、三回までの若手議員の教育は大学の大講堂みたいなところではできません。やはりゼミにあたるものが必要です」と答えている(25)。

かつて青嵐会に結集した政治家たちは中選挙区制を背景にして自民党内に様々な派閥が群雄割拠していた時代だからこそ、生み出された人材であった。すでに平成初期の政治改革論議から三〇年近い歳月が経った今、小選挙区制の功罪は冷静に再検証されるべきである。伊吹の言葉にあるように、いかなる制度にも長所と短所がある。選挙制度もその例外ではない。現行の小選挙区制が生み出した歪みに目を向けることは、政府・与党間関係や派閥の今後だけでなく、日本政治の新たな方向性を議論することにもつながるはずである。

(1) 真下英二「執政部」(永山博之・富崎隆・青木一益・真下英二『改訂版政治学への扉』一藝社、二〇一八年)七七頁。

（2）五百旗頭真『日米戦争と戦後日本』（講談社、二〇〇五年）二六三〜二六九頁。
（3）中川一郎は北海道の漁民のためにも日ソ間に友好条約が必要であり、ソ連を敵視する覇権条項をそのままにして日中平和友好条約を結べば、「日ソ関係はますます悪くなって国際的にもアンバランスになる。そのしわよせが漁業問題に更に大きく波及してきたら、一体どうするのか」と危惧していた（中川一郎「国の基本体制について国民に訴える―参議院選挙に臨むに当って―」、『民族と政治』一九七七年六月号、二四頁）。
（4）二〇二四年二月一四日、電話でのインタビュー。
（5）二〇二三年八月七日、東京都千代田区内でのインタビュー。
（6）渡辺美智雄・柿澤弘治・伊吹文明『新保守革命』（ネスコ、一九九四年）七一頁。
（7）同前八二頁。
（8）同前八四〜八五頁。
（9）二〇二三年八月七日、東京都千代田区内でのインタビュー。
（10）渡辺美智雄『「新世界国家」をめざして―わが日本の創造的改革―』（一九九一年）。
（11）二〇二三年三月四日、東京都千代田区内でのインタビュー。
（12）二〇一九年八月一四日、兵庫県芦屋市内でのインタビュー。
（13）立花隆『「田中真紀子」研究』（文藝春秋、二〇〇二年）六二〜六四頁。
（14）早坂茂三『早坂茂三の「田中角栄」回想録』（小学館、一九八七年）二頁。
（15）佐藤昭子『私の田中角栄日記』（新潮社、一九九四年）一七八頁。
（16）増山榮太郎『角栄伝説―番記者が見た光と影―』（出窓社、二〇〇五年）二二六頁。
（17）小沢一郎『日本改造計画』（講談社、一九九三年）一八〜一九頁。
（18）同前六七〜六九頁。
（19）池田信夫『「強すぎる自民党」の病理―老人支配と日本型ポピュリズム―』（PHP研究所、二〇一六年）はこうした高齢者世代に迎合する政治を「シルバー民主主義」（三八頁）と規定し、「バラマキ福祉」の起点を田中内閣に求めている。
（20）薬師寺克行『現代日本政治史』（有斐閣、二〇一四年）二八七頁。
（21）小林興起『裏切る政治―なぜ「消費増税」「TPP参加」は簡単に決められてしまうのか―』（光文社、二〇一二年）一〇〇頁。
（22）同前八八頁。
（23）武部勤は、「中選挙区制の時代は自民党内でも政策論議が活発だった」が、「小選挙区制になって議員は金太郎飴みたいになっているように見える。政治家が役人のように官僚的になっている」と述べている（武部勤『日本再生令和の開国論―グローバル人材共生の青写真―』小学館、二〇二一年、七一頁）。伊吹文明も、中選挙区制の下では「自民党も一色に塗りつぶされることはなく、党内でも多様な意見が自由闊達に交わされていた」（伊吹文明・望月公一（聞き手）『保守の旅路』中央公論新社、二〇二四年、二一二頁）のに対し、現在では「小選挙区の公認権を握る自民党総裁である総理大臣の力が強くなりすぎることは、議会の権威の低下を招きかねない」（同前一九二頁）と述べている。
（24）二〇一七年一二月二〇日、東京都千代田区内でのインタビュー。
（25）二〇二四年五月七日、東京都千代田区内でのインタビュー。

あとがき

戦後日本で政権担当能力を持った唯一の政党は自民党であった。ただし、今後もそれが続く保証はない上、序章および第一章で述べたように、自民党政治をそのまま保守政治と言い換えることは正しくない。そうした前提に立つとき、結成当初から異彩を放った青嵐会は戦後史の上でどのように位置付けられるか。もしも今の日本に青嵐会が存在していたら、国民の前にどのような活動を見せたであろうか。関連する資料の調査や関係者への取材を重ねながら、私が考えてきたことである。

二〇二三（令和五）年二月二〇日、『朝日新聞』の「まなび場天声人語」に「青嵐会の『闘争』風の音は今も」と題する記事が掲載された。

同紙論説副主幹・山口進氏は、青嵐が「さわやかな涼味をはこぶときもあり、蒸した不快感をともなうこともある」（故・深代惇郎元同紙論説委員）という言葉を引用した後、青嵐会が「強い反共思想に基づいて、台湾だけでなく韓国の軍事政権とも近く、自主憲法制定など戦後体制の変革を掲げたのが特徴でした。派閥政治に対抗するゲリラ戦のような過激さで波紋を呼びましたが、七九年に消滅します。ただ、その風の音は、今世紀に入ってからの日本政治に執拗に鳴り続けているようにも思われるのです」と述べている。朝日ジャーナリズムによる位置付けは半世紀前と何ら変わっていない。

私自身、本書を書き終えた今、青嵐会は戦後日本政治における一つのドラマであったと思っている。日本と自民党の危機を打開するために立ち上がった彼らの姿には他の追随を許さない情熱や信念があった。しかし、その後は政局に翻弄され、内部に確執を抱えながら瓦解の道をたどった。事実上の指導者であった中川一郎が非業の死を遂げるなど、エピローグにあたる部分は感傷の情にたえない。取材の際、口が重くなる関係者を幾人も見た。

中山正暉氏は幕末の勤王派志士団「御陵衛士《ごりょうえじ》」の末路を青嵐会に重ね合わせている。御陵衛士は一八六七（慶應二）年、新選組から脱退し、後月輪東山陵《のちのつきのわのひがしのみささぎ》（孝明天皇陵）の警衛に任じられていたが、最後は新選組からの度重なる襲撃で壊滅した。「失望という刃《やいば》に大分斬られた」(1)、というのが青嵐会に対する中山の思いである。

宮崎正弘氏の評価もこれに近い。アルカディア市ヶ谷のラウンジでテーブルのグラスを見つめながら、「血判したから運命を共にするというのは昔の話であり、やっぱり烏合の衆だった。何のための血判だったのか」(2)、と嘆息する姿が目に焼き付いている。

山本之聞氏は、「青嵐会メンバーはお互いに反目して終わった。歴史の力学として青嵐会は大した影響を与えなかったが、政治における大義としては最も分かりやすい集団だった。戦後日本の在り方を抜本的に変えようとしていた」と評価している[3]。
三者の言葉のうち、どれが青嵐会の歴史的評価にふさわしいかは読者それぞれの判断に委ねたい。

一九七〇年代終わりに生まれた私にとって、物心ついたときの首相は中曽根康弘だった。青嵐会を知ったのは大学四年次の二〇〇〇（平成一二）年である。この年五月一五日、当時の森喜朗首相が神道政治連盟国会議員懇談会の挨拶で、「日本国、まさに天皇を中心にしている神の国であるぞ、ということを国民の皆様にしっかり承知していただくこと。その思いで我々が活動して三十年になった」という発言が政治問題化した。当時、私は文学部史学科の学生として昭和天皇の戦争責任問題をテーマにした卒業論文を執筆中であり、この「神の国」発言は大学でも話題になった。

同月二六日、首相官邸での記者会見で、「総理は青嵐会以来の筋金入りの改憲論者であり」、「現憲法の国ではなくて、総理がつくりたいのは別の国ではないかと考えるのは素直な解釈だと思うのですが、いかがでしょう」と質問したのがTBS「ニュース23」キャスターの筑紫哲也氏だった。森首相の答えは、「かつて一年生のころに青嵐会に入っておりましたが、それはすべて全部改憲論者であったとは私は思っておりません」、「憲法について大いに議論を深めようという、そういう会の趣旨には私は賛成をいたした一人でございます。そのことをもって改憲論者だというふうにきめ付けてくださると、ちょっと私も立場上も困ります」というものだった[4]。

本書執筆の過程でインタビューに応じていただいた新井正男氏（元松永光秘書）、稲葉卓夫氏（元渡辺美智雄秘書。元日光市議会議員）、伊吹文明氏（元渡辺美智雄大蔵大臣秘書官。元衆議院議員）、大江康弘氏（元玉置和郎秘書。元参議院議員。和歌山県白浜町長）、小野寺秀氏（元北海道議会議員）、工藤美知尋氏（元近藤鉄男秘書。日本ウェルネススポーツ大学教授）、小林興起氏（元衆議院議員。新党やまと代表）、武部勤（元北海道議会議員。元衆議院議員。東亜総研代表理事）、中西哲氏（元全日本学生国防会議議長。元参議院議員）、中山正暉氏（元衆議院議員）、浜田敏之氏（浜田幸一次男。衆議院議員浜田靖一事務所勤務）、平沼赳夫氏（元中川一郎秘書。元衆議院議員）、福地義行氏（元藤尾正行秘書）、牧明弘氏（元渡辺美智雄秘書）、松尾篤氏（元中尾栄一秘書。国際経済研究所代表）、宮崎正弘氏（元株式会社浪曼企画室長）、山本之聞氏（元フジテレビ報道局政治部長）に御礼申し上げる（以上、五十音順）。河内孝氏（元毎日新聞社常務取締役。東京福祉大学大学院特任教授）は煩雑な私の質問に対して常に懇切な回答をされ、稲葉・牧両氏へのインタビューにも同席していただいた。

また、並木書房の奈須田若仁氏はベテラン編集者として適確かつ有益なアドバイスにより本書刊行にまで導いていただいた。併せて謝意を表する次第である。

二〇二四年七月

札幌パークホテルでオールドパーのグラスを傾けながら

菅谷幸浩

人々に読んでほしいと思っている。

青嵐会が政治の表舞台で活動した期間は一〇年に満たず、最後は党内派閥力学に翻弄されて自壊した。その意味では、彼らを自民党政治の陰影にすぎないという向きもあるだろう。しかし、青嵐会の掲げた主張は何度読み返しても深い含蓄に富むものがある。映像や写真に残された彼らの表情は精彩に満ち、躍動感にあふれていた。ある政治学者は、「権力闘争だけが政治の本質でないことはいうまでもない。政治は夢や理想を根底に踏まえている」と述べている[5]。この定義を拝借するならば、権力闘争と理想という二つの側面を兼ね備えていたのが青嵐会だったと言えるだろう。

二〇二二（令和四）年八月、私は和歌山県日高町にある玉置和郎の墓を訪ねた。大阪市内のホテルに戻るため、御坊駅前で特急くろしお号を待つ間、土産物屋で買った洋菓子をベンチで食べていた。すると、山並の上に広がる入道雲が玉置の顔のように見てきた。「どうだ、おまえ。ここまで来たなら、俺のことが少しはわかったか」と語りかけているように感じた。

青嵐会なき以後、政治家の間では夢や理想といったものが稀薄化しているように思う。明確な国家像が提示されないなかで、国民の間では政治に対する無関心や諦めが広がっている。本書を手に取ってくれた読者、特に若い世代の人たちが政治に関心を持ち、日本を再び活力ある国にするためのきっかけとしてもらえれば、著者として幸いである。

益なご指摘をいただいた東裕理事長（現・日本大学特任教授）と荒邦啓介氏（現・淑徳大学准教授）に謝意を表したい。

この他、本書には「公民教育のための戦後日本政治史ノート―憲法と国際関係から見た五五年体制の捉え方―」（『亜細亜大学課程教育研究紀要』第六号、二〇一八年）、「高等学校公民科教育における平和主義と安全保障―政治学から『公共』への問いかけ―」（『高崎商科大学紀要』第三八号、二〇二三年）の内容を部分的に取り込んだ。第四章は亜細亜大学法学部「政治外交史」、補論は高崎商科大学商学部「地域政策論」の講義内容もそれぞれ反映されている。

本書の執筆が大詰めを迎えていた二〇二四（令和六）年五月、新潟県柏崎市の田中角栄記念館を八年ぶりに再訪した。館内には陳情書類を入れた封筒が数多く展示され、田中が赤鉛筆で書き込んだ大きな字が躍っていた。新潟の発展に田中の存在は欠かせなかったが、今や柏崎市も含め、県内各地で衰退の影が目立つようになっている。

私自身は『日本列島改造論』の基調をなす「国土の均衡ある発展」という理念が間違っているとは思わない。同書刊行から五〇年以上が経過したが、傾聴に値する提言が数多く盛り込まれている。そうした問題意識に基づき、補論では『日本列島改造論』の意義、青嵐会メンバーが地域振興や国土開発のために抱いていた構想を取り上げた。二〇二三年、『日本列島改造論』の復刻版が刊行されたことは研究資源の面でも意義深い。田中角栄を評価するか、批判するか、という違いを超えて多くのテレビ画面には言葉を濁す森首相に合わせ、青嵐会について「自民党若手のタカ派議員により結成。自主憲法制定を掲げた」という旨の字幕が表示されていた。「かつての自民党にもそんな集団がいたのか」と思ったが、当時はそれ以上の関心はなかった。

その後、私は大学院時代から政治学専攻に転じた。博士論文提出に至るまで、主たる研究対象は昭和戦前期のままだったが、二〇一〇年以降は大学での教育に携わり、占領期以降の政治外交や国際関係、時事問題にも目を向けるようになった。全学共通科目の政治学講座を担当することは早くから予定されており、上司からは「絶対に視野が広がりますから」と言われていた。今にして思うと、三〇代の頃に研究の視野を広げ、私生活も含め、多くの経験を重ねることができた。政治家や秘書、ジャーナリズムに関わる人たちとの対話は、今でも私が最も興味をそそられる時間になっている。

本書は構想から刊行に至るまで五年の歳月を要した。これまでに発表した論文「青嵐会における自主憲法制定構想の展開と挫折」（『憲法研究』第五三号、二〇二一年）、「戦後日本の国土開発構想と自民党政治についての覚書──『日本列島改造論』と青嵐会の比較から──」（『高崎商科大学紀要』第三六号、二〇二一年）が骨子になっている。前者は二〇二〇年一一月の憲法学会第一一三回研究集会（高崎経済大学）での報告をまとめ直したものである。コロナ禍で対面式の学会開催が困難だった時期に登壇できたことは有難かった。当日、私の横で司会を担当された下條芳明朝日大学教授、フロアから有

（1）二〇一九年八月一四日、兵庫県芦屋市内でのインタビュー。
（2）二〇二〇年二月二七日、東京都千代田区内でのインタビュー。
（3）二〇一九年四月一二日、東京都千代田区内でのインタビュー。
（4）「神道政治連盟国会議員懇談会での発言に当たっての森総理大臣記者会見」（「データベース『世界と日本』」、https://worldjpn.net/documents/texts/PI/20000526.O1J.html）。
（5）広岡守穂『抒情詩と叙事詩―幕末から現代まで―』（土曜美術販売、二〇一八年）一九五頁。

菅谷幸浩（すがや・ゆきひろ）
1978（昭和53）年、茨城県生まれ。学習院大学大学院政治学研究科博士後期課程単位取得退学。博士（政治学）。政治学・日本政治外交史専攻。亜細亜大学法学部、高崎商科大学商学部・短期大学部兼任講師。著書『昭和戦前期の政治と国家像』（木鐸社）、『立憲民政党全史1927‐1940』（講談社、共著）、『昭和史研究の最前線』（朝日新聞出版、共著）、『昭和史講義２』（筑摩書房、共著）

青嵐会秘録《せいらんかいひろく》
—田中角栄に挑んだ保守政策集団—

2024年８月20日　印刷
2024年９月５日　発行

著　者　　菅谷幸浩
発行者　　奈須田若仁
発行所　　並木書房
〒170-0002 東京都豊島区巣鴨 2-4-2-501
電話(03)6903-4366　fax(03)6903-4368
http://www.namiki-shobo.co.jp
印刷製本　モリモト印刷
ISBN978-4-89063-453-8